Am Vorabend der Finsternis

Wolfgang Johannes Bekh

Am Vorabend der Finsternis

Wolfgang Johannes Bekh

Europäische Seherstimmen

Weissagungen
Visionen · Erscheinungen

Bechtermünz Verlag

Genehmigte Lizenzausgabe für
Bechtermünz Verlag im
Weltbild Verlag GmbH, Augsburg 1996

Umschlagmotiv: Imagine Fotoagentur GmbH, Hamburg
Umschlaggestaltung: Adolf Bachmann, Reischach
Gesamtherstellung: Ebner Ulm
Printed in Germany
ISBN 3-86047-543-6

Inhalt

Einleitung

Fast überflüssig erscheint es, darauf hinzuweisen, daß es sich bei dem vorliegenden Buch nicht um ein literarisches Werk des Verfassers handelt, sondern um einen Versuch, der sich der Reihe seiner anderen volkskundlichen Arbeiten, etwa über sprachwissenschaftliche Themen, Volksreime und Redensarten, anschließt.

Seit Jahren beschäftigt er sich mit einem für unsere von Krisen geschüttelte Epoche bedeutsamen Zweig der Volkskunde, den Aussagen von Paragnosten über die Zukunft. In zwei Büchern faßte er die Ergebnisse zusammen, dem Band „Bayerische Hellseher" (1976) und der Fortsetzung „Das Dritte Weltgeschehen" (1980). Wenn er diesem zweiten Band jetzt einen weiteren folgen läßt, geschieht es, um bisher unberücksichtigte geographische Räume und in der Zwischenzeit neu bekanntgewordene Aussagen einzubeziehen.

Die Einleitung dieses Buches sei mit Ausführungen begonnen, die der Verfasser einem vor drei Jahren erschienenen Taschenbuch (siehe Literaturverzeichnis) voranstellte. Die Worte von damals haben, obwohl einer (nachfolgend gegebenen) Ergänzung bedürftig, noch nichts von ihrer Gültigkeit eingebüßt.

Wir werden Zeugen einer endzeitlichen Auseinandersetzung, hieß es damals, die nach dem Wort Goethes Gott herausfordern kann, „alles zusammenzuschlagen zu einer verjüngten Schöpfung". Das Werkzeug, dessen er sich dabei bedient, soll, nach den Worten der Seher, „aus dem Osten kommen". In diesem Sinn kann die Apokalypse Hoffnung sein. Und in diesem Sinne sind auch die Zerstörer im Westen, die das Gericht erzwingen, keineswegs das Böse selbst, sondern allenfalls in der fürchterlichen Lage, aus den angestauten Notwendigkeiten der hohen Zeit nur den aberwitzigen Ausweg zu wissen, das Böse mit Bösem zu vertreiben. Die Wirklichkeit – allein des Waldsterbens – ist grauenvoll. Und die Zukunft wäre ohne Hoffnung, wenn Gott den Menschen weiter walten ließe, bis er die Erde unbewohnbar gemacht haben wird. Hielte Gottes Langmut an, wäre bald nicht nur ein Drittel der Menschheit dahingerafft (wie uns für das Strafgericht vorhergesagt wird), sondern das irdische Leben selbst ausgelöscht. Manche politischen Naturschützer meinen, daß mit Ungläubigkeit etwas gegen das Übel auszurichten sei, vergessen aber, daß die Zerstörung der Welt Folge des Abfalls des Menschen von Gott, *nicht* Folge der Unterwerfung des Menschen unter Gott ist. Den Spielraum seiner Freiheit hat der homo sapiens durch die Abwendung vom Schöpfer und den Mißbrauch der Natur überschritten, so daß ein Eingreifen von oben vielleicht schon unvermeidbar geworden ist. Von sich aus scheint er jedenfalls eine Umkehr nicht mehr vollziehen zu können. An Cardinal Ratzingers Wort auf dem Münchner Katholikentag 1984 sollte man denken: „Wir sind nah beim Kreuz." Wenn man sich die Folgen unserer wirtschaftlichen Entwicklung für Menschheit und Umwelt vor Augen hält, wenn man bedenkt, daß die Betonierung der Natur sich immer tiefer ins Land frißt, daß die Müll- und Abfallhalden wachsen, daß die Autos die Straßen blockieren, die Treibstoffe den Himmel vernebeln, daß die Selbstüberschätzung des Menschen als „Krone der Schöpfung" Lebensgemeinschaften von Tieren und Pflanzen rücksichtslos zerstört und die noch freilebenden Tiere vernichtet, wird begreiflich, daß auch der Terrorismus seine Wurzeln hat, nach dem Gesetz, daß „Böses Böses muß gebären".

Fünfzig Jahre nach dem ersten warnenden Aufruf des Bundes Naturschutz in Bayern von 1935 verabschieden sich drei Viertel der Fische und der Kriechtiere, über die Hälfte der Vögel, der Säugetiere und Schmetterlinge und mehr als ein Drittel aller Farn- und Blütenpflanzen für immer. Aus den überproduzierten Lebensmittelbergen aber soll künftig Biosprit gebrannt werden! Das heißt: Leben soll in Motoren geschüttet und zum Spazierenfahren verheizt werden.

Wenn man weiß, daß ein einziges Autobahn-„Kleeblatt" die Erdoberfläche verschlingt, auf der die gesamte Salzburger Altstadt steht, daß in der durch die Maschine gewonnenen Freizeit Hunderte von Kilometern zurückgelegt werden, um zum Surfen zu kommen, daß ein Düsenflugzeug, das keine Landeerlaubnis erhält und nur drei Kreise zieht, für nichts und wieder nichts vierhundert Kilometer zurücklegt, Tausende Liter Treibstoff in die Luft pufft und einen ohrenbetäubenden Lärmteppich hinter sich herschleppt, dann genügt es nicht mehr, von einer Vernichtung der Erde durch den prometheischen Herrn Jedermann zu sprechen: Hier ist das Wort satanisch angemessen. Wenn einer überdimensionierten Bauindustrie zum kurzfristigen Überleben ganze Landstriche zum Fraß vorgeworfen werden müssen, wenn ihr zuliebe Großflughäfen, Großkanäle, Autofabriken, Autobahnen – diese Kreuzzüge gegen die Schöpfung –, Atomkraftwerke und atomare Wiederaufbereitungsanlagen mit Fiebereifer aus dem Boden gestampft werden müssen, so nenne man das fürder nicht mehr Arbeitsbeschaffung, sondern Todesbeschaffung! Fünfzigtausend Hektar Heimat seien der Preis für den Fortschritt von 1985, sagen Politiker kaltschnäuzig. Warum auch der unheiligen Dreieinigkeit Profitgier, Wachstumsrausch und Fortschrittswahn den Glauben aufkündigen?? Da faseln die Verantwortlichen von der einzigen Wahl zwischen Industrie und Utopie, da vergessen sogar Parteien, die ein C (wie Christus) im Namen haben, die eschatologische Wahrheit, daß die Agonie des Bodens, des Wassers, der Wälder und der Arten nicht mehr gottgefällig sein kann. Da treiben aber auch Arbeitnehmerorganisationen die Arbeitgeber mit ihren Forderungen nach vollem Lohnausgleich für die geringfügigste Wachstumseinbuße (den Gedanken an einen Ausstieg aus der Industriegesellschaft wagt ohnehin kein Mensch mehr) zu immer sinnloserem „Schneller, höher, mehr!", statt sich damit abzufinden, daß die Zukunft in der Beschränkung liegt. Weiter denn je sind wir in einer Zeit, deren Wahlspruch „Non serviam" (ich will nicht dienen) heißt, von Bescheidung entfernt. Es gibt keine Umkehr mehr. Die Fortschrittsmaschinerie hat sich verselbständigt und der Kontrolle durch den Menschen entzogen. Ein Mächtigerer wird den überhandgenommenen Unflat von der Erde entfernen müssen. Sind wir nicht auch auf diese Weise „zur Hoffnung verdammt"?

1985, im Marienmonat Mai

In den Wind gesprochen

Das geht auf keinen Fall so weiter,
wenn das so weitergeht.
Erich Kästner
„Rezitation bei Regenwetter“

Man hat als Wesensmerkmal der Neuesten Zeit vom „Tod des Vaters“ gesprochen. Das hat viel für sich, wenn man bedenkt, was diese Zeit bedrängt: Verlust des Geschichtsbewußtseins, fortschreitende Technologie, ungerechter Mammon.

Calvins „Prädestinationsglück“ (Wer reich ist, ist auch gut), das von Nordamerika auf Europa, und hier, seit dem Sieg des pragmatisch-liberalen Flügels der Regierungspartei, besonders kräftig auf Bayern herüberschwappt, kann durchaus mit Marxens materialistischem „Glück“ verglichen werden. So wie dessen Paradies im Osten nur mit Alkohol erträglich ist, wird auch ein Paradies der technischen Zukunft nur mit Alkohol ertragbar sein. Beide „Schmiede unseres Glücks“ übersahen in gleicher Weise die Zerstörbarkeit der Erde und vergaßen, starr auf Arbeit und Kapital blickend, daß Materie und Energie endlich sind. US und SU sind nicht nur spiegelbildlich gleich, sondern in ihrem historischen Stellenwert vergleichbar.

Auch beider Irrlehre von der Unendlichkeit des Endlichen, vulgo „Wachstum“, findet in der Natur keine Entsprechung. Denn diese „wächst“ nicht, erzeugt keinen Abfall, braucht keine „Entsorgung“, kennt nur Kreisläufe. Daher kam die alte Landwirtschaft mit ihren Kreisläufen auch dem Ideal am nächsten, hatte sie doch ebensoviel Zukunft wie Vergangenheit, oder immerhin *nahezu* ebensoviel Zukunft, denn „die Vorstellung einer stets verlustfreien Verfügbarkeit von Energie und Materie war solange nicht ganz falsch, wie die

Menschheit in vorindustrieller Zeit vom Energieeinkommen aus Richtung der Sonne lebte", schrieb Christian Schütze unter dem Titel „Das Grundgesetz vom Niedergang" in der Süddeutschen Zeitung am 9. 1. 1988. „Der soziale Fortschritt besteht (heute) darin, daß immer mehr Maschinen entstehen, mit deren Hilfe Rohstoffe in Abfall und Energie in Abwärme verwandelt werden. Wirtschaftswachstum, durch die Brille der Thermodynamik gesehen, ist nichts anderes als ein Wettlauf um die Reste von niedriger Entropie, damit diese so schnell wie möglich in hohe Entropie, also in Wertloses, umgesetzt werden können. Auf einer abwärts fahrenden Rolltreppe laufen wir gegen andere um die Wette nach oben, wobei die Rolltreppe die Eigenschaft hat, ihre eigene Abwärtsbewegung immer etwas mehr zu beschleunigen als die Aufsteigenden ihren Aufstieg. Je mehr diese strampeln, um so rascher sinken sie unter ihr bisheriges Niveau. Das Vernünftigste wäre für sie, ganz still zu verharren, weil dann der Niedergang am langsamsten ist."

Wenn der Mensch – dieser Gedanke drängt sich auf – der immer rastloser beschleunigten Verwandlung von Wertvollem in Wertloses keinen Einhalt gebieten kann, wird eine Katastrophe ihm dazu verhelfen müssen; in jedem Fall wird sie das kleinere Übel sein. Staatszynismus wäre in den Tagen der Gründung des Bundes Naturschutz in Bayern, die vom König gewollt und gestützt war, undenkbar gewesen. Das Wort „Strukturschwäche" wäre dem Wortschatz des künftigen Technikmenschen zugewiesen worden. Daß unsere Wälder, unsere Meere, unsere Atemzüge, aber auch unsere Hausfassaden, unsere aus Erz und Stein geschaffenen Kunstwerke, daß Pflanzen, Tiere – und wir Menschen selbst – durch die Auswirkungen der Industrie vergiftet und vernichtet werden, daß der Schaden, den sie anrichtet, weit höher als ihr Nutzen und am Ende unbezahlbar ist, müßten gleichwohl unsere von den Managern eben dieser Industrie bedrängten Politiker wissen. Die Todesahnung der uns umgebenden Welt ist nur die Spitze eines Eisbergs. Der Eisberg selbst heißt Verlust aller Quellen des Lebens, die da sind: Wasser und Luft. So absurd es klingen mag: Der vorzeitige Zusammenbruch unseres Ökosystems kann unsere Rettung sein. Die in diesem Buch zitierten Vorhersagen sprechen eine solche Sprache.

Aber auch das Ausweichen auf die „Kern"energie (wie man das – neben der „Gen"-Manipulation – Ungeheuerlichste alles Ungeheuerlichen des „Fortschritts" nennt) bringt, wie inzwischen quälend deutlich wird, keine Hoffnung. Im Gegenteil: Klaus Traube, einst Manager beim Bau des „Schnellen Brüters", wurde zum schärfsten Kritiker der Atomindustrie, weil er es für unmöglich hält, nuklearen Abfall – der nie und nirgends „endgelagert" werden kann – Jahrhunderttausende von der Welt des Lebendigen fernzuhalten. (Die nahezu unwägbare Menge von 0,2 Milligramm Plutonium tötet eine Großstadt und ist erst nach 100 000 Jahren „abgebaut".) Da die Erde bei den Massen des von Atomkraftwerken produzierten Mülls unbewohnbar würde, dürfe solcher Müll nicht entstehen. Aus einer Technik, die für die Zukunft einen Menschen erfordert, den es nie gab und nie geben wird, müsse man „aussteigen".

Die Behauptung, daß es sich bei der „Kern"-Energie um besonders billige Energie handle, ist ohnehin eine Zwecklüge. Denn, um den Atomstaat zu schützen, wäre ein Polizeistaat erforderlich, gegen den Hitlers Diktatur zum bescheidenen Vorspiel schrumpfte. Auch gibt es bereits Raketen, mit deren Hilfe Atomkraftwerke zerstörbar sind. Diese sind ebensowenig unverwundbar wie Hochspannungsmasten, Gasleitungen und Erdölpipelines.

Die Dichterin Gertrud von Le Fort („Das Schweißtuch der Veronika“, „Hymnen an die Kirche“, „Die Letzte am Schafott“), eine echte Konservative, sprach von der „fluchwürdigen Technik. Es liegt ein ganz offenbarer Wahn zugrunde, der diese Zerstörungswerke als fruchtbar ausgeben will. Tiefe Unfruchtbarkeit, auch des Wirtschaftlichen, wird das Ende sein – und so ist es auch richtig, denn ohne Segen kann nichts blühen. Auf diesen Dingen liegt niemals Segen“.

Wir zittern zwar (wer hätte das vor hundert Jahren gedacht, als man allen Ernstes glaubte, „herrlichen Zeiten“ entgegengeführt zu werden!) und wollen das drohende Unheil hinausschieben, befürchten aber gleichwohl, daß jeder Aufschub der nötigen Operation die Leiden der Erde vervielfachen und ihre Heilung erschweren könnte.

Diese Diagnose hat so wenig mit Schwarzseherei und Miesmacherei zu tun wie jede andere Diagnose einer Erkrankung. Das Geheul gewisser Leute hilft freilich gegen die dunklen Ursachen des von Sehern und Heiligen geschauten Unheils so wenig wie Teufel gegen Beelzebub.

Gewiß sind aus der Vergangenheit (wie Henri Cardinal de Lubac in seinem Buch „Zwanzig Jahre nach dem Konzil“ feststellt) zweierlei Haltungen zum Fortgang der Geschichte überliefert: „(Der Mensch) ist entweder begeistert über den vermeintlichen Fortschritt der Geschichte oder er teilt die Angst vor der drohenden Vernichtung, welche gerade durch den Fortschritt zugenommen hat. Der Mensch verbraucht seine Kräfte, entweder, um für diesen Fortschritt zu arbeiten, oder um die Katastrophe zu verhindern.“ Dennoch: Vollmundige Sprüche wie „Unterwegs in die dritte Dimension“, „Drehscheibe der Kommunikation“, „Aufbruchstimmung in Bayern“, „Mit Vollgas ins nächste Jahrtausend“ und die Beschimpfung Andersdenkender als „Schwätzer, Demagogen, Drahtzieher, Unruhestifter, Pseudowissenschaftler, Steigbügelhalter des Kommunismus, Dummköpfe, Feiglinge, Aussteiger, Volksverhetzer" sollten ein Mißklang in unseren Ohren sein. Zwischen „linken" und „rechten" Progressisten scheint offenbar nur noch ein Unterschied in der Himmelsrichtung ihrer Hauptstädte zu bestehen.

Immerhin ist man, zumindest in der Bundesrepublik, inzwischen schon so weit gekommen, daß die meisten aller in den letzten drei Jahrzehnten im wahrsten Sinn des Wortes aus dem Boden gestampften Bauwerke, Autobahnen, Schnellstraßen und anderen Beton-Versiegelungen beseitigt werden müssen. Aber in immer atemberaubenderem Tempo wächst die Wüste weiter, so daß man dahin kommen kann, den wirtschaftlichen und gesellschaftlichen Kollaps allen Ernstes in Betracht zu ziehen, da es auf freiwilliger Grundlage keine Rettung zu geben scheint. Und in der Tat: Weil der fehlgesteuerte Mensch nicht in der Lage ist, sich in die Natur zurückzugliedern, die seine Lebensgrundlage ist, wird der Planet die „Werke" des Menschen (auch zu dessen eigenem Wohl) wie Geschwüre abschütteln.

Ein modernes Beispiel für unseren Umgang mit den Grundlagen des Lebens sei erwähnt: Um eine Kalorie Fleisch zu erzeugen, sind im Durchschnitt sieben Kalorien pflanzlicher Nahrung nötig. Wenn das pflanzliche Substrat, aus dem Fleisch erzeugt wird, anstelle des Fleisches verzehrt würde, hätten die Menschen siebenmal länger zu essen. Bei Rindfleisch stellt sich das Verhältnis noch ungünstiger dar. Hier gehen zehn Nahrungskalorien verloren, um eine einzige Kalorie zu erzeugen. Mit anderen Worten: Der große Fleischkonsum der Industrieländer ist unverantwortliche Verschwendung. Fazit: Der Verzehr von Steaks ist Sünde. Steaks verwandeln im übrigen die letzten zusammenhängenden

Wälder der Erde in Viehweiden, treiben zwei Drittel der Weltbevölkerung in den Hungertod. Was heißt da „Pilotenkost"? Der Mensch könnte genug habe an Gemüse und Salat, an Mehlspeisen und Teigwaren, genug an Kräutern und Vollkorn – dann hätte er übergenug! Eines darf als gesichert gelten: Es wird hierzulande bald mehr Esser geben als Boden, auf dem Nahrung wächst, mehr Computer-Spezialisten als Bauern. *Noch* haben wir Überfluß dank Import und Chemie. Aber was dann?

Wir verdrängen die Wahrheit aus unserem Bewußtsein, daß etwa schon eine Verminderung amerikanischer Weizen-Einfuhren um zehn Prozent uns der Gefahr einer Hungersnot aussetzen würde. Wir müßten – zumindest in der Bundesrepublik – die mit Beton und Asphalt versiegelte Fläche wieder urbar machen, um uns ernähren zu können, was angesichts der durch Intensiv-Landwirtschaft ruinierten Böden selbst dann noch als fraglich erscheint. Das Sterben der Bauernhöfe fängt erst an, aber immer noch meinen Wissenschaftler und Politiker, der Mensch dürfe alles machen, was er machen kann. Wenn wir dann (eines baldigen Tages) nur noch mit uns selbst beschäftigt sein werden, könnte ein Krieg für den Osten kalkulierbar sein.

Carl Oskar von Soden, der geistliche Kämpfer gegen das „Dritte Reich", befürchtete, daß aus Hitlers Angriff auf Rußland, ebenso wie aus dem Pakt vom Jahre 1939, ein ungeheuerer Nutzen für Stalin und den Bolschewismus erwachse. Soden sah als Folge des preußischen Zentralismus auch voraus, daß Europa entweder amerikanischer Verödung oder sowjetischer Zerstörung anheimfallen werde. Die amerikanische Verödung hat Westeuropa bereits zu spüren bekommen. Es ist zu befürchten, daß ihm als endgültiger Todesstoß auch noch die sowjetische Zerstörung bevorsteht.

Dem russischen Volk, das schon soviel leiden mußte und noch viel mehr wird leiden müssen, gelte unsere Liebe. Um angeblich „guter" Geschäfte willen vergißt man die Geknechteten der halben Welt, vergißt Revolution und Gottlosigkeit. Die sogenannten „kleinen Leute" sind es, die in dieser Sammlung (mit Aussagen über die Endzeit) zu Wort kommen.

In unserem fanatischen Tanz ums Goldene Kalb (Geld statt Gott) sehen wir bereits längst nicht mehr, wie gründlich Wald, Meer und Ozonschicht zerstört sind, so daß, wenn das von den Sehern (eben jenen kleinen Leuten) geschaute Unheil nicht über uns kommt, wir in zwanzig Jahren auch ohne Krieg und ohne Gottes Eingreifen am Ende sein werden. Vielleicht wird Gott auch deshalb eingreifen, um die Endgültigkeit zu verhindern.

Nach der Lektüre des hier vorgelegten erschreckenden Berichts wird kaum noch jemand behaupten können, der Verfasser beschreibe die sogenannte „heile Welt" der Blut- und Boden- oder Schnulzensudler, eher schon eine heilige Welt. Denn, obwohl der Kampf gegen die eigene Zeit im Grunde auch zur Zeit gehört, gilt dem Christen ein Ende dieser Welt (mit Schrecken) nicht als Unmöglichkeit. Ob das Beispiel Ninive (als ein angedrohtes Strafgericht abgewendet werden konnte) noch Gültigkeit hat, sei bezweifelt. Zu tief, wir sehen es, steckt „der Karren im Dreck", als daß er durch des Menschen eigene Kräfte, vorausgesetzt, der Wille dazu sei überhaupt vorhanden, herausgezogen werden könnte. Noah baute die Arche. Warum sollen nicht auch wir sie bauen? Daß wir unsere Hände in den Schoß legen, sei das letzte, wozu dieses Buch anregen möchte, denn keiner kommt in den Himmel, der nicht auf Erden seine Hände rührte! Doch sogar die Kirche, die uns Hoffnung gibt, scheint in Frage gestellt zu sein: Wenn nämlich der Kirche die Welt weggerissen wird, ist die Folge entweder Katakombenhaltung der Kirche, die die Welt an die Sünde preisgibt – oder Überflutung der Kirche durch die Welt. Letzteres erleben wir. Bekenntnisse, die sich etwas darauf zugute tun, jeden nach seiner Fasson selig werden zu lassen, sind in ihrer Überzeugungskraft gebrochen. Nach dem Versinken der Welt in Leistungssport, Jogging, Sex, Promiskuität und Aids, auch von der Kirche immer noch mehr Zuwendung an den menschlichen Körper fordern, was gewiß im 19. Jahrhundert angebracht war, kann bei hochgebildeten heutigen Theologen nicht auf Dummheit zurückzuführen sein. Auf was dann?

Kinder werden gemordet, bevor sie noch geboren sind, die Hälfte aller Ehen zerbrechen, Familien zerfallen, die Natur wird zerstört, Glaubenslosigkeit breitet sich aus. „Die kirchliche Situation in der Welt ist", wie Kardinal Stickler unlängst erklärte, „geprägt durch Glaubensverlust. Selbst viele getaufte Christen glauben heute nicht einmal mehr an einen persönlichen Gott, an ein Leben in der Ewigkeit, an die Existenz der Engel. Wer spricht heute noch über die letzten Dinge: den Tod, das Gericht, Himmel und Hölle? Es gibt keinen Frieden, den man durch die Verleugnung der Wahrheit erkaufen könnte!" Wir erleben, daß der „Rauch Satans" in die Kirche selbst eingedrungen ist, ja daß heute nicht wenige Theologieprofessoren ihrer eigentlichen Sendung untreu geworden sind und, statt zum Glauben hinzuführen, Glauben und Kirche abreißen. Besonders die Eschatologie, die Lehre von den letzten Dingen, wird seit Jahren vernachlässigt. Daß bestimmte Kreise in der Kirche, die bisher untätig zusahen, wie von den Kanzeln und Kathedern ein falsches Kirchenbild vorgestellt und der Glaube dem Zeitgeist angepaßt wurde (die zehn Gebote abgeflacht zu „Angeboten", der Sex zu den Grundrechten auch Jugendlicher erklärt) gegen die päpstliche

Ernennung des Weihbischofs von Wien zur „Rebellion“ aufriefen, ist verständlich. Sie haben offensichtlich Angst vor einem Bischof, der mutig auftritt, bereit, die unverkürzte Lehre der Kirche „gelegen oder ungelegen“ zu verkünden. Der Verfasser, der nicht verhehlt, konservativ zu sein, zitiert mit Wonne, was Universitäts-Prof. Dr. Kurt Krenn in einem Gespräch mit dem Österreichischen Rundfunk am 1. November 1986 ausführte: „Wenn man mit konservativ meint, das zu sagen, was andere nicht sagen, oder das noch zu merken, was andere vergessen, oder das zu tun, was andere sich nicht zu tun getrauen, wenn es heißt: zu etwas stehen, vor allem zur Lehre der Kirche und auch ganz entschieden zur Lehre des Papstes – wenn das konservativ ist, dann bin ich es mit Begeisterung ...“

Zudem kommt aus Nordamerika eine Herausforderung für Gott und Kirche, die alle bisher dagewesenen Bedrohungen in den Schatten zu stellen scheint: „New Age“. Dieses „Neue Zeitalter“ ist wie Hitlers Zeitalter antichristlich, antisemitisch, antigöttlich. Luzifer, der gefallene „Lichtträger“, wird als großer Guru der Zukunft gepriesen. Im Visier ist der vollkommene Mensch, ist der Mensch ohne Leid und Schuld, ist der Mensch, der sich Gott gleich macht. Nicht zufällig kommt das Wort „Selbsterlösung“ zum erstenmal bei manchen sich zwar protestantisch nennenden, in Wirklichkeit schon atheistischen Männern des Bismarckstaates vor, in den Hitler schlüpfte wie in einen Maßanzug. Derselbe Hitler wird in einschlägigen amerikanischen Büchern als „Vorläufer“ bezeichnet, der sein Werk nicht vollenden konnte. Umso deutlicher tritt heute das Ziel zutage: Die Menschheit muß sich Luzifer weihen. Die ganze! Und wer sich weigert, fällt einem Säuberungsprogramm zum Opfer.

Man muß alte Weissagungen oder Paragnostengesichte von Offenbarungen der Gottesmutter unterscheiden, obwohl alle drei Phänomene auf eine wissenschaftlich zwar noch nicht erklärliche, aber längst anerkannte Sensibilität für überirdische Erscheinungen zurückgehen, und der Inhalt der Aussagen in weiten Teilen übereinstimmt. Vor allem eines ist allen Zukunftsprognosen gemein, daß sie uns Hoffnung geben wollen. Hoffnung ist die Grundstimmung, wie es auch die Grundstimmung der Prophetien der Heiligen Schrift war. Die Reinigung ist notwendig, aber dann heißt es: Christus vincit, Christus regnat, Christus imperat. Das Lamm wird siegen. Johannes und Petrus reichen sich die Hand. Es gelten wieder Honor und Virtus, Amicitia und Fides, Ehre und Tugend, Freundschaft und Glaube. – Pax, Lux, Rex, Lex. – Friede, Licht, König, Gesetz.

Mariä Lichtmeß 1988

Erste Abteilung

Weissagungen

Zuversicht

Und wenn ich nachts erwache,
faßt mich Angst.
Und eine Stimme hör ich:
„Daß du bangst?“
Ist mir doch meine Zukunft
unbekannt!
„Was kann geschehen? Dich führt
Gottes Hand.“

Der blinde Jüngling von Prag

Um die Mitte des vierzehnten Jahrhunderts hörte man in Böhmen viel von einem blinden jungen Hirten, der die Zukunft angeblich auf Wochen und Monate, ja auf Jahre und Jahrhunderte voraussah. Die Kunde gelangte auch nach Prag zu Kaiser Karl IV. (1346 bis 1376). Er ließ den blinden Jüngling, der sein Vieh am Rande des Böhmerwaldes hütete, zu sich auf seine Burg holen. Der scheinbare Widerspruch eines „blinden Sehers" machte ihn auf dessen „Gesichte" neugierig. Er empfing den Hirten, um sich von seinem eigenen Schicksal und dem seines Landes erzählen zu lassen.

Der Jüngling nahm, wie überliefert wird, keinen Lohn, weil ihm sonst, wie er versicherte, die Sehergabe genommen würde. Von dem blinden Hirten berichten zwei Druckschriften aus den Jahren 1660 und 1700, daß man ihn 1365 vor den Kaiser gebracht habe, dem er in wenigen inhaltsschweren Sätzen die Zukunft Böhmens verkündete. Vom Kaiser und später erst recht vom tschechischen Teil Böhmens wurde versucht, die Verbreitung dieser Weissagungen zu unterbinden, was aber nicht gelang. Von dem angekündigten schweren Schicksal Prags abgesehen, wußte man mit den überlieferten Sätzen nichts Rechtes anzufangen, bis sie plötzlich ab dem Jahre 1914 an Aktualität gewannen und sich zu erfüllen begannen.

Die Version, daß es sich bei dem Seher um einen nicht von Geburt Blinden gehandelt haben müsse, gewinnt bei Betrachtung seiner Weissagungen Wahrscheinlichkeit, können doch seine Angaben „reife Äpfel, blühende Kirschen, blaue Steine" (dies ein so gut wie undeutbarer Hinweis) und „Glanz" nur vom Sehen her erklärt werden.

Die mit an Sicherheit grenzender Wahrscheinlichkeit schon zu Lebzeiten des dem Unerklärlichen und Übernatürlichen zugeneigten Kaisers schriftlich gefaßten Aussagen nahmen ihren Weg über Hunderte und Aberhunderte Abschreiber in die Masse des einfachen Volkes, wo sie nachweislich zu Anfang des vorigen Jahrhunderts im selben Wortlaut vorlagen, der sich seit 1914 mit grauenerregender Genauigkeit zu verwirklichen begann.

Die Weissagungen des blinden Jünglings

1. Eine und noch eine und eine halbe Zeit werden über Böhmen fremde Herrscher sein.
2. In einer Zeit, da einer länger denn 60 Jahre Herr über Böhmen war, wird durch einen Fürstenmord ein großer Krieg entstehen.
3. Dann werden die gekrönten Häupter wie reife Äpfel von den Bäumen fallen.
4. Der böhmische Löwe wird nicht mehr untertan sein, sondern selber herrschen.
5. Zwei Völker werden in Böhmen leben.
6. Das Herrschervolk wird dem anderen nach dem Leben trachten und ihm keine Freiheit gönnen.
7. Bis ein Mächtiger kommt.
8. Dann werden die Herren in Prag dem zweiten Volke die Freiheit aus dem Fenster zuwerfen, aber zu spät.
9. Es kommt abermals ein großer Krieg zwischen allen Völkern der Erde.
10. Deutschland wird ein großer Trümmerhaufen und nur die Gebiete der blauen Steine werden verschont bleiben.
11. Der große Krieg wird zu Ende gehen, wenn die Kirschen blühen.

12. Solange die Kirschen reifen, möchte ich kein Deutscher sein.
13. Wenn aber die Kirschen geerntet sind, dann möchte ich kein Tscheche sein.
14. Zweimal wird das Böhmerland gesiebt werden: das erste Mal bleiben nur so viele Deutsche, wie unter einer einer Eiche Platz haben.
15. Wieder wird der tschechische Löwe über Böhmen herrschen, aber sein Glanz ist zu Ende.
16. In Böhmen wird nur noch ein Volk leben.
17. Ein neuer Krieg wird ausbrechen, dieser wird der kürzeste sein.
17a Die Menschen werden die Welt vernichten, und die Welt wird die Menschen vernichten.
17b Und das Land der Bayern hat viel zu leiden.
17c Es wird alles so kommen, weil die Menschen Gott verlassen werden, und Gott wird sie verlassen und läutern.
17d Wenn sie meinen, Gottes Schöpfung nachmachen zu sollen, ist das Ende da.
18. Das Volk in Böhmen wird durch den Krieg vernichtet und alles im Lande wird verschüttet werden.
19. Zweimal wird das Böhmerland gesiebt werden: das zweite Mal werden nur so viele Tschechen übrigbleiben, wie auf einer Hand Platz haben.
20. Aber es wird nicht eher Friede in Europa sein, ehe nicht Prag ein Trümmerhaufen ist.
21. Abermals zur Kirschblüte wird Prag vernichtet werden.
22. Eine Sonne wird stürzen und die Erde beben . . .
23. Die Rache kommt übers große Wasser.
24. Wenn zum zweiten Male die Kirschen reifen, werden die Vertriebenen aus Böhmen traurig wieder zu ihren Herren, ihren Webstühlen und Feldern zurückkehren.

25. Aber nur wenige werden es noch sein.
26. Und diese Wenigen werden einander fragen: Wo hast Du gesteckt und wo Du?
27. Die Bauern werden hinter dem Pflug mit der Peitsche knallen und sagen: hier ist Prag gestanden.
28. Über die Welt wird ein neues Zeitalter kommen, das man das goldene nennen wird.

Kommentar

Satz 2: Kaiser Franz Joseph regierte von 1848 bis 1916, also 68 Jahre lang; ein einmaliger Vorgang in der Geschichte. Die Ermordung des Thronfolgerpaares Franz Ferdinand, Erzherzog von Österreich-Este, und Sophie, Herzogin von Hohenberg, am 28. Juni 1914 in Sarajewo durch Gavrilo Princip löste den „großen Krieg" aus.

Satz 3 und 4: Dann fielen die „gekrönten Häupter". Der erste Versuch eines Klein-Europa, wie ihn die österreichisch-ungarische Monarchie darstellte, war beendet. Aus der Slowakei und der Tschechei entstand das Kunstgebilde „Tschechoslowakei", später nach sozialistischem Strickmuster abgekürzt: CSSR. Wie war es dazu gekommen? Die Französische Revolution hatte zum Nationalismus geführt, dieser zu Napoleon, zu den Befreiungskriegen und zur Romantik. Ein großpreußisches, antikatholisches, antihabsburgisches und im Grunde schon antisemitisches Hohenzollernreich war die Folge: In Böhmen gab es auf einmal die Nationalitätenfrage, von der man tausend Jahre lang nichts gewußt hatte (man denke an Stifters „Witiko"). Hitler wurde heraufbeschworen, und nach dessen Niederlage die Vertreibung jenes Volksteils, auf den die Herrlichkeit der Städte Böhmens zurückgegangen war: Ein schrecklicher Aderlaß und eine traurige

Verarmung des böhmischen Lebens! Nach 1945 wäre mancher Tscheche gern wieder hinter 1918 zurückgegangen, aber die Erkenntnis dessen, was man gehabt hatte, war zu spät gekommen.

Satz 9 und 10: Der Zweite Weltkrieg wird hier verblüffend genau vorausgesagt, samt seinem Ergebnis: „Deutschland ein großer Trümmerhaufen". Auch der Termin des Zusammenbruchs im Mai (zur Zeit der Kirschblüte) ist richtig vorhergesagt.

Satz 12 und 13. „Solange die Kirschen reiften", zog sich die Vertreibung der „Sudetendeutschen", der Deutschböhmen, hin. Nachher „möchte ich kein Tscheche sein": Seit der Kirschenernte 1945 stehen die Tschechen unter sowjetischer Herrschaft – bis heute. Der Versuch, zu einem „menschlichen Sozialismus" zu gelangen, wurde 1968 mit Tausenden von russischen Panzern blutig beantwortet.

Satz 17: Damit ist der Dritte Weltkrieg gemeint, der kürzeste und schlimmste.

Die Sätze ohne Nummernangabe (17a bis 17d) stammen, im Gegensatz zu den numerierten, die von Max Günther gesammelt wurden, aus der Sammlung des Tschechen František Hajek. Dieser hat in einem hier nicht aufgenommenen Satz die Nationalitätenfrage in Böhmen angeschnitten, als er schrieb: „Die Menschen werden einander nicht mehr mögen. Wenn einer sagt: Ruck ein wenig, und der andere tut es nicht, ist es sein Tod." Der zitierte Ausspruch: „Wenn sie meinen, Gottes Schöpfung nachmachen zu sollen, ist das Ende da" nimmt erschreckend weitsichtig auf Experimente moderner Laboranten und Genetiker Bezug.

Satz 18: Der Untergang dieses Landes und Volkes wurde, wie der Untergang weiterer Nationen, in Fatima 1917 (und später an anderen Orten) vorhergesagt.

Satz 21 und 22: „Eine Sonne wird stürzen". Ein in Hiroshima 1945 mit dem Leben davongekommener Japaner schrieb: „Eine Sonne fiel vom Himmel und zerbarst." Eine Stadt war (als Folge des Abwurfs der Atombombe) ausradiert. Diese Textstelle ist kaum anders zu interpretieren.

Satz 23: Die amerikanischen „Silbervögel" kommen über das Große Wasser und werfen den sowjetrussischen Aggressor nieder. Nur wenige überleben. Pfarrer Josef Stocker dachte bei seinen Erläuterungen der Vorhersagen des Blinden Jünglings im Buch „Der Dritte Weltkrieg und was danach kommt" an die Vision des Propheten Daniel (8,3): „Ich sah einen Widder (UdSSR) am Flusse stehen. Er stieß nach Westen ... Da lief ein Ziegenbock vom Westen her über alle Länder hinweg, *ohne den Boden zu berühren* (Luftmacht der USA). Er warf den Widderbock zu Boden und zertrat ihn." Stocker erinnert auch an eine Vorhersage Alois Irlmaiers, daß im Verlauf des kommenden Krieges das ganze Gebiet östlich von Linz (nördlich der Donau) eine einzige Wüste werden wird. (Diese Aussagen werden vom „Bauern aus dem Waldviertel" [Bekh: Das dritte Weltgeschehen] aufs eindringlichste wiederholt.) Erst dann kommt nach übereinstimmender Aussage aller Seher die Bekehrung Rußlands, der Friede und eine fromme Zeit.

So reich
waren wir nie
wie heute
so habgierig aber
waren wir auch nie
wie heute.
So satt
waren wir nie
wie heute
so unersättlich aber
waren wir auch nie
wie heute.

So schöne Häuser
hatten wir nie
wie heute
so unbehaust aber
waren wir auch nie
wie heute.

So versichert
waren wir nie
wie heute
so unsicher aber
waren wir auch nie
wie heute.
So viel Zeit
hatten wir nie
wie heute
so gehetzt aber
waren wir auch nie
wie heute.

So hochentwickelt
waren wir nie
wie heute.
So sehr am Ende aber
waren wir auch nie
wie heute.

Wilhelm Willms
Aus: „Der Prediger und Katechet"
Heft 1a/München, 1983

Prophezeiung der Sibylle

(Auszüge einer Druckausgabe von 1868)

Die Königin von Saba, mit ihrem wahren Namen Michalda, war voll Weisheit, und hörte viel von der Weisheit des Königs Salomon; sie nahm sich daher vor, nach Jerusalem zu reisen, um ihn zu sehen und zu hören. Sie begab sich mit einem zahlreichen Gefolge und vielen Schätzen versehen auf den Weg aus ihrem Königreiche, reiste durch das Mohrenland und durch Egypten und durch die Gegend des rothen Meeres und durch die Wüste Arabiens, und kam endlich nach vielen Mühseligkeiten in Jerusalem an, um den weisen Salomon sehen und hören zu können; und als sie zu ihm gekommen, wurde sie von ihm mit großer Ehre empfangen, und das geschah 578 Jahre vor Christi Geburt, und wie viele Schriften beweisen, war sie aus dem Königreiche und der Stadt Saba aus dem Mohrenlande, 241 Meilen von Jerusalem entfernt, auf der Westseite, in Afrika.

Was Josephus Flavius in seinen Büchern erwähnt, das findet sich auch in der jüdischen Bibel und in der Kosmographie, daß nämlich in jenem Lande durch viele Jahrhunderte Königinnen regierten, und nicht Könige. Das finden wir in der Apostelgeschichte, daß nämlich der hl. Philipp auf seiner Reise in fremde Länder einen Diener der Königin der Mohren getauft hatte und dann mit ihm in dasMohrenland sich begab und die Lehre Christi predigte; daraus kann man also ersehen, daß in jenem Lande Königinnen noch zu jener Zeit, als der heil. Philipp dort war, regierten; und aus andern Büchern ersieht man, daß Sibylle, die Königin von Saba, wirklich in Jerusalem beim König Salomon war, um ihm zukünftige Dinge vorherzusagen, so wie sie hier aufgezeichnet sind, und daß Alles, was sie damals gesprochen, vom König Salomon aufgeschrieben und aufbewahrt worden ist. Im Jahre 174 nach Christi ist diese Vorhersagung unter anderen Schriften gefunden worden, und kam dann unter die Menschen, wie es Johann Teller bezeuget.

Sibylle sprach: „Die Mönche verlassen ihre Klöster und werden zum weltlichen Stande eilen, und sich vom Gehorsam gegen ihre Vorgesetzten zurückziehen, und werden im Gottesdienste lau und faul sein, einer wird sich über den andern erheben, und einer wird den andern hassen und verleumden. Da wird Gott viele Zeichen vom Himmel auf die Erde schicken, zur Warnung, daß sich die Menschen bessern sollen; sie werden es aber nicht thun, sondern werden in ihrer Hartnäckigkeit verharren, so wie es Pharaon, der König von Egypten that, als sein Herz sich nicht erweichen wollte zur Erleichterung des Volkes Israel. Darum wird Gott der Herr große Strafen auf diese Erde schicken und wird den dritten Theil der Menschen auf der Welt vernichten, und das wird er wegen ihrer Gottlosigkeit thun, weil sie an Gott, den wahren Messias, nicht glauben wollten und ihn entehrten. Als die Monarchen diese Strafe Gottes sehen werden, dann werden sie erst ein friedliches und gottesfürchtiges Leben zu führen anfangen, und da wird ihnen Gott der Herr seinen Segen, Frieden und Glück auf Erden geben, und da wird die Liebe wieder unter den Menschen seine volle Kraft und Giltigkeit haben."

Und als sie so gesprochen, da fragte Salomon: Wie bald es sein werde, daß der 3te Theil der Menschen zu Grunde gehen wird.

Und Sibylle antwortete ihm: „Mächtiger König, wann diese Dinge geschehen werden, das werden wir nicht erleben, weder du noch ich, denn es wird erst viele Jahre nach dem Tode des Messias geschehen, die Zeit weiß ich nicht näher anzugeben, wohl aber die Zeichen, welche vor dieser Zeit geschehen werden. Ich will sie dir aufzählen: das *erste* Zeichen wird sein, wenn die Menschen ihren manigfachen Erwerb und Nahrung mehr unter der Erde als auf der Erde suchen werden, so daß sie gegen 300 Klafter tief und noch tiefer unter der Erde graben und verschiedene Erze dort suchen und finden, auch Farben, Oele und verschiedene andere Sachen aus der Erde erzeugen werden, daß es nicht auszusprechen sein wird; das wird das erste Zeichen zu jener Zeit sein. – Das *zweite* Zeichen wird sein, wenn die Menschen einen großen Handel aus einem Lande ins andere treiben und dabei große Unterschleife und großen Betrug verüben werden, so daß einer auf den andern nicht achten wird, und wenn er ihn auch um sein ganzes Vermögen bringen sollte. – Das *dritte* Zeichen wird sein, wenn die Falschheit wie ein Feuer-Funke überall unter den Menschen lodern, und die Nächsten-Liebe zu Grunde gehen wird, so daß die Menschen mehr die Lüge als die Wahrheit lieben, und das Herz mehr den irdischen Schätzen und dem Golde, als Gott zuwenden, und die Hände kurz zum Geben und lang zum Nehmen haben werden, so daß dadurch weder väterliche noch kindliche, weder brüderliche noch freundschaftliche Liebe in den Herzen der Menschen wohnen wird. – Das *vierte* Zeichen wird das größte sein: in dem römischen Kaiserreiche wird eine große Veränderung vor sich gehen, sowohl in geistlichen als in weltlichen Werken, welche der Welt als sonderbar und äußerst ungewöhnlich vorkommen werden. – Das *fünfte* Zeichen wird sein, wenn in Europa ein Mann, welcher aus keinem königlichen Stamme entsproßen, sich hoch emporschwingen wird; zu seiner Zeit werden in Europa sonderbare Dinge geschehen; er bemächtigt sich im Auslande des Königreichs, dessen König einen schimpflichen Tod wird erleiden müssen; und der Mann wird dann selbst herrschen ohne Königskrone; zur Zeit seiner Herrschaft wird in manchen Ländern viel Elend sein, und ein großes Blutvergießen wird geschehen, und viele Länder werden zu Grunde gerichtet werden. Dieser Mann wird sich auch des Thrones des Messias bemächtigen, und zuletzt wird er auch mit dem römischen Kaiser einen großen Krieg führen, und es wird ihm die Krone des Ruhmes zu Theil werden. Ferner bemächtigt er sich auch vieler Länder und diese werden ihm müssen den Tribut zahlen; denn er wird die von den Propheten vorhergesagte Strafe und Ruthe Gottes sein. Aber auch ihn wird die Strafe Gottes erreichen, so daß er durch seinen Hochmuth Alles, was ihm durch die Hand Gottes zu Theil wurde, wieder verlieren wird. Unter seiner Regierung wird solche Zwietracht unter den Völkern entstehen, wie sie seit der Erschaffung der Welt noch unerhört war. Zu seiner Zeit werden in vielen Ländern fast alle Sprachen zu hören sein, von welcher mancher Inländer sein Leben noch nichts gehört hatte. Manches Kind, welches zu der Zeit von seinen Eltern in die Welt gehen wird, kehrt mit vielerlei Sprachen ausgerüstet nach Hause zurück. Und mancher wird in weite Länder reisen und wird dort zu Grunde gehen, so daß er seine Eltern und Freunde auf dieser Welt nicht mehr sehen wird. Es werden auch große Kriege unter den Völkern entstehen, und die Arten der Kriegswaffen werden so mannigfach, sonderbar und groß sein, daß es nicht auszusprechen ist; ich wünsche dir o König, daß du es sehen möchtest, denn da wird es eiserne Männer geben, welche so fest wie der Felsen stehen werden; ich wünsche es nicht zu sehen, denn mich schauderts, wenn ich nur daran denke, wie furchtbar zu der Zeit das Menschenblut vergoßen wird. Die Richter werden zu der Zeit mehr als weise sein wollen, so daß du, wenn du zu der Zeit leben möchtest, mit deiner Weisheit bei ihnen nicht ausreichen würdest, denn sie werden spitzfindig und nicht weise sein; es wird nämlich Männer geben, und die werden das

Volk richten, aber lauter Lügner sein. Sie werden von der Gerechtigkeit sprechen, die Gerechtigkeit immer auf der Zunge haben, wenn aber Jemand mit einem andern einen Zwist haben und mit ihm über etwas einen Rechtsstreit führen wird, so muß er dem Richter die Hälfte davon geben, oder noch mehr oder sogar das Ganze, denn es wird so gerechte Richter geben, welche da, wo nichts zu nehmen sein wird, gar nicht richten werden. Solche Männer werden sich überall auf den Aemtern einnisten und mächtig werden, und dem Volke vom Rechte reden, ihm das Recht und die Gerechtigkeit vorspiegeln, selbst werden sie aber die größten Wucherer sein. Jener mächtige Mann, von dem ich gesprochen, wird auch viel daran Schuld sein, und schon darum, weil durch ihn viel Unordnung in vielen Ländern geschieht. Er wird auch trachten, daß es nur einen Kaiser auf Erde gebe, so wie es auch nur einen Gott im Himmel gibt, und siehe! da hebt Gott der Herr seine allmächtige Hand auf, und jener Mann sinkt mit einem Male von der Höhe seines Glanzes. Zu der Zeit wird es auch viele Priester geben, welche, wenn sie wo etwas bei den Leuten sehen werden, es auch schon werden haben wollen: sie werden Wucher treiben, weltliche Güter kaufen und unbarmherzig und ungerecht in ihrem Stande sein; und einige von ihnen werden stolz und hoffärtig sein, andere werden wieder in der Liebe des weiblichen Geschlechtes ihr Vergnügen suchen; und als das Volk sehen wird, daß die Geistlichen nicht nach dem Willen und den Gebothen Gottes leben, daß die Obrigkeit gegen ihre Untergebenen unbarmherzig ist und daß die Richter nicht nach der Gerechtigkeit, sondern nach der Bestechung richten, da wird das Volk von Gott und seinen Geboten abtreten; und werden Böses thun und so den Zorn und die Rache Gottes auf sich laden, so daß Gott die Sinne der Menschen verwirren wird, und die Menschen werden einer den andern nicht verstehen, sie werden aus einer Arbeit zwei, aus den Feldern Wege und Straßen und Häuser machen und dergleichen mehr, so wie es bei dem Baue des Babylonischen Thurmes war. Zu der Zeit kommt auch die Zählung und Aufzeichnung des Volkes, damit man wisse, wie viel Menschen in jedem Welttheile sich vorfinden, was zu deiner Zeit, o König, nicht ist und nicht sein wird. Es wird mit der Zeit auch ein großer Krieg entstehen, welcher lange dauern wird, und in diesem Kriege werden viele Völker vom Aufgang und Untergang der Sonne zusammenkommen, und da wird es ein großes Blutvergießen geben und viele Menschen werden zu Grunde gehen; die Abendländer werden darunter aber noch mehr leiden, als die Morgenländer, denn sie werden lange Zeit durch Krieg zu Wasser und zu Lande bedrängt werden, weil sie von allen Seiten wie vom Hagelwetter umringt werden, und viele Menschen werden in diesen Kriegen zu Grunde gehen; und da wird ein mächtiger König seine eigene Tochter zum Opfer bringen, um nur dem Kriege ein Ende zu machen, es wird aber vergebens sein; denn der Krieg wird auf der einen Seite aufhören und auf der andern desto stärker anfangen, so daß in 3 Welttheilen auf einmal Krieg geführt wird, und das Alles wird Gott der Herr zulassen und den Königen die Sinne verwirren, daß sie beständig in Unfrieden leben werden, und das Alles wird wegen Unzucht und Ehebruch, wegen allzugroßer Hoffart und allzugroßem Luxus der Menschen geschehen, und darum, weil sie vom wahren Glauben abfallen und einen falschen annehmen werden. Zu der Zeit wird einer den andern nicht kennen, sondern glauben, er sei der Kleidung nach ein Ausländer, denn es werden auf der Welt sonderbare, vom Teufel erfundene Moden entstehen, und die werden in jedem Stande, bei den Großen wie bei den Niedern, zu sehen sein, so daß sich einer über den andern erheben wird, und ein

Jeder wird in der Kleidung den Ausländern und seinen Vorgesetzten gleich sein wollen. Und die Vorgesetzten und Obrigkeiten werden das Alles sehen, und doch wird Niemand von ihnen trachten es zu verhindern, weil sie selbst die größte Ursache dieser Eitelkeit sein werden."

Und noch einmal sprach Sibylle von der Ursache des Unheils: „Da wird mancher vor Hochmuth und Eitelkeit nicht wissen, wie er sich kleiden und wie er auftreten soll. Die Weiber werden ihren Körper halb nackt zur Schau tragen, um den Männern zu gefallen; da wird man in der Kleidung den Herrn von dem Diener und den Diener von dem Herrn nicht unterscheiden können; mancher wird fast nichts zu essen haben, und wird doch nach der närrischen Mode gekleidet sein müssen. Die Weiber werden auch in Männerkleidern herumgehen, und die Haare bald zugestutzt bald sonderbar geringelt haben, alle Jahre anders, was sie heute anziehen, werden sie morgen wegwerfen, oder alle Tage ummodeln; dabei werden sie eitel und wollüstig sein, und das nicht nur die Weiber, sondern auch die Männer. Gott wird lange diesem bösen Treiben zusehen, endlich wird aber doch seine Langmuth zu Ende gehen, und da wird er seine strafbare Hand über sie furchtbar ausstrecken, so daß im ganzen Lande alle Städte, in welchen die Unzucht getrieben wird, zu Grunde gehen werden.

Außig, Sobieslau und Melnik, wenn sie der Wahrheit Gottes treu bleiben, werden über alle andere Städte gesegnet werden! wenn sie aber von Eitelkeit, Gottlosigkeit und Unzucht nicht ablassen, so werden sie vernichtet werden. Kuttenberg wird versinken: Pilsen, Saaz und Königgrätz, Kaurjm und Czaslau und andere königliche Städte werden alle von den Feinden zerstört werden; am härtesten wird aber Prag, wie das stolze Babel, bestraft werden; diese Stadt wird durch Feuer und durch eine große Überschwemmung zu Grunde gerichtet werden, und dabei wird sie noch von den Feinden belagert, bedrängt, zerstört und den Boden gleich gemacht werden. Zu der Zeit wird eine große Pest ausbrechen und dem Krieg ein Ende machen, so daß eine größere Anzahl von Menschen durch die Pest als durch das Schwert zu Grunde gehen wird. Die Leichname werden überall herumliegen! und werden von Hunden und Raubvögeln gefressen werden, denn es wird keine hinreichende Anzahl von Menschen geben, um alle die Leichname begraben zu können. Diejenigen, welche übrig bleiben, werden betrübt auf alles das sehen, denn die ganze Stadt wird einem großen Schutthaufen gleichen, aus dem sich hie und da verschiedene Gestripp mühsam hervorwindet; aus diesem Schutthaufen wird nie mehr eine Stadt frisch und neu auferstehen, Marder und Füchse werden da hausen, und durchdringende, eckelige Stimmen dort zu hören sein. Und als dann ein Fuhrmann da fahren wird, wird er mit der Peitsche schnalzen und sagen: Da ist einst das große Prag gestanden und dort war das altstädter Rathhaus; da wo jetzt einige Häuschen aus den alten Stadtmauern aufgebaut stehen, standen früher große Häuser und Palläste.

Ein Jeder, welcher zu der Zeit an diesen Ort gekommen sein wird, wird die Hände zum Himmel emporheben und ausrufen: Wo ist die Herrlichkeit dieser Stadt? wo sind die Menschen, wo ist die Stadt, in welcher so viele tausende Menschen lebten? Nun ist es ein großer Schutthaufen, eine Behausung der Schlangen, Marder und Füchse." –

Und wieder hob Sibylle beim Anfang des großen Unheils an: „Ehe diese Stadt aber zu Grunde gehen wird, wird Gott viele Strafen über das Land senden, um die Bewohner zur Besserung und Buße zu bringen, und diese Strafen und Plagen werden sein: Hungersnoth, Mißjahre, Krankheiten, Kriege, große Fröste, durch welche schöne Getreide- und Garten-Blüthen verdorben werden; es werden nämlich einmal im Anfange des Sommers große Fröste sein, so daß die Garten- und Waldbäume durch sie grau, und Fische in Teichen erfrieren werden, und so werden die Fröste einen ungeheuren Schaden verursachen. Dabei werden auch noch den Menschen ihre Lebenstage verkürzt werden, so daß viele junge Menschen sterben werden, und auch die Himmelsplaneten werden gegen die Menschen sich feindlich beweisen, und die Sonne wird ihnen nicht wie sonst so warme Lichtstrahlen zusenden, und es wird oft eine starke Kälte geben, so daß die Menschen im Pelz das Getreide mähen werden; und so werden die Menschen vielen Schaden haben, denn auch das Obst wird durch die starken Fröste zu Grunde gehen.

Bevor aber diese Zeit noch kommen wird, werden den Menschen zwölf Zeichen gegeben werden. Das *erste* Zeichen wird sein, wenn die Menschen an Feiertagen schwere Arbeiten verrichten werden. Das *zweite* Zeichen wird sein, wenn junge Leute von 14 und 15 Jahren heiraten, und sich bald wieder scheiden lassen werden, weil eine oder die andere Seite nicht zufrieden sein wird. Das *dritte* Zeichen wird sein, wenn in dem Lande verschiedene unerhörte und noch nie gesehene Künste und Handwerke entstehen werden, welche größten Theils fremde Menschen in das Land bringen werden. Das *vierte* Zeichen wird sein, wenn die Kühe und andere Hausthüre wenig Nutzen geben werden und die Menschen es der Zauberei zuschreiben werden. Das *fünfte* Zeichen wird sein, wenn die Menschen gottlos sein werden, so daß sie mehr die Lüge als die Wahrheit lieben, und das Herz mehr dem Geld und den irdischen Schätzen, als Gott dem Herrn zuwenden werden. Das *sechste* Zeichen wird sein, wenn die Häuser,

Güter und Gründe weit über ihren Werth geschätzt und verkauft werden. Das *siebente* Zeichen wird sein, wenn die Menschen viele Obst- und Weingärten und Wiesen und verschiedene wüste Orte umackern und Felder aus ihnen machen werden! und das Brod dabei dennoch theuer sein wird. Das *achte* Zeichen wird sein, wenn im Gelde eine Veränderung geschieht und durch lange Zeit dauern wird, und dabei verschiedene große, unerhörte und unerträgliche Abgaben und Steuern eingeführt werden. Das *neunte* Zeichen wird sein, wenn ein kurzer Fasching sein wird, wie er schon lange Zeit nicht war, so daß die Menschen an den üblichen rauschenden Vergnügungen nicht genug haben, und daher noch in der Fasten lärmende Lustbarkeiten halten werden. Das *zehnte* Zeichen wird sein, wenn man Schnee statt Heu einführen wird, denn zur Zeit der Heufächsung wird viel Schnee fallen. Das *elfte* Zeichen wird sein, wenn Gott die Heuschrecken zeigen und sie vom Aufgang zum Sonnenuntergang schicken wird, und sie so einen großen Schaden verursachen werden. Das *zwölfte* Zeichen wird sein, wenn in dem Lande auf einem Berge (Blanik) alle Bäume von Oben nach Unten absterben werden, und bald darauf eine große Hungersnoth eintreten wird.

Diese 12 Zeichen werden von Gott diesem Volke ganz sicher gegeben werden, und es wird deswegen geschehen, daß die Menschen ihren sündhaften Lebenswandel erkennen und sich bessern möchten; sie werden es aber nicht thun, sondern noch ärger treiben. Daher kommen über sie viele Plagen von allen Seiten, und die werden so groß sein, wie sie noch nicht waren so lange die Welt steht; und so wird Gott die ganze Welt für die Sünden der Menschen strafen.

Ferner als in dem Lande unter den Ständen Zwietracht herrschen wird, da läßt Gott zu, daß die Feinde von vier Seiten gegen sie ziehen werden, zuerst von Mitternacht, dann von Aufgang, dann von Mittag und endlich von Untergang, und alle diese Feinde werden sich im Lande lagern, und ihre Zahl wird unaussprechlich groß sein, so groß, daß das Land von den Feinden gleichsam überschwemmt und ringsum eingeschlossen sein wird. Die Kriegsheere werden lange Zeit auf ihren Plätzen stehen bleiben; bis es sich eines Tages mit der größten Schnelligkeit in Bewegung setzen und zu jener großen Stadt ziehen wird; dort wird es sich um diese Stadt herumlagern, und eines Tages wird zweierlei Heer zusammen kommen und da wird die Schlacht anfangen; und diese Schlacht wird von allen vier Seiten so stark werden, daß sie volle sieben Tage und Nächte dauern wird. Und nach dieser Schlacht eine so große Menge von Waffen, Menschen und Pferden da liegen, daß jeder Vorübergehende schaudern muß, und mancher wahnsinnig werden könnte bei dem Anblicke, daß so viele Menschen gemordet wurden. Die Stadt wird dabei so zerstört werden, daß kaum die Hälfte übrig bleibt. Von dieser Stadt wird sich der blutige Kampf zum Berge Blanik ziehen und da wird sich jedes Heer wieder auf seinen Platz lagern. Wenn es möglich wäre, würden zu dieser Zeit die Menschen gern aus dem Lande entfliehen. Da werden die Gerechten von den Ungerechten geschieden werden; die Gerechten wird Gott der Herr vor den Feinden beschirmen, er wird sie in eine Nebelwolke einhüllen, damit sie von den Feinden nicht gesehen werden; die Gottlosen wird er aber bestrafen, so daß sich keiner von ihnen vor dem Feind wird verbergen können; er möge sich wo immer hin verbergen, in Wälder oder Schluchten, die Schlangen und Skorpionen werden ihn aus jedem Verstecke vertreiben, und die Feinde werden ihn überall finden und morden, denn sie werden jedes Gestrippe mit dem Schwerte untersuchen. Und da wird eine große Strafe über die

Sünder kommen; drei Theile der Gottlosen werden vernichtet und ein Theil der Gerechten verschont werden. Wer von dieser großen Stadt 10 oder 12 Meilen entfernt sein wird, der wird Gott danken. Wo das feindliche Heer ziehen wird, da werden wenig gottlose Menschen am Leben bleiben, alle hätten auf einem Fuhrmannswagen hinlänglich Platz. Da wo die Schlachten sein werden, ist ein Teich, zu der Zeit wird er trocken sein; bei jener Schlacht wird aber so viel Blut vergossen werden, daß sich dieser Teich ganz mit Menschenblute anfüllen wird, und zwar so, daß das Blut selbst über den Damm fließen wird. Das Geschrei und der furchtbare Waffendonner bei dieser Schlacht wird auf *24 Meilen* zu hören sein, und die Schlacht wird *12* volle Tage dauern, und den dreizehnten Tag schickt Gott seinen Getreuen eine siegreiche Hilfe, und zwar aus dem Innern des Berges Blanik, denn von da wird er ein Kriegesheer, welches er für seine Getreuen da aufbewahrt, mächtig hervorführen; und wie diese Krieger Gottes erscheinen, da wird so ein Schrecken und so eine Verwirrung über die Feinde kommen, daß sie sich selbst unter einander morden werden, und die Krieger Gottes werden mit ihrer Wunderkraft furchtbar auf sie drängen und sie weit vertreiben und alle tödten. Sie selbst werden dann verschwinden, denn sie werden nicht mehr in den Berg Blanik zurückkehren, und Niemand wird sie je mehr sehen."

Kommentar

Die vorstehend in Auszügen wiedergegebene Sibyllen-Prophezeiung bezieht sich auf den im ersten „Buch von den Königen", Kapitel 10, beschriebenen Besuch der Königin von Saba bei König Salomo. Sie ist, wie verschiedentlich vermutet wurde, im Jahre 1226 nach bisher mündlicher Tradition auf-

oder abgeschrieben worden (ob von dem mehrfach vernichteten und immer wieder neu gesammelten griechischen Restbestand bleibe dahingestellt); die in dieser Prophezeiung zusammengefaßten und gedeuteten Ereignisse reichen bis zum Jahre 2000. Die hier benützte Druck-Ausgabe stammt aus dem Jahr 1868. Es handelt sich, nicht anders als bei den Voraussagen der „Sibylle Weis" aus dem Fichtelgebirge, um böhmisches, wahrscheinlich westböhmisches, Volksgut. Daß eine Königin aus dem Lande der Sabäer (Jemen, Südarabien), die in Palästina Voraussagen über die Zukunft macht, fast ausschließlich böhmische Orte nennt, deutet darauf hin. Daß der Text, falls er früher entstanden sein sollte, im Lauf der Jahrhunderte abgewandelt worden ist, läßt sich etwa dem Begriff „Fasching" entnehmen. Auch scheint der Text durch anhaltende mündliche Überlieferung verdorben worden zu sein: So beschreibt Sibylla die Untaten des „Führers" derartig wortreich, daß sie nach der Überlänge des fünften Zeichens völlig die folgenden Zeichen vergißt. Erst im zweiten „Durchgang" werden dann die vollen zwölf Zeichen beschrieben, wobei die ersten fünf einen anderen Inhalt bekommen. Daß immer wieder Aktualisierungen angebracht werden, beweist eine weitere Abwandlung, auf die im oben mitgeteilten Text nicht weiter eingegangen wurde. Das dritte Zeichen heißt in einer anderen Fassung nämlich: „Das dritte Zeichen wird sein, daß die Menschen mit Karossen ohne Pferde fahren und in der Luft fliegen." Ein weiterer, wohl später hinzugefügter, Satz über den Zweiten Weltkrieg lautet: „Es werden viele Menschen aus ihrer Heimat vertrieben werden, Kinder werden ihre Eltern verlieren und Eltern ihre Kinder, die Menschen werden bald hin- und hergeschoben werden." In manchen Teilen scheint die Sibylla-Prophezeiung auf (allerdings weit prägnantere) Formulierungen des „Blinden Jünglings" zurückzugreifen. Erstaunlich bleibt immerhin, daß hier Erscheinungen der achtziger Jahre des 20. Jahrhunderts (wie etwa daß auf einem Berg alle Bäume von oben nach unten absterben werden) eindeutig schon vor 120 Jahren, mit ziemlicher Sicherheit sogar bereits früher beschrieben worden sind.

Ich glaube doch an eine Auferstehung
unserer edelsten Güter,
wenn auch vielleicht
nach einer noch tieferen Nacht.

Gertrud von Le Fort, 1947

Der Bauer „Fuhrmannl“

1690–1763

Eine wenig bekannte Vorhersage ist die des Bauern „Fuhrmannl“ aus Westböhmen. Der einfache Mann lebte in Robschitz, etwa 14 km südwestlich von Pilsen. Josef Naar, genannt „Fuhrmannl“, starb am 6. Dezember 1763 im 73. Lebensjahr und wurde zu Littitz, Bezirk Pilsen, begraben. Er kam als Fuhrmann weit herum und begann in seinem letzten Lebensjahr immer wieder mit den Worten: „Es wird einmal die Zeit kommen, daß ...“. Er sprach ständig von einem großen Weltkrieg und meinte, wer diesen überlebe, müsse einen eisernen Schädel haben. Neben vielen bemerkenswerten, schon in Erfüllung gegangenen, Aussprüchen seien besonders die folgenden in Erinnerung gerufen:

„Der Bauer wird sich wie der Bürger und der Bürger wie der Adelsherr kleiden. Auch die Weiber wollen dann alle Tage anders gekleidet sein, bald kurz, bald lang; selbst in Mannskleidern werden sie gehen und verschiedene Farben haben, daß man sich wundern wird. (Die grellen Farben der Kleidung, die nach 1945 aus Amerika kamen, standen in auffallendem Gegensatz zu den bisher farblich gedeckten, meist sogar schwarzen Heimattrachten.) Die Weiber werden die Haare bald gestutzt, bald sonderbar geringelt haben, alle Jahre anders. Was sie heute anziehen, werden sie morgen wegwerfen oder alle Tage ummodeln.“ (Die heutige Überfluß- und Wegwerfgesellschaft und die rasch wechselnde Mode sind gemeint.) „Sie werden ihren Körper nackt zur Schau tragen, um den Männern zu gefallen. Die allerschlimmste Zeit kommt, wenn die Frauen Schuhe tragen, unter denen man hindurchsehen kann.

Es werden so viele verschiedene Steuern aufkommen, daß die Obrigkeiten nicht mehr wissen, was für Namen sie ihnen geben sollen. Den großen Krieg werden nur wenige Menschen überleben. Die Umgebung von Pilsen wird eine große Rolle spielen. Wer nicht wenigstens zwei Meilen von diesem Ort entfernt ist, soll auf Händen und Füßen wegkriechen, weil alles weit und breit in Grund und Boden vernichtet wird."

Vorzeichen des großen Weltkrieges sind: „Wenn im (Böhmer-)Wald Schranken stehen und er mit hölzernen Schlössern gesperrt sein wird." (Die Grenze zwischen Ost und West und die vielen hölzernen Wachttürme.)

„Der christliche Glaube wird so klein werden, daß er sich unter einen Birnbaum wird stellen können, er wird aber wiederum siegen. Die Pfarrer werden zuerst den Glauben schwächen. Man wird mit dem Finger auf sie zeigen, so daß sie sich versteckt halten werden. Wo heute sieben Pfarrer sind, da wird nur mehr einer sein." (Rückgang der Priesterberufe vor dem Dritten Weltkrieg.)

„Eiserne Straßen (Eisenbahnen) werden durch den Böhmerwald und herum gebaut, und die Menschen werden auf feurigen Wägen fahren. Die letzte ‚fliegende' Straße wird durch den Kubani (Berg, 1362 m hoch) gebaut werden, dann wird der Krieg bald anheben. Der Böhmerwald wird wiederum veröden, die Dörfer werden zerstört werden, bei den Fenstern werden überall Brennesseln herauswachsen, und in den Häusern werden die Füchse und Hasen ein- und ausgehen.

Die Stadt Prag wird zerstört werden. Das ganze Böhmerland wird menschenleer sein. Da werden von weit und breit Leute kommen, um das zu sehen."

Zu Tausenden verhungert auf den Straßen

Eine alte Flüchtlingsfrau aus Böhmen, die nicht genannt sein will, erinnert sich an Aussagen ihres Vaters

Nach dem Zweiten Weltkrieg wird Deutschland keinen Soldaten mehr haben, und es wird kein richtiger Friede mehr sein.

Man wird die Mädchen nicht mehr von den Knaben unterscheiden können und die Sommer nicht mehr von den Wintern. Die Mädchen werden grüne Schuhe tragen. Bergwerksunglücke und Naturkatastrophen werden die Welt erschüttern, und einer Familie wird großes Unheil widerfahren. – Im Nahen Osten wird es beginnen. – Unbekannte Krankheiten werden kommen. Ein kleines Volk wird großes Unrecht tun, und ein berühmter Staatsmann wird ermordet werden. Ein großer Mann wird sich in Europa erheben, und Deutschland wird von einem Stiernacken regiert werden.

Es wird eine Konferenz geben zwischen vier Türmen, dann ist es bereits zu spät. Die Russen werden durch die Gasthausfenster der Deutschen schauen, wenn diese noch still bei ihrem Bier sitzen.

Sie werden jenseits der Ruhr bis zum Rhein vorgehen. Dann wird eine Linie gelegt werden, zwischen einer steinernen Stadt (mein Vater sprach aber auch da schon immer von Prag) und der Ostsee, wo keiner mehr herüber und hinüber kann. Es wird ein Getöse und Gedröhne in den Lüften sein, gelbe Schwaden werden die Welt einhüllen. England wird wie eine Nußschale im Meer tanzen, und ein Land wird ganz vom Erdboden verschwinden. Selig die Bergbewohner. Man wird unter grünen Blättern sicherer sein als unter Stein und Eisen.

Die bärtigen Männer des Ostens werden niedergemacht bis auf den letzten Mann, und ihr Blut wird die Flüsse rot färben.

Nach diesem Kampf wird in jedem Land eine Revolution entstehen, nur in Deutschland nicht. In Deutschland werden die Menschen zu Tausenden verhungert auf den Straßen liegen, und ein Bruder wird den anderen wegen einer Brotkruste erschlagen.

Dann wird in Spanien eine Armee aufstehen. Sie wird Armee Mariens genannt werden und anschwellen wie ein Orkan und die Revolutionen niederschlagen.

Das alles wird ein halbes Jahr dauern, und die Sieger werden blühende Kirschzweige an ihren Hüten tragen (oder: werden zurückkehren, wenn die Kirschbäume blühen).

Wer noch eine Kuh hat, soll sie an eine goldene Kette legen, und Buchenholz wird so teuer werden wie Zucker.

Deutschland wird sich am ehesten aus den Kriegswirren erheben und einen neuen Kaiser aus dem Geschlechte Habsburgs im Kölner Dom krönen.

Dann wird die glücklichste Zeit kommen, die je auf Erden gewesen ist! (Von den drei dunklen Tagen sprach mein Vater immer so, als sollten sie vor dem Krieg kommen, und als sollten *nur* geweihte Kerzen vor den Fenstern brennen.)

(Namentlich gezeichnete Mitteilung)

Prokop,

ein Hirt aus dem Bayerischen Wald (1887–1965), über den Paul Friedl dem Verfasser erzählte, sagt in sehr realistischer Weise:

„I schlof und schlof net, wenn i in der Nacht in der Hütt'n lieg. Aber Sachen macht's mir vür, zum Grausen, und i schlof do net, weil i draußt meine Stier hör und 'n Wind und 'n Regen. Oamal siehg i, wia da Wind 's Feuer daherbringt und alle Baam brennen wia Zündhölzl, a andermal siehg i, daß drunten alles verkommen is, koa Mensch is mehr da, und koa Haus. Grad mehr Mauertrümmer. Und alleweil wieder kemman Wolk'n, feuerrot, und es blitzt, aber es donnert net. Und amal is alles finster, und drunten auf der Waldhausstraß' geht oana mit an brennend'n Ast und schreit: Bin i wirkli no da Letzt'? Bin i wirkli no da oanzig? Und nacha is wieda da Himml gelb wie a Zitrona und is so tiaf herunt. Koa Vogl singt, i find koan Stier mehr und koa Wasser. Auf 'n Berg is koans mehr und drunt im Reg'n aa koa Tropfa mehr. Muaß ja aa so kemma, weil d'Leut nix mehr glaub'n, a jeda tuat, als waar er alleweil aaf da Welt da, und a jeda moant, was er wohl ist und no wer'n kunnt. Wer'n no alle 's Spinna ofanga und moana, sie könnan vo da Gscheitheit leb'n und net vo da Arbat. Dö, wo arbat'n, werd'n eh alleweil wenga, und dö, wo von dene ihra Arbat leb'n, alleweil mehr. 's Regiern is halt leichta wie d'Arbat."

Ich schreibe für die heiligen Geister,
die die Natur, wo sie noch rein gelassen,
und die von Ichbegierde und Raffsucht
freigebliebenen Seelen durchwalten.
Denn einmal, wenn dieser von Menschen
und Dämonen verzerrte Schleier fällt, werden
alle diese Heimlichkeiten lächelnd und
strahlend und in der Fülle ihrer Wahrheit
hervorquellen.

Arthur Maximilian Miller

Eine Benachrichtigung zur Frage der Feldpostbriefe des Andreas Rill

Zwei in dem Buch „Bayerische Hellseher“ (vom gleichen Verfasser) mitgeteilte Feldpostbriefe, die Professor Dr. Hans Bender, Leiter des Instituts für Grenzgebiete der Psychologie und Psychohygiene in Freiburg i. Br., „die am besten dokumentierte Kriegsprophetie in der Literatur“ nennt, waren in der Erzabtei Sankt Ottilien (früher Schloß Emming) bei Geltendorf, Oberbayern, verwahrt und, exakt bis hin zur fehlerhaften Orthographie des Schreibers, von Frumentius Renner im Blatt der Missionsbenediktiner veröffentlicht worden. Dies war in den frühen fünfziger Jahren (1952) geschehen. Später gelangte der zweite Feldpostbrief (nach vorübergehendem Verbleib in der Münchner Wohnung Professor Lebsches) wieder zu den Schriftsachen des Arztes Dr. Philipp Arnold aus Schwabhausen (der Hausarzt des Feldpostbriefschreibers hatte beide Briefe bereits 1941 von der Familie erhalten) und blieb seit dessen Tod verschollen. Der erste Brief lag dem Verfasser vor; er veröffentlichte ihn sogar in Fotokopie. Beim zweiten Brief mußte er sich auf die dem Original folgende Veröffentlichung des Missionsblattes beziehen, die nach der glaubwürdigen Aussage Pater Renners wie beim ersten Brief peinlich genau den vorliegenden Wortlaut wiedergegeben hatte. Es versteht sich, daß eine rege Suche nach dem Original des zweiten Briefes einsetzte, an der sich auch Professor Bender, ja sogar ein Ehepaar aus Finnland, das dem Autor in dieser Sache mehrmals schrieb, beteiligte. Alle Nachforschungen verliefen im Sande, bis beim Verfasser am 12. Juni 1984 ein Brief aus der Erzabtei Sankt Ottilien eintraf:

„Werter Herr Bekh! Sie fragten doch bei mir wegen des zweiten Feldpostbriefes (an). Er hat sich jetzt doch dank sorgfältiger, von mir angeregter, Untersuchung in den hinterlassenen Briefschaften der (gestorbenen) Frau Arnold (Witwe des Arztes) gefunden. Hoffe, Ihnen damit eine kleine Freude zu machen. Der Text ist ihnen ja bekannt. Mit freundlichen Grüßen P. Frumentius Renner."

Aus Anlaß dieser Mitteilung sei der Inhalt des zweiten, am 30. August 1914 geschriebenen, Briefes kurz repetiert: Der prophezeiende Franzose, dessen Vorausschau der bayerische Soldat Andreas Rill seinen Angehörigen in einem mit Bleistift geschriebenen Brief nach Hause mitteilte, sprach von dunklen Mächten, die auf die ganze Welt verteilt sind, und davon, daß der Stuhl Petri durch Schrecken und Morde bedroht sei. Schreibe man die Jahreszahl 45, werde Deutschland von allen Seiten zusammengedrückt, und das zweite Weltgeschehen sei zu Ende. Der eine Mann (der Diktator) verschwinde, aber auch die Feinde „stehen nicht gut miteinander". „Die Dunklen" leiten sie, und die Sieger „kommen in das gleiche Ziel wie die Besiegten". Es ist vom Sinken der Moral, von „allen möglichen Ausflüchten und Religionen" die Rede. „Das Unheil des dritten Weltgeschehens bricht herein. Rußland überfällt den Süden Deutschlands, aber kurze Zeit, und den verfluchten Menschen wird gezeigt, daß ein Gott besteht, der diesem Geschehen ein Ende macht ... Der Russe soll alles zurücklassen an Kriegsgerät. Bis zur Donau und Inn wird alles dem Erdboden gleichgemacht und vernichtet. Die Flüsse sind alle so seicht, daß man keine Brücke mehr braucht zum Hinübergehen. Von der Isar an wird den Leuten kein Leid mehr geschehen, es wird nur Not und Elend hausen. Die schlechten Menschen werden zugrund gehen als wie wenns im Winter schneit, und auch die Religion wird ausgeputzt und gereinigt ... In Rußland werden alle Machthaber vernichtet. Die Leichen werden dort nicht begraben und bleiben liegen.

Hunger und Vernichtung ist in diesem Lande zur Strafe für ihre Verbrechen."

Der Feldpostbriefschreiber, ein schlichter Schreinermeister aus Untermühlhausen bei Geltendorf, scheint an diese Voraussagen keineswegs geglaubt zu haben, denn er fährt in seinem Brief fort: „Da muß man doch lachen über diese Reden, und wir lachten ... Die Buben (die Kinder daheim) werden lachen über den Schwefel von dem Mann."

Beide Originalbriefe sind nun wieder vereint. Wohlgeschützt unter einer Glasplatte werden sie in Sankt Ottilien aufbewahrt. Alle Nachforschungen, wer der prophetische Franzose (Elsässer? Lothringer?) gewesen sein könnte, blieben ergebnislos. Von der Familie des Andreas Rill war lediglich zu erfahren, daß der Visionär gesagt habe, er sei Freimaurer und gehöre einer Loge in Colmar an.

Wenn man das hört, vermutet man, daß dieser Seher nicht nur ein Seher, sondern ein Wissender war.

Eine weitere Ergänzung zum Thema „Feldpostbriefe" ging beim Verfasser am 7. November 1982 von einer Frau Maria Anderl aus Babenhausen ein:

„Über den Seher aus dem Elsaß weiß ich von einem Bauern (namens Ritter) aus dem Nachbarort, der selbst einmal den Schreiner (Rill) in der Münchner Gegend aufsuchte. Der Schreiner erzählte ihm noch vieles andere über diesen Seher. In diesem Seher, der sieben Sprachen beherrschte, glaubte das deutsche Militär einen Spion gefunden zu haben. Er mußte bei verschiedenen Soldaten schlafen. Diesen erzählte er, wann der Erste Weltkrieg zu Ende gehe. Dann sprach er vom Zweiten Weltkrieg. Auf diesen folge noch ein Dritter Weltkrieg. ‚*Da erfinden sie Waffen, daß die Welt nicht mehr lebensfähig ist, und da muß Gott eingreifen.*' (Hervorhebung durch den Verfasser.) Einer von den Soldaten (nach Frumentius Renner ein Unteroffizier) sagte zu dem Seher, wenn er jetzt nicht aufhöre, verprügele er ihn noch. Der Seher schaute ihn lange an, dann sagte er zu diesem Soldaten: ‚Weil Sie so gemein sind, will ich Ihnen etwas sagen. Ich hätte es Ihnen nicht gesagt. In vierzehn Tagen werden Sie eine Leiche sein, und die Raben werden Ihre Augen auskratzen!' Immer noch glaubten die Soldaten nicht, was dieser Mann ihnen voraussagte, bis sie nach vierzehn Tagen den Kameraden tot an einer Kiesgrube fanden, als Raben gerade dabei waren, ihm die Augen auszukratzen. Da erst ging den Soldaten ein Licht auf ..."

Alois Irlmaier

Brief eines Bauernsohnes

6. Januar 1986

Ich komme aus einfachen Verhältnissen. Meine Eltern waren Bauersleute. Wir hatten zu Hause einen Bauernhof, mit noch sieben Geschwistern, mit 73 Tagwerk Grund, auf dem ich bis zur Einberufung und auch nach 1945 bis 1949 arbeitete. Habe dann als Altlehrling das Elektrohandwerk erlernt und bis November 1957 ausgeübt. Von da an konnte ich dann als Wasserwart an einer damals noch sehr bescheidenen Wasserversorgung tätig sein und bin auch als technischer Betriebsleiter heute noch beschäftigt. Nachdem ich mich vorgestellt habe, möchte ich meine Erlebnisse mit dem bekannten Alois Irlmaier, so wie ich es kann, schildern.

Meine erste Begegnung mit Irlmaier war schon als Kind auf unserem Bauernhof; wir hatten immer Wassernot, und da hat halt der Alois hermüssen. Er kam auch gleich, und wir waren sehr gespannt, wie er wohl das machen wird. Ich wußte damals nichts von seinen Fähigkeiten als Hellseher, aber von der Begabung als Wassersucher. Er hatte gleich mit einer ganz einfachen Weidengabel den ganzen Hof abgesucht und auch das gewünschte Wasser gefunden. Er war auch immer zu Späßen aufgelegt und hat auch gleich übertrieben gesagt, das Wasser, das an der gesuchten Stelle hergeht, ist ein Athäser (Artesischer Brunnen). Er sagte auch so ganz nebenbei zu meinem Vater, deine Frau leidet an der Leber, was stimmte; sie liegt auf einem Fluß, so nannte er es. Nach der Suche des Übels hatte er die künftige Lage der Betten angeordnet, und meine Mutter wurde kerngesund, sie erreichte dann auch ein Alter von 84 Jahren.

1950 hat Irlmaier in Freilassing ein Wohnhaus gebaut. Ich

war zu der Zeit als Elektriker bei Vordermaier, Starzmühle, beschäftigt. Und wie das halt so geht, wir bekamen den Auftrag, den Neubau zu installieren. Ich war damals noch jung und hab nicht viel vom Irlmaier seinen übernatürlichen Fähigkeiten gehalten. Man hat ab und zu was gehört, aber ich hab mich nicht interessiert und war sehr gleichgültig. Also, wir haben da mehrere Tage gearbeitet und haben dabei so manches Unangenehme beobachtet. Irlmaier hatte sein Grundstück mit einem hohen Zaun eingefriedet, um die vielen Menschen, die zu ihm kommen wollten, abzuhalten. Auch ein nicht ganz freundlicher Schäferhund bewachte das Haus. Angeblich hat Irlmaier den Zaun deshalb machen lassen, weil boshafte Menschen, und dies in der Hauptsache in seiner näheren Umgebung, behaupteten, Irlmaier nehme die Leute aus und könne sich deshalb das Haus bauen. Seine Frau und sein Sohn Alois waren sehr böse über solche Behauptungen. Es kamen immer wieder Leute ans Tor vorm Zaun. Es war immer dasselbe: Der Hund hat gebellt, dann kam die Frau Irlmaier oder der Sohn und haben die Menschen, die am Zaun standen und mit irgendeinem Anliegen zum Alois wollten, recht unfreundlich fortgejagt. Manchmal kam es auch vor, daß Irlmaier selbst zum Tor ging, wenn grad die Frau oder der junior nicht in der Gegend war. Da hatte so mancher Glück und konnte den Alois etwas fragen, der immer sehr freundlich war und die gewünschte Auskunft gab.

Es war etwa im September 1950 an einem Montag, ich kam zu meinem Meister, und der sagte, du mußt gleich nach Freilassing fahren zum Irlmaier und die restlichen Arbeiten am Obergeschoß fertig machen. Bei dieser Eile hat mein Meister vergessen, mir den Lohn von der letzten Woche zu geben, und ich hatte leider kein Geld in der Tasche. Als ich dann so gegen Mittag ans Mittagessen dachte, habe ich erst gemerkt, ich kann mir heute ja kein Essen kaufen. Was tun? dachte ich mir. Muß ich halt als Pfand irgend etwas dort abgeben in der Gaststätte, um später dann zu zahlen. Aber das war nicht nötig. Denn wie ich vom Obergeschoß nach unten kam, mußte ich an der Bürotüre vorbeigehen; das Untergeschoß war schon bezogen; kam Alois aus dem Büro und fragte mich: „Na, was machst jetzt?“ Ich sagte ihm so im Gehen: „Mittagessen. Mahlzeit.“ Ich ging noch einige Schritte, dann sagte er: „Wart a wengl!“ Ich dachte, er will mir noch etwas wegen der Arbeit sagen, aber als ich mich umdrehte, sah ich, wie der Alois den Geldbeutel öffnete und mir dann 4,50 DM in die Hand drückte. Ich wollte es erst nicht nehmen, da sagte er: „Na, nimms no, daß d'da a Mittagessen kaufen kannst.“ Ich hab mich dann sehr freundlich bedankt und bin gegangen.

Ich hab dann überlegt: Genau 4,50 DM, was damals ein Mittagessen mit Brot und einem Bier gekostet hat. Wie kam er dazu, mir grad an diesem Tag das Mittagessen zu zahlen? Er hat es ja sonst auch nicht gemacht. Wissen konnte er es von keinem Menschen, weil ich den ganzen Vormittag allein war. Ich war sehr froh, weil ich zu der Zeit auch nichts hatte und ans Hausbauen dachte. Ich hatte eine Freundin und einen Sohn, der eineinhalb Jahre alt war. Da mir das mit den 4,50 DM etwas seltsam vorkam, dachte ich: Wenn er das wußte, muß er mir schon mehr sagen. Gedacht, getan. Ich überlegte bei der Arbeit den ganzen Nachmittag, wie stell ich das an? Seine Frau und sein Sohn sollten nichts merken. Aber das ging leichter als ich glaubte. Den Sohn hab ich so nebenbei gefragt, was er dazu sagen würde, und der hatte nichts dagegen. Und seine Frau war grad anderweitig beschäftigt . . . Als ich dann mein Werkzeug aufräumte, so gegen 5 Uhr, war Alois immer in meiner Nähe. Ich war schon etwas aufgeregt; wie soll ich anfangen? Er kam etwas näher, sagte dann: „So, bist fertig?“

Ja, sagte ich. Jetzt muß ich dich was fragen. Wie war dös heut mittag? – Wie aus der Pistole geschossen kam die Antwort: „Ja, ja, i hob scho gwußt, daß d' koa Geld dabei hast." Ich hab dann gesagt: Ja, wennst des gwußt hat, dann mußt mir scho mehra sagn. Ich möcht ein Haus bauen und hab noch keinen Baugrund. Was soll ich tun? Irlmaier: „Laß dir Zeit, einer bietet dir einen Baugrund an, aber du mußt noch ein wengl warten." Ich sagte dann: Der wird halt so teuer sein, daß ich ihn nicht bezahlen kann. Irlmaier: „Den kannst leicht bezahlen, da hilft dir einer." ... Meine Frage dann: Wann werde ich heiraten? „Im Frühjahr", sagte er. Ich sagte: Meinst nicht im Herbst? Ich dachte nämlich: Im Sommer 51 bauen und im Herbst dann heiraten. „Nein", sagte Alois, „du wirst mit dem Haus nicht fertig." Was werde ich dann für eine heiraten? Irlmaier: „Da san zwoa, eine schwarze und eine blonde, die blonde hat ein weng mehr Geld, aber du heiratest die schwarze." Er hat dann meine spätere Frau sehr gelobt. Und auf einmal sagte er: „Einrücken wirst nochmals müssen." Ich hab dann erwidert: Ich, einrücken? Ich bin ja gar nicht mehr tauglich! Irlmaier: „Kann sein, daß d' auskommst." Und da hat mich dann der Mut verlassen; ich hab ihn dann um nichts mehr gefragt. Ich dachte, er würde mir etwas Unangenehmes sagen, was ich nicht hören wollte. Ich hab mich dann verabschiedet und hatte später keine Gelegenheit mehr, ihn zu sprechen.

Zu den Voraussagen kann ich nur sagen: sie sind alle wahr geworden. Ich konnte Baugrund günstig erwerben, und mein Vater hat ihn bezahlt. Durch den frühzeitigen Wintereinbruch konnten wir die Fußböden nicht mehr verlegen und konnten so nicht mehr heiraten. Am 15. April, also „im Frühjahr", wie Irlmaier sagte, heirateten wir. Und zu der Frage: welche? Wer meine Frau kennt, weiß, daß sie schwarze Haare hat. Ich habe vor Irlmaier immer mehr Respekt bekommen. Wenn die letzte Aussage von Irlmaier sich jetzt noch nicht erfüllt hat, kann ich nur froh sein. Aber ganz sicher bin ich nicht, ich bin zwar schon 59 Jahre alt, aber in einem Ernstfall könnten auch ältere Männer eingezogen werden...

Nun muß ich schließen. Mit herzlichen Grüßen

Alois Kraller.

Nachtrag zur großen Prophetie des Alois Irlmaier

Aus einem Gespräch mit Conrad Adlmaier:

„Es geht über Nacht los. Es geht in drei großen Linien westwärts. Der unterste Heerwurm kommt über den Wald daher, zieht sich dann aber nordwestlich der Donau, um in gleicher Richtung wie die zwei anderen Heeressäulen dem Rhein zuzustreben. Es geht sehr rasch." Das Hauptquartier beschrieb Irlmaier haargenau, nannte sogar den Namen und zeichnete den ungefähren Punkt auf. Er sagte: „Dort ist eine Kirche, in der der Altar nicht nach Osten, sondern nach Norden zeigt."

„Dann steigen so viel Tauben (Flieger) aus dem Sand (Afrika?) auf, daß ich sie nicht zählen kann. Die fliegen über uns weg, brauchst aber koa Angst haben, bei uns werfens nix runter. Aber dort, wo 's Hauptquartier ist, schmeißens des schwarze Kastl runter, na is alles hin. Dann fliegens nach Norden. In der Mitte steht ein Fleck, da lebt gar nix mehr, koa Mensch, koa Viech, koa Gras. Sie fliegen ganz nauf, wo die dritte Heeresmasse reinkommen is, und schneiden alles ab. Dann werns alle umbracht, hoam kommt koaner mehr von de drei Heereszüge. Da seh ich aber oan daherfliegen von Osten, der schmeißt was in das große Wasser, na geschieht was Merkwürdiges. Da hebt sich das Wasser wie ein einzigs Stück turmhoch und fallt wieder runter, dann werd alles überschwemmt. Es gibt ein Erdbeben und de groß Insel werd zur Hälfte untergehen (England). Die ganz Sach werd net lang dauern, i siech drei Strich – drei Tag, drei Wochen, drei Monat, i woaß net genau, aber lang dauerts net!"

Als ich sagte: „O mei, Irlmaier, da is gfehlt, wenn de Rotjankerl kommen, die schneiden uns alle die Gurgel ab", da meinte er beruhigend: „Da brauchst gar koa Angst haben, Dir passiert gar nix, überhaupts wir da herinnen, vom Watzmann bis zum Wendlstoa, uns gschieht nichts, weil uns d' Mutter Gottes von Altötting schützt, da kimmt keiner her, das ist wahr, das darfst mir glauben, was ich Dir sag, das woaß i ganz gwiß. Aber wo anderscht, da schaugts schiach aus, das mag i Dir gar net erzählen."

„Nach dem dritten Weltgeschehen kommt kein richtiger Winter mehr. Ich sehe in späterer Zeit Weinberge und Südfrüchte bei uns wachsen, ob ihr es glaubt oder nicht.

Einmal werden in den Städten Unruhen ausbrechen, dann wird gestohlen und geplündert. Die Städter ziehen aufs Land und wollen den Bauern das Vieh nehmen, dann muß sich der Bauer fest auf sein Sach setzen, sonst stehlens ihm das Hemd untern Arsch weg. Aber die böse Zeit geht schnell vorbei. Und hernach kommt eine schöne Zeit."

Neuerdings bestätigte Irlmaier ein düsteres Schicksal für London, Paris und Marseille. Er schilderte auch soziale Unruhen in einem Land „über dem Wasser", schwere Kämpfe im Westen, die zu einer Feuersbrunst in der Hauptstadt führen.

Im Verlauf eines Gespräches beschrieb Irlmaier die „schwarzen Kastl" und deutete die Größe etwa mit 25×25 cm an. „Des san Teufbelsbrocken", meinte er. „Wenn sie explodieren, dann entsteht ein gelber und grüner Staub oder Rauch, was drunter kommt, ist hin, obs Mensch, Tier oder Pflanze ist. Die Menschen werden ganz schwarz und das Fleisch fällt ihnen von den Knochen, so scharf ist das Gift."

„Von K. aus fliegen die Feuerzungen unermeßlich weit nach Nordwesten, nach Westen und nach Süden. Ich sehe sie wie Kometenschweife. Wir haben aber nichts zu fürchten. Nur einmal geht eine Zunge zu kurz und dann brennt eine kleine Stadt ab, die ist aber nördlich vom Saurüssel.

Die Münchener brauchen auch keine Angst haben, unruhig wirds schon sein, aber es passiert nicht viel. Und schnell gehts vorüber.

Glauben tuns mir viele nicht, ich weiß es auch nicht, was der Herrgott tut, aber was ich sehe, das darf ich sagen, ohne daß ich ein Prophet sein will. Schließlich stehn wir alle in Gottes Hand. Aber wer ans Kreuz nicht glaubt, den wirds zermalmen."

Und dann fuhr er fort: „Die große Stadt mit dem hohen eisernen Turm steht im Feuer. Aber das haben die eigenen Leut anzündt, net die, die vom Osten hermarschiert sind. Und die Stadt wird dem Erdboden gleichgemacht, das siech i ganz genau. Und in Italien gehts bös her. Da bringen's viel Leut um und der Papst kommt ihnen aus, aber viel Geistliche wern umbracht, viele Kirchen stürzen ein.

Dann aber kommt der Papst wieder zurück und er wird noch drei Könige krönen, den ungarischen, den österreichischen und den bayerischen. Der is ganz alt und hat schneeweiße Haar, er hat d' Lederhosen an und is unter de Leut wia seinesgleichen. Zuerst ist noch Hungersnot, aber dann kommen auf der Donau so viel Lebensmittel herauf, daß alle satt werden. Die überschüssigen Leute ziehen jetzt dorthin, wo die Wüste entstanden ist, und jeder kann siedeln, wo er will und Land haben, so viel er anbauen kann. Da werden die Leut wenig; und der Kramer steht vor der Tür und sagt: Kaufts mir was ab, sonst geh i drauf. Und d' Würst hängen übers Teller naus, so viel gibts.

Drüben im Osten gehts wild her, da raufen die Leut und 's Kreuz kommt wieder in Ehren."

Bei anderer Gelegenheit sagte Irlmaier zu diesen Vorgängen: „Massierte Truppenverbände marschieren in Belgrad von Osten her ein und rücken nach Italien vor. Gleich darauf stoßen drei gepanzerte Keile nördlich der Donau blitzartig über Westdeutschland in Richtung Rhein vor – ohne Vorwarnung. Das wird so unvermutet passieren, daß die Bevölkerung in wilder Panik nach Westen flieht. Viele Autos werden die Straßen verstopfen – wenn sie doch zu Hause geblieben wären oder auf Landwege ausgewichen! Was auf Autobahnen und Schnellstraßen ein Hindernis ist für die rasch vorrückenden Panzerspitzen, wird niedergewalzt."

Der für Christen entscheidende Satz steht am Ende von Irlmaiers Prognose: „Die Gesetze, die den Kindern den Tod bringen, werden ungültig nach der Abräumung." Gesetze, die den Abtreibungsmord möglich machen, gibt es nicht nur in der Bundesrepublik. Irlmaier konnte 1947, als er diese Aussage machte, weder von den neuen Waffen noch von der Reform des Paragraphen 218 durch die SPD/FDP-Regierung etwas wissen.

Der Zukunftsschock

Wir sitzen in einem Zug,
der immer schneller wird,
auf einem Gleis dahinrast,
auf dem es eine unbekannte
Zahl von Weichen gibt, die
zu unbekannten Zielen führen.

In der Lokomotive befindet sich
kein einziger Wissenschaftler,
und an den Weichen könnten
Dämonen stehen.
Der Großteil der Gesellschaft
fährt im letzten Wagen
und blickt rückwärts.

Ralph Lapp

Was sind hundert Jahre gegen die Ewigkeit!

(Aus dem Brief eines Kapuziner-Bruders an den Verfasser)

Ave Maria!

Sie wollten von dem Seher im Allgäu etwas wissen. Ja, so einfach ist das nicht mehr wie es einmal war. Vor Jahren hat Herr D. noch fast jeden angenommen, aber heute kommt man kaum mehr zu ihm. Die Freimaurer setzen ihm zu. Ich hab erst vor kurzem erfahren, daß eine gute Bekannte, die vor Jahren mit mir bei ihm war, vor nicht allzulanger Zeit versucht hat, zu ihm zu kommen. Er hat sie aber nicht hineingelassen.

Wir leben in einer furchtbaren Zeit in Kirche und Staat. Aber es kommt auch etwas Furchtbares auf uns alle zu. Es gäbe da viel zu reden, aber am besten ist es, wenn wir gut zu leben trachten und unsere Pflicht erfüllen – und vor allem ganz großes Vertrauen haben. So viele brauchen Jahr und Tag keinen lieben Gott. Wenn es dann mit ihnen in die Ewigkeit geht – ich möchte nicht dabeisein. Das Leben geht ja nach dem Tod erst an. Was sind hundert Jahre gegen die Ewigkeit! Gottes Segen und der lieben Mutter Schutz! Im Gebet verbunden grüßt Bruder Autbert Ofm Cap. (Anschrift bekannt.)

Franz Kugelbeer

Bauer aus Lochau bei Bregenz, hatte 1922 Visionen, zuerst im Traum, später im Wachzustand.

„Über Nacht kommt die Revolution der Kommunisten, verbunden mit den Nationalsozialisten, der Sturm über Klöster und Geistliche. Die Menschen wollen es zuerst nicht glauben, so überraschend tritt es ein. Viele werden eingekerkert und hingerichtet. Alles flieht in die Berge, der Pfänder ist ganz voll Menschen."

„Wie ein Blitz aus heiterem Himmel kommt der Umsturz von Rußland her, zuerst nach Deutschland, darauf nach Frankreich, Italien und England."

„Allerorts ist Aufruhr und Zerstörung. Es ist an einem Ort eine lange, breite, von Soldaten umsäumte Straße, darin jung und alt, Frauen, Kinder und Greise. Am Straßenrande steht eine Köpfmaschine, die der Oberhenker durch einen Druckknopf in Betrieb setzt, zu beiden Seiten von je zwei Henkern unterstützt. All diese Menschen werden enthauptet. Es fließt so viel Blut, daß die Köpfmaschine zwei- bis dreimal versetzt werden muß."

„Finsternis von drei Tagen und Nächten. Beginn mit einem furchtbaren Donnerschlag mit Erdbeben. Kein Feuer brennt. Man kann weder essen noch schlafen, sondern nur beten."

„Blitze dringen in die Häuser, gräßliche Flüche von Teufeln sind zu hören. Erdbeben, Donner, Meeresrauschen. Wer neugierig zum Fenster hinausschaut, wird vom Tode getroffen. Man verehre das kostbare Blut Jesu und rufe Maria an. Die Teufel holen die Gottlosen bei lebendigem Leibe. Vergebens flehen diese um Verlängerung ihres Lebens. Es herrscht die Pest, große schwarze Flecken am Arm sieht man. Schwefeldämpfe erfüllen alles, als wenn die ganze Hölle los wäre."

„Ein Kreuz erscheint am Himmel. Das ist das Ende der Finsternis. Die Erde ist ein Leichenfeld wie eine Wüste. Die Menschen kommen ganz erschrocken aus den Häusern. Die Leichen werden auf Wägen gesammelt und in Massengräbern beerdigt. Es fahren weder Eisenbahn noch Schiffe, noch Autos in der ersten Zeit. Die Fabriken liegen still, das rasende Tempo früherer Zeit hat aufgehört."

Cäsarius von Heisterbach

(Zisterzienserprior von Köln 1180–1240)

Das Schicksal von Kirche und Papst

„Die ganze Kirche wird in der ganzen Welt grausam verfolgt und aller ihrer zeitlichen Güter beraubt. Alle Kirchen werden befleckt und entweiht, und jede Religionsausübung wird aufhören aus Furcht und Entsetzen vor dem schrecklichen Grimm. Die Heiligen Jungfrauen (Nonnen) werden ihre Heiligtümer verlassen und geschändet und entehrt da und dort hinfliehen. Die Hirten der Kirche werden vertrieben, ihrer Würden beraubt und mißhandelt. Die Schafe und die Untertanen werden ohne Hirt und Haupt fliehen und zerstreut bleiben."

„Das Oberhaupt der ganzen Kirche wird seinen Sitz verändern, und es wird ein Glück für ihn und jene sein, die bei ihm sind, wenn sie einen Zufluchtsort finden, wo jeder mit den Seinigen das Brot der Schmerzen im Tal der Tränen verzehren kann. Denn die ganze Bosheit der Menschen wird sich gegen die allgemeine Kirche wenden, und sie wird lange Zeit keinen Verteidiger haben, weil es keinen Papst und keinen rechtmäßigen Herrscher geben wird." (Über das Ende des Papstes ist nichts bekannt, jedenfalls kehrt er vor seinem Tode noch nach Rom zurück.)

Einsiedler Antonius,

ein rheinischer Seher, geboren 1820,
lebte in der Gegend von Aachen.

„Der Krieg wird einmal im Elsaß von neuem ausbrechen. Ich sah die Franzosen im Besitz des Elsaß. Sie hatten Straßburg im Rücken. Ich sah auch Italiener, bereit, an ihrer Seite zu kämpfen. Plötzlich kamen von der französischen Seite aus Metz und Nancy große Truppentransporte, worauf eine Schlacht begann und 2 Tage dauerte und mit der Niederlage des preußischen Heeres (DDR-Kontingente?) endete. Die Franzosen verfolgten die Preußen über den Rhein nach vielen Richtungen hin ... Stets auf dem Rückzuge, retteten sich die Reste der preußischen Armee nach Westfalen. Dort war die letzte Schlacht ebenfalls zu ihren Ungunsten. Die Leute freuten sich, endlich die Preußen los zu sein. Sie klatschten in die Hände, und ihre Gesichter strahlten." (Des Sehers Heimat war 1803 zwangsweise preußisch geworden.)

Nostradamus

schreibt in der 8. Zenturie, 34. Vierzeiler:

„Nach dem Sieg des Löwen im Löwen (Tierkreiszeichen Löwe vom 23. Juli bis 23. August) findet unterhalb des (deutsch-französischen) Juragebirges ein Massenmorden statt. *Lyon* und *Ulm* werden zum Grabe für eine Weltmacht, die sieben Millionen an Toten und Gefangenen verlieren wird." Die Zahl von sieben Millionen ist insofern beachtenswert, als mit ihrer Hilfe die Stärke der durchgebrochenen Panzerarmeen geschätzt werden kann. (Rudolf Putzien)

Der „Elsische Junge“

Aus der von Propheten, sogenannten „Spökenkiekern“, wimmelnden Landschaft am Niederrhein und in Westfalen tritt uns neben anderen wie Bernhard Rembord von Siegburg, Jasper von Deininghausen oder Peter Schlinkert von Meschede besonders deutlich der „Elsische Junge“ entgegen. Die Schau dieses einäugigen Bauern aus Elsen bei Paderborn, der um die Wende vom 18. aufs 19. Jahrhundert gelebt haben mag, läuft wie ein Film ab, ist in ihrer Darstellung der Details besonders eindringlich. Die Aussagen dieses Mannes, der ohne Zweifel das „Zweite Gesicht“ besaß, fanden starke Beachtung und gingen von Mund zu Mund, so daß sie in ihrer heutigen Fassung kaum noch in allen Stücken dem originalen Wortlaut entsprechen dürften. Wesentliche Teile seiner Prophetie wurden in einer Ausgabe von 1848 mitgeteilt:

„Wenn am ‚Bocke‘ Gerste steht, dann wird der Feind im Land sein und alles umbringen und verwüsten. Sieben Stunden Weges wird man gehen müssen, einen Bekannten zu finden.

Die Stadt (Paderborn) wird acht saure Tage haben, wo der Feind darin liegen wird. Am letzten Tage wird er die Stadt plündern wollen, aber fürchtet nichts! Tragt nur euer Bestes von unten nach oben, denn der Feind wird nicht Zeit haben, seine Schuhriemen zu binden, so nahe sind eure Helfer.

Auch wird man vom Liboriberg aus die Stadt in Brand schießen wollen, doch nur eine Kugel wird treffen und ein Haus in Brand setzen auf dem ‚Kampe‘; das Feuer wird aber gelöscht werden.

Die Franzosen werden kommen, nicht als Feinde, sondern als Freunde und Helfer. Solche mit blanker Brust werden zum Westtore hereinziehen und ihre Pferde auf dem Domhof an die Bäume binden.

Zum Gierstore herein werden Soldaten kommen in grauen Röcken mit hellblauen Aufschlägen. Sie werden aber nur hereinblicken in die Stadt und wieder zurückgehen.

Am ‚Bocke' steht ein großes Heer mit doppelten Zeichen, das die Gewehre zu Haufen gestellt hat.

Der Feind wird fliehen nach Salzkotten zu und nach der Heide hin. An beiden Stellen wird eine große Schlacht geschlagen werden ... Die aus der Stadt ihn verfolgen, mögen sich hüten, über die Alme-Brücke zu gehen, denn keiner, der hinübergeht, wird lebend zurückkommen.

Der siegreiche Fürst wird in dem Schlosse zu Neuhaus, das wieder instandgesetzt wird, seinen Einzug halten, begleitet von vielem Volk mit grünen Zweigen an den Hüten.

Auf der Johannesbrücke vor Neuhaus wird ein solches Gedränge sein, daß ein Kind erdrückt wird. Währenddem wird in der Stadt Paderborn auf dem Rathaus und vor demselben eine große Versammlung gehalten, und man wird einen Mann vom Rathaus herabgeschleppt bringen und davor an der Laterne aufhängen. Wenn das alles wird geschehen sein, dann wird gute Zeit sein im Lande. Das Mönchskloster wird wieder hergestellt, und es wird besser sein, hier im Land Schweinehirt zu sein als dahinten im Preußenland Edelmann."

Walter Widler schreibt in seinem „Buch der Weissagungen" vom Kurfürstentum Köln, überhaupt von der Landschaft zwischen Köln und Paderborn, sie sei ein halbes Jahrtausend römischer Boden gewesen, der sich bis heute den rascheren Pulsschlag des Südens bewahrt habe. Wenn man vom Süden spricht, muß man hier Bayern nennen, das gleichfalls ein halbes Jahrtausend lang römischer Boden war – von 15 v. Chr. bis 488 n. Chr. – und den römisch-verwandten Rhein (Wittelsbachische Sekundogenitur) rekatholisieren konnte.

Um noch das Auffälligste an der Schau des „Elsischen Jungen" zu erwähnen, seine Schilderung von Reitern und Brustpanzern, so stoßen wir hier wieder, wie auch bei anderen Sehern, auf die Schwierigkeit, künftige Ereignisse einer hochtechnisierten Epoche mit dem Erfahrungsschatz eines vortechnischen Zeitalters auszudrücken. Sicher meint er nicht Pferde und Ritterrüstungen, sondern Panzer. Und ebenso sicher schildert er einen lokalen Ausschnitt großer militärischer Ereignisse.

Der alte Jasper

Westfalen

Wessel Dietrich Eilert, genannt „der alte Jasper“, lebte von 1764 bis 1833 auf einem Gute des Grafen Plettenberg in der Nähe von Hukarde, einem Dorf bei Dortmund. Von Kennern wird er als „Patriarch der westfälischen Spökenkieker“ bezeichnet. Seine Voraussagen wurden in zwei verschiedenen Fassungen 1848 in Bonn gedruckt. Auch beim alten Jasper werden wie bei anderen früheren Prophezeiungen zukünftige Ereignisse mit oft ungenauen Bildern umschrieben, nämlich nach dem Kenntnisstand seiner Zeit, und sind überdies ungenau überliefert. Das nachgerade berühmt gewordene Birkenbäumchen wenige Kilometer östlich von Dortmund diente damals zur Lagebezeichnung, muß aber bei der Erfüllung der Vorhersage nicht mehr existieren. Neben der damals geläufigen Bezeichnung „Der Türke“ (vergleiche Maria Beatrix Schuhmann in dem Buch „Bayerische Hellseher“ vom gleichen Verfasser) steht schon in Truelles „Buch der Wahr- und Weissagungen“, Regensburg, 1850, in Klammern und mit Fragezeichen „Der Russe“.

Wie Josef Stocker richtig anmerkt, fiel es auch dem Seher auf Patmos vor zweitausend Jahren schwer, Kriegsereignisse des technischen Zeitalters mit Worten seiner Zeit zu beschreiben. Er konnte eine geschaute Atombombenexplosion nicht anders deutlich machen als mit den Worten: „Da wurde etwas wie ein großer, feuerglühender Berg ins Meer geschleudert“ (Offenbarung 8,8).

Beachtenswert ist an den Vorhersagen des alten Jasper ihre Übereinstimmung mit Gesichten bayerischer Paragnosten. Der Schwerpunkt des Interesses liegt auf einer anderen geographischen Landschaft, aber die Abfolge des Geschehens ist dieselbe.

Jasper, erste Fassung:

Hierauf wird ein anderer Krieg ausbrechen. Ein Religionskrieg wird es nicht werden, sondern diejenigen, so an Christus glauben, werden zu Haufen halten wider diejenigen, welche nicht an Christus glauben.

Aus Osten wird dieser Krieg losbrechen. Vor Osten habe ich bange. Dieser Krieg wird sehr schnell ausbrechen. Abends wird man sagen: Friede, Friede ... und morgens stehen die Feinde schon vor der Türe; doch geht's schnell vorüber, und sicher ist, wer nur einige Tage ein gutes Versteck weiß. Auch die Flucht wird sehr schnell sein ...

Vor diesem Kriege wird eine allgemeine Untreue eintreten, die Menschen werden Schlechtigkeit für Tugend und Ehre, Betrügerei für Politesse ausgeben. In dem Jahre, wo der Krieg losbricht, wird ein so schönes Frühjahr sein, daß im April die Kühe schon im vollen Grase gehen. Das Korn wird man noch einscheuern können, aber nicht mehr den Hafer.

Die Schlacht wird am Birkenbaume zwischen Unna, Hamm und Werl stattfinden. Die Völker der halben Welt werden dort sich gegenüberstehen. Gott wird mit schrecklichem Sturme die Feinde schrecken. Von den Russen werden da nur wenige nach Hause kommen, um ihre Niederlage zu verkünden ...

Die Polen kommen anfangs unter. Sie werden aber gegen ihre Bedränger mitstreiten und endlich einen König erhalten.

Frankreich wird innerlich in drei Teile zerspalten sein.

Spanien wird nicht mitkriegen. Die Spanier werden aber nachkommen und die Kirchen in Besitz nehmen.

Österreich wird es gutgehen, wenn es nicht zu lange wartet.

Der römische Stuhl wird eine Zeitlang ledig stehen ...

Es wird eine Religion werden. Am Rhein steht eine Kirche (Kölner Dom), da bauen alle Völker dran. Von dort wird nach dem Kriege ausgehen, was die Völker glauben sollen (Papst und Kaiser treffen sich dort). Alle Konfessionen werden sich vereinen, nur die Juden werden ihre alte Hartnäckigkeit zeigen.

In dieser Gegend werden die Geistlichen so rar werden, daß man nach dem Kriege 7 Stunden weit gehen muß, um einem Gottesdienste beizuwohnen.

Das Land wird sehr entvölkert sein, so daß Weiber den Acker bebauen müssen und sieben Mädchen sich um eine Hose (Bilder aus der Heiligen Schrift: Jes 4, 1) schlagen werden ...

Jaspers zweite Fassung:

Vor dem Osten habe ich Bange. Es wird von dort ein Krieg ausbrechen, so gewaltig schnell, daß man abends sagen wird, Friede, Friede, und es ist kein Friede, denn morgens stehen die Feinde schon vor dem Tore und alles wird rufen: Krieg, Krieg. Doch wird es kein Religionskrieg sein, sondern alle, welche an Christum glauben, werden gemeinschaftliche Sache machen. Die Soldaten werden vorher schon mehrmals die Grenzen beziehen, bald darauf beruhigt wieder heimkehren.

Ein Hauptzeichen des ausbrechenden Krieges aber wird es sein, wenn allgemeine Religionslosigkeit und teilweiser Sittenverfall eintritt, wenn man Tugend für Laster und Laster für Tugend hält, wenn man Fromme mit dem Namen töricht und Ungläubige mit dem Namen aufgeklärt belegt. Auch wird vor dem Ausbruche des Krieges selbst noch ein sehr fruchtbares Jahr vorangehen.

Nachdem dieses alles vorangegangen, da wird mit einem Male der Feind in solcher Masse da sein, als wenn er wie Pilze aus der Erde gewachsen wäre.

Mit Kirschblüten an den Tschakos kommen die Soldaten heran.

Eine bedeutende Schlacht wird zwischen Unna und Hamm am Birkenbaume geliefert werden.

Die Schlacht, der Sieg, die Flucht werden so schnell aufeinander folgen, daß der, welcher sich nur auf eine kurze Zeit verstecken kann, der Gefahr entrinnt. Man verstecke und bringe daher schon zuvor alles Fuhrwerk in Sicherheit, sonst wird man nimmer entrinnen können.

Bei Köln wird die letzte Schlacht stattfinden. Der Türke (Russe) wird einige Zeit Herrscher über uns sein. Dann aber wird er geschlagen werden, um die Niederlage zu verkünden. Auch die Polen werden am Kampfe teilnehmen. Österreich wird durch bedeutende Siege im Süden und Osten zu neuer Macht gelangen, und der päpstliche Stuhl wieder besetzt werden.

Der Adelsstand wird aufgehoben (sein) und die Zahl der Geistlichen so vermindert werden, daß nur alle sieben Stunden öffentlicher Gottesdienst stattfinden wird ...

Der Männer und Jünglinge werden nach dem Kriege so wenige sein, daß sieben Frauenzimmer sich um eine Mannshose schlagen (Jesaia 4, 1) und die Weiber allein das Feld bestellen.

„Es wird Gift regnen auf das Feld"
Der „Spielbähn"

Bernhard Rembort lebte als Bote und Spielmann von 1689 bis 1783 in Eschmar an der Sieg. In den Klöstern Siegburg und Heisterbach war er auch als Geigenspieler bekannt, was ihm den Spitznamen „Spielbähn" einbrachte. Er starb 1783 in Köln. Die Kernsätze seiner Prophezeiungen lauten:

„Also werden die Geistlichen stolze Kleider tragen und wollen nicht mehr zu Fuß gehen, wie doch ihr Herr und Meister also ihnen vorgetan ... Von wegen der Wägen, so da durch alle Welt laufen, ohne von lebendigen Geschöpfen gezogen zu werden ... Es wird Gift regnen auf das Feld, wodurch ein großer Hunger ins Land kommt ... Ich vernehme die Klagen der Hungrigen ... Also sehe ich auch den Hohn der Gottesschänder ... Und erkenne den Untergang der Ketzer mit derber Strafe ... Die mit frevlem Mut sich an Gott wagten ... Sie wollten ein neues Reich Christi gründen und aller Glaube sollte verbannt werden. Es ist den Leuten einerlei, ob sie in die Kirche gehen oder nicht ... Sie nannten sich Gottesdiener und waren Bauchdiener ... Sie dienten der Wollust und machten eine Religion für ihre böse Fleischeslust ... Derweil sie freieten und ein Weib nahmen. Und danach zwei Weiber. Sprechend: unserm Stande gebühren der Weiber drei ...

Aber Petrus wird endlich sich entrüsten ... Weil die Langmut des Himmels ein Ende nimmt ... Darum untergehen wird ein großes Barbarenreich ... Das ist der Blutzeit Anfang ... Die heilige Stadt Köln wird sodann eine fürchterliche Schlacht sehen ... Viel fremdes Volk wird hier gemordet und Männer und Frauen kämpfen für ihren Glauben ... Und es wird von Köln, das bis dahin noch eine Jungfrau, eine fürchterliche Verheerung nicht abzuwenden sein ... Zuletzt wird ein fremder König aufstehen und den Sieg für die gerechte Sache erstreiten ...

Des Feindes Rest entflieht bis zum Birkenbäumchen ... Hier wird die letzte Schlacht gekämpft für die gute Sache ... Die Fremden haben den schwarzen Tod mit ins Land gebracht ... Was das Schwert verschont, wird die Pest fressen ... Das bergische Land wird menschenleer sein und die Äcker herrenlos ... Das deutsche Reich wird sich einen Bauern zum Kaiser wählen ... Des sollen die Menschen wohl achthaben, was ich gesagt habe ... Denn vieles Ungemach kann gewendet werden durch Gebet zu Gott, dem allerbarmenden Vater der Menschen, und Jesus Christus, hochgelobt in Ewigkeit ..."

Der Seher vom Möhnetal

Auch Peter Schlinkert, der „Seher vom Möhnetal“, beschrieb etwa um 1770 die entscheidende Schlacht des Dritten Weltkrieges am „Birkenbäumchen“:

„Am Birkenbaume werden die Armeen des Westens nach einer schrecklichen Schlacht einen blutigen Sieg über die des Ostens erringen ... welche völlig vernichtet werden. Nur wenige werden in ihre Heimat zurückkehren. In Deutschland wird Glück und Friede herrschen, obgleich im ersten Jahr die Weiber hinter dem Pflug gehen müssen.“ Schlinkert erwähnt auch noch eine „letzte große Schlacht auf deutschem Boden bei dem Dorfe Schmerlecke am sogenannten Lusebrinke“, die in allen anderen Texten nicht vorkommt.

Der Benediktiner aus Maria Laach

Ein unbekannter Benediktiner aus dem Kloster Maria Laach prophezeite im 16. Jahrhundert:

„Das zwanzigste Jahrhundert wird Tod und Verderben bringen, Abfall von der Kirche, Entzweiung von Familien, Städten und Regierungen. Es wird das Jahrhundert von drei großen Kriegen, die in Abständen von Jahrzehnten immer verheerender und blutiger werden und nicht nur das Rheinland, sondern zum Schluß alle Grenzländer in Ost und West in Trümmer legen.

Nach einer schrecklichen Niederlage Germaniens folgt bald der nächste große Krieg. Da wird es kein Brot mehr für die Menschen und kein Futter für die Tiere geben. Giftige Wolken, von Menschenhand gemacht, senken sich, alles vernichtend, herab. Nach diesen Tagen wird man eine Kuh an eine goldene Kette binden können, und wenn sich die Leute treffen, werden sie einander fragen: Freund, wo hast du dich erhalten?“

Was der alte Pramstahler vorhersah

Der Urned liebte es manchmal, alle Kinder um sich zu versammeln. Er hing dann den großen Perpendikel der Uhr aus, und die Kinder erschraken, wenn sie sahen und hörten, wie dann plötzlich das Uhrwerk zu rasen anfing, alle Zeiten und Mondstellungen, alle Erscheinungen in eine sinnlose Raserei verfielen und alle Augenblicke neue Bilder und Gestalten in viel zu großer Eile auftraten und verschwanden.

Der Guggeni sagt dann, daß die heutige Zeit einer Uhr mit ausgehängtem Perpendikel gleichen würde. Alles sei in tödliche Raserei gefallen, alle Augenblicke würde man einer neuen Mode und anderen Meinung anhängen, und am Schluß würden alle Menschen krank und verrückt werden. Nur wenn ein großes, strenges Perpendikel die Zeit und die Wünsche bändigen und bremsen würde, wenn ein großer Taktmeister den Rhythmus für alle und für alles bestimmen würde, nur dann könnten die Menschen über sich und Gott nachdenken, und nur so könnten sie den großen Frieden erlangen.

Der Urned sagte damals (dies war im Jahre 1912!) zu Hans, daß jetzt eine ganz andere Art von Menschen entstehen würde und auf diese würde man sich nie mehr richtig verlassen können. Schon vor 20 Jahren (also 1892) habe der alte Pramstahler zu ihm gesagt, daß dieses kommende neue Jahrhundert das fürchterlichste und blutigste Jahrhundert aller Zeiten werden würde. Ebenso wie der alte Pramstahler würde auch er in diesem Jahrhundert drei fürchterliche Kriege kommen sehen. Von diesen drei Kriegen würde der letzte Krieg dann der fürchterlichste sein. Feuer werde vom Himmel fallen und danach würde es nur noch so wenig Menschen geben, daß man jeweils eine volle Stunde mit raschen Schritten gehen müsse, um überall in der Welt jeweils nur einen einzigen

Menschen noch zu treffen. Alle Städte seien in Schutt und Asche und die noch wenigen Menschen seien selbst vom Feuer angefressen und voll von Narben und Wunden. Durch die Gnade Gottes würden aber diese kranken Menschen ganz neue, wunderbare und sanftmütige Kinder bekommen. Es käme mit diesen dann eine Friedenszeit von 1000 Jahren. Damit der Mensch nach dem dritten Krieg nicht verzweifeln müsse, würde sich Gott manchen Menschen zeigen und viele Wunder tun. Trotzdem aber würde Gott, wie schon immer, den Menschen weiter nur durch Leid und Strafen und das Ertragenlernen der großen Ungerechtigkeiten erlösen wollen.

Aus: „Die Kirche und ihr Paradies“, Lebensbild einer Südtiroler Bergbauernfamilie von Fritz Berthold, München/Wien, 1976.

Der Fließer Pfarrer

Alois Simon Maaß

Tirol, 6. Mai 1758 bis 18. Jänner 1846

Alois Simon Maaß, „der alte Fließer Pfarrer", wurde am 6. Mai 1758 in Strengen geboren, wo sein Vater den Dienst eines Lehrers, Mesners und Organisten versah. Später übersiedelte die Familie zur gleichen Dienstleistung nach Kauns, wo man auch noch ein Bauernanwesen erwarb. Nach dem Schulbesuch beim Vater und seinen Gymnasialstudien in Imst, Hall und Innsbruck trat er ins Brixner Priesterseminar ein und wurde 1781 zum Priester geweiht. Fast acht Jahre verbrachte er als überzähliger Hilfspriester (Supernumerarius) an verschiedenen Orten des Pustertales, bis er 1790 Expositur-Provisor der Dekanatpfarre Flaurling in Inzing wurde. Hier bereits wurden ihm außergewöhnliche, übernatürliche Fähigkeiten nachgesagt, freilich hatte er auch mit vielerlei Schwierigkeiten zu kämpfen. 1804 wurde er als Pfarrprovisor nach Fließ berufen, 1805 wurde ihm diese Pfarrei endgültig verliehen. Nun konnte Alois Maaß seine Fähigkeiten voll entfalten als tiefgründiger Prediger, als immer mehr gesuchter Beichtvater, der auch Harte und Verstockte zur Reue zu bewegen vermochte, als Freund der Kinder, denen er Religionsunterricht erteilte. Ein weiteres großes Anliegen war Pfarrer Maaß die Betreuung der Pfarrangehörigen, die auf Erwerb ins Ausland gehen mußten. In der Pfarrei bemühte er sich, durch die Volksmission die Gläubigen auf ihrem Weg zu stärken, aber auch die heimatlichen Bräuche und Sitten aufrechtzuerhalten. Unter seinen Mitbrüdern stand er in hohem Ansehen. Im Freiheitskampf 1809 spielte er wohl nur eine lokale, aber doch patriotisch bedeutende Rolle, wenn er immer wieder Treue zur Heimat und ihren Traditionen verlangte. Sein Glaube, sein hoffendes

Vertrauen, die Gottesliebe und die Liebe zu seinen Pfarrkindern, seine Uneigennützigkeit und Freigebigkeit werden heute noch besonders hervorgehoben. Er stand im Rufe der Heiligkeit.

Alois Simon Maaß erkannte bei vielen Menschen hellseherisch die Krankheiten und half ihnen mit Rat und Tat. Durch die Gabe der „Seelenschau" konnte er manchem Beichtkind vergessene Sünden ins Gesicht sagen. „Betrübte" (besessene) Personen fanden bei ihm durch den Exorzismus auffallend Hilfe. Bis zu seinem Tode 1846 wirkte er äußerst segensreich. In der dortigen Gegend (süd-östlich von Landeck) sind heute noch viele Aussprüche von ihm, die auf übernatürliche Anlagen deuten, im Umlauf. So auch einiges über die Zukunft der Welt (vergleiche das Buch: „Der alte Fließer Pfarrer", Stift Stams, 3. Auflage 1981).

Er sagte: „Was, Eisenbahn? Teufelsbahn! Die bringt uns nichts Gutes, damit tut man dem Antichrist den Weg auf!" (Durch den besseren Verkehr kommen nicht nur Wohlstand, sondern auch schlechte Sitten und Glaubensabfall in das Land.)

„Wenn die Welt mit Draht und Eisen umsponnen sein wird, dann wird es kleine Leute geben." (Kleine Kinder werden dann sehr frühreif sein und von Schlechtigkeiten mehr wissen als früher große Leute oder Erwachsene.) Telefon und der Elektro-Generator (1866) wurden erst nach seinem Tod erfunden, er sagte aber schon voraus, daß die Welt einmal mit Drähten umspannt sein wird.

„Wenn die Kinder wie Affen gekleidet sind, wird das Luthertum in Tirol einziehen." (Darunter wird er wohl die heutige religiöse Gleichgültigkeit und das Sichhinwegsetzen über die Gebote der Kirche verstanden haben.)

„Wenn der Luxus so groß geworden ist, daß man Männer

und Frauen an der Kleidung nicht mehr unterscheiden kann, und wenn unter jeder Stalltüre eine Art Kellnerin steht (eine Stallmagd, die so schmuck angezogen ist wie eine Kellnerin im Wirtshaus), dann paßt auf, dann kommen die letzten Zeiten." „Wenn die Eitelkeit auf den Friedhof kommt (Mode beim Begräbnis), weicht das Christentum aus dem Haus."

„Wenn man ohne Pferd die ganze Erde umfahren kann, dann geht es dem Ende der Welt zu." Er war der Anschauung, daß dem Weltuntergang eine schreckliche Katastrophe vorausgehen werde (Anmerkung: Das Dritte Weltgeschehen, der Bankabräumer und eine darauffolgende Friedenszeit). Hierüber unterhielt sich Maaß des öfteren mit seinen Hilfsgeistlichen. Einen gewissen Trost für das Land Tirol enthält ein solchen Gesprächen beigefügter Zusatz: „Cum Tiroli mitius agetur propter Rosarium – Mit Tirol wird dabei wegen des Rosenkranzgebetes milder verfahren werden." Der allabendliche Hausrosenkranz wird Tirol die Zuchtrute, die Gott über den Erdball und seine Völker schwingen wird, weniger verspüren lassen.

Das Volk überliefert noch andere Aussprüche von Maaß: „Wenn der Inn durch den Berg hindurch an Landeck vorbeifließt, dann dauerts nicht mehr lange." Dieses vor über hundertfünfzig Jahren prophezeite Ereignis konnte damals unmöglich auf natürliche Weise vorhergesehen werden. Die Weissagung ging durch den Bau des Elektrizitätswerkes Prutz-Imsterau (bei Imst) in Erfüllung. Der Inn kann nun durch den Berg fließen.

„Prutz verrinnt, Kauns verbrinnt (verbrennt) und Zams wird eine Ochsenalm." Durch den neuen Stausee im Kaunertal (1965) ist eine Überschwemmung von Prutz durch das vorhergesagte weltweite Erdbeben beim Dritten Weltkrieg möglich. Danach wird das obere Inntal so entvölkert sein, daß es zu einer Alm wird und alle überlebenden Bewohner von Zams unter einem Kirschbaum Platz haben.

„Über den Reschenpaß (von Meran nach Landeck) wird man dreimal versuchen eine Eisenbahn zu bauen und jedesmal wird bei Baubeginn der Krieg ausbrechen und alles vereiteln." (Zweimal, vor dem Ersten und Zweiten Weltkrieg, ist das bereits eingetroffen!)

„Man wird über das Inntal in das Pitztal hinein eine Brücke bauen. Sie wird aber nicht mehr ganz fertig werden, da beginnt die große Weltkatastrophe." – Eine weitgespannte Bogenbrücke in das Pitztal wurde 1983 dem Straßenverkehr übergeben – aber nichts geschah. Nun wird in der Tiroler Tageszeitung vom 26. November 1986 das Zukunftsprojekt einer neuen Nord-Süd-Eisenbahnlinie: „EG-Tunnel" durch Tirol dargelegt! Diese geplante Scheitel-Flachbahn durch die Alpen würde Bayern mit Mailand verbinden, und es wären bei diesem Vorhaben nur maximal 33 km lange Tunnels nötig. Diese neue Linie kommt von Norden in einem Tunnel nach Reutte, verschwindet dort in einem Tunnel bis Karres (bei Imst), überquert den Inn (in 830 m Seehöhe) auf einer Brücke in das Pitztal nach Wenns, verschwindet in einem Tunnel nach Prutz, dann von Pfunds nach Schluderns (Mals) in Südtirol, von wo sie in Richtung Süd-West unter dem Ortler hindurch nach Bergamo geführt wird. Käme dieses Projekt zustande, könnte man sich regelrecht vor das Pitztal stellen und beim Brückenbau zusehen, wie sich die Zeichen der Zeit erfüllen.

Die Mitteilung dieser Zukunftsschau wird Pfarrer Josef Stocker, Hall in Tirol, verdankt (siehe Literaturverzeichnis).

Fischzug Petri

Gewaltige „Gegen-Fischernetze" helfen beim „Wegfischen" der Gläubigen, als da sind: Radio, Fernsehen, Presse, Illustrierte, „Video". Auf die Dauer wird dagegen niemand aufkommen. Und die Welt? Die Welt hat Satans Netz zu spüren bekommen. Sie wird von ihm fest umklammert (umstrickt). Nur Gott kann uns retten. So wie es aussieht jedoch nur durch künftigen Einsatz apokalyptischer Mittel, durch Heimsuchungen gewaltigen Ausmaßes, durch Not, Krisen, Ängste, Kriege und wieder Kriege mit unvorstellbarer Vernichtungskraft. Dann wird Satans Netz zerrissen werden. Amen.

Katharina aus dem Ötztal

1883–1951

Im hinteren Ötztal in Tirol sind manche Menschen mit dem sogenannten Zweiten Gesicht begabt oder besser gesagt: belastet, auch heutzutage noch. Die 1951 verstorbene Katharina D. wurde auch öfters von solchen Vorauserlebnissen geplagt. Es meldeten sich bei ihr oft „Arme Seelen", die sie um Hilfe drängten. Oft sah sie Unglücke oder Sterbefälle voraus, wußte dabei aber selten, um wen es sich handeln, oder wann es eintreten würde.

Etwa um 1946 erschien ihr ein Mann, ganz „platschnaß", und war sehr lästig. Als ein Jahr später ein Mann selbstmörderisch in den Fischbach sprang, erkannte sie, daß dieser sich vorausmeldete und sie um Hilfe anging. Ein anderes Beispiel: Ihre Tochter war als junge Sanitätsschwester 1944/45 in Wien tätig. Wird sie überleben? Die Mutter schrieb nach Wien: „Ich sehe Dich daheim und einen Kindersarg bei Dir!" Die Tochter konnte sich beim Zusammenbruch tatsächlich von Wien nach Tirol durchschlagen, rätselte aber immer an dem Ausspruch über das Kind. Erst als ihr, nach der Heirat 1952, ein Kind in den ersten Monaten starb, und sie es in einem kleinen Sarg von Innsbruck holte, lüftete sich ihr das Geheimnis des Vorhergesehenen.

Schau einer großen Revolution und nachfolgender einfacher, christlicher Lebensweise

Es sei voraus bemerkt, daß Katharina diese Erlebnisse in den vierziger Jahren hatte und damals noch keine Prophezeiungsbücher kannte. Irlmaier, Franz Kugelbeer (Vorarlberg) und andere klingen sehr ähnlich, wurden hier aber erst nach ihrem

Tode bekannt! In knappen Sätzen beschreibt die Seherin detailkundig(wie selten anderswo) den Alltag der schrecklichen Zeit. Gelegentlich wurden ihre Dialektausdrücke ins Hochdeutsche übertragen. (Ergänzungen in Klammern stammen von Josef Stocker, der dem Verfasser diese Prophetie mitteilte.)

Es kommt noch einmal Krieg. Ein dritter Weltkrieg! Anfangen tut es langsam. Zuerst werden die jungen Buben mit komischen Autos abgeholt (zum Militär eingezogen. Vielleicht Konflikte an Balkan, Adria). Sie singen und jauchzen noch zum Tal hinaus. Aber dann kommt eine harte Zeit. Daheim und für die Feldarbeit sind nur noch ältere Menschen und Weiberleut verfügbar. Die Not wird groß und größer (vielleicht: Wirtschaftskrach, Geldentwertung, Arbeitslosigkeit). Und man sagt zueinander: „Es kann nicht mehr gehen, es geht nimmer", und es geht doch noch weiter. Es geht viel länger abwärts, als die Leute zuerst meinten. „Dann plötzlich brichts" (Revolutionen). Die Leute sind auf dem Feld, es ist Spätsommer, das Korn schon reif, da kommen sie, ganze Horden schiacher (wild aussehender) Leute, und überfallen alles. (Anmerkung: Mob und Pöbel aus den Städten geht auf das Land, sogar in die Gebirgstäler!, um zu rauben und zu plündern.) Sie bringen um, was sie erwischen – es ist furchtbar! Die Haustüren werden eingeschlagen und alles kaputt gemacht. Sie morden und rauben, und sogar Einheimische aus dem Dorf laufen mit jenen und plündern genauso.

Kinder, ihr müßt auf den Berg fliehen (auf die Almhütten). Dort müßt ihr euch vorher etwas zum Essen verstecken und etwas zum Schlafen herrichten. Auf den Berg gehen diese plündernden Horden nicht hinauf! Springt (lauft) ja nicht ins Dorf. Es geht auch hauptsächlich um den Glauben. Es gibt nur mehr zwei Parteien: Für den Herrgott und gegen den Herrgott! Die Verfolger der Kirche haben eine Zeitlang eine große Macht. Aber diese kurze Zeit dürft ihr im Glauben nicht umfallen. Bleibt mir um Gottes willen katholisch! Ihr müßt stark bleiben, auch wenn es euch das Leben kostet, denn die Gottlosen werden zum Schluß vom Herrgott furchtbar gestraft (Anmerkung: Vielleicht Luftverpestung und dreitägige Finsternis?).

Die Glocken wollen sie noch von den Türmen holen, um sie einzuschmelzen, aber sie kommen nicht mehr dazu, es geht zu schnell. Ich sehe irgendwo eine Kirche, gesteckt voll betender Leute, plötzlich kommen diese schiachn Leute in roten Fetzen und sperren die Kirchtüren zu, und bringen die in der Kirche alle um.

Es kommt eine schreckliche Zeit: Ich sehe die Weiberleute alle in Schwarz (gekleidet) und am Friedhof Haufen an Haufen (alles frische Grabhügel). Alte Männer werden am Kirchplatz von einem alten Pfarrer mit dem Allerheiligsten gesegnet, und sie gehen zu Fuß zum Tal hinaus und kämpfen draußen, gar nicht weit weg, nur mit Messern und einfachen Waffen, Mann gegen Mann. Sie haben nur Socken (Hauspatschen?) an, statt Schuhe, so groß ist die Not. Vom hinteren Ötztal werden Verwundete auf Leiterwägen herausgebracht (handgezogene Heuwägen, keine Autos, kein elektrischer Strom).

Auf den Feldern bleibt noch Heu und Getreide stehen, es bringts fast niemand mehr ein, es bleiben so wenig Leute übrig. Nachher steigt nur noch da und dort ein Rauch aus einem Kamin auf, und viele Häuser stehen leer. In den noch bewohnten Häusern liegt auf jedem Ofen ein Ballen Haar (= Flachs, zum Spinnen und Weben); die Leute fangen wieder ganz von vorne an (auf einer Entwicklungsstufe wie vor zweihundert Jahren) und sind ungemein christlich und zufrieden und grüßen einander mit: Gelobt sei Jesus Christus! Ich sah Furchtbares, daß ich es nicht sagen kann! Bleibt mir katholisch! Amen.

Nachwort
von Josef Stocker

Wann wird das geschehen? Jesus sagte zu seinen Jüngern auf diese Frage: „Euch steht es nicht zu, Zeiten oder Zeitpunkte zu wissen, die der Vater in seiner Vollmacht festgesetzt hat" (Apg 1, 7), und der Apostel Paulus schreibt: „Wenn alle von Friede und Sicherheit reden, kommt plötzlich (überraschend) das Verderben über alle" (1 Thess 5, 1–3). Wir wissen auch nicht die Stunde unseres eigenen Todes, das ist unser persönlicher Weltuntergang, und der kann morgen sein!

Es gilt ständig in dieser Spannung zu leben: Einerseits müssen wir weiterhin unsere Berufspflichten erfüllen und mit beiden Beinen auf der Welt stehen, als ob es noch viele Jahre so weiterginge; andererseits müssen wir ständig bereit sein zu sterben. „Wachet, denn ihr wißt nicht den Tag noch die Stunde" (Mk 13, 29–33 und Mt 24, 36 f). Diese Spannung zwischen jetzt schon und noch nicht, müssen wir aushalten. Die ersten Christen und Jesus selber lebten in großer Naherwartung, und diese ist das Salz der Religion.

Jedenfalls sollten wir daran erinnert werden, daß es mit Fortschritt, Wohlstand und Vollbeschäftigung nicht ewig weitergeht. Wir werden wieder lernen müssen, einfacher, bedürfnisloser, genügsamer und gottesfürchtiger zu leben! Nicht das *Haben* und *Besitzen* ist unser Auftrag, sondern Gott und den Nächsten *lieben* und *Güte sein*.

„Katharina aus dem Ötztal" hieß eigentlich Emilia Auer, geb. Götsch (1883–1951), Laugenfeld, Tirol.

„Der Weizen kann noch geerntet werden“

Abbé Curique schreibt in seinen 1872 erschienenen „Voix Prophétiques“:

„Ein schrecklicher Krieg wird folgen. Der Feind wird wie eine Flut aus dem Osten kommen. Am Abend werden sie noch ‚Friede, Friede!‘ rufen, doch am nächsten Morgen werden sie vor unserer Türe stehen. In diesem Jahr wird ein früher und schöner Frühling sein, Kühe werden schon im April auf reichen Weiden grasen. Der Weizen kann noch geerntet werden, doch der Hafer nicht mehr. Der Konflikt, in dem eine Hälfte der Welt gegen die andere stehen wird, wird nicht lange dauern. Gott wird die sich Bekämpfenden durch eine schreckliche Naturkatastrophe auseinandertreiben.“

Tschernobyl

Die Atomwolke mit ihren derzeit noch unübersehbaren Folgen war eine Vor-Warnung für Europa. Im Erscheinungs- und Wallfahrtsort Eisenberg, nahe dem Dreiländereck Österreich – Ungarn – Jugoslawien, steht heute noch ein Efeubaum, der ein von den Russen im Jahre 1945 geschändetes Kreuz mit dem Bildnis der Schmerzensmutter umschließt. Seit langer Zeit schon hat dieser eigenartige Baum von selbst, allen Besuchern von Eisenberg zur immerwährenden Mahnung, die Form eines Atompilzes angenommen.

Die radioaktive Wolke, die auf uns niederging, war eine handgreifliche Mahnung Gottes zur Umkehr. Doch was schrieb der apokalyptische Seher, der hl. Evangelist Johannes: „Sie bekehrten sich nicht von ihren Mordtaten, ihren Zaubereien, ihrer Unzucht und ihrem Stehlen“ (Geh. Offbg 9, 21). Das betrifft den modernen Kindermord, den Satanskult, der sich immer mehr ausbreitet, die öffentlich geduldete Unsittlichkeit, den Zinswucher, der von der Kirche öfter schon veurteilt wurde.

Die Atomwolke über Europa war ein Schlag gegen den Hochmut der Atom-Technokraten, die uns eiskalt vorrechneten, daß ein Super-GAU (= größter anzunehmender Unfall) nur *einmal* in 10000 Jahren wahrscheinlich sei.

Durch die Katastrophe von Tschernobyl wurde die atomare Rüstung der Sowjetunion empfindlich getroffen. Bekanntlich wird in den Atomkraftwerken neben Strom auch Plutonium erzeugt, ein höchst gefährlicher Stoff, der für die Herstellung von Atomsprengköpfen benötigt wird. Der Reaktor in Tschernobyl wurde entwickelt, um „bombenfähiges“ Plutonium zu gewinnen, das ein Höchstmaß von gefährlicher Wirksamkeit für Atomwaffen aufweist.

An einem Samstag, an dem das Fest der Mutter vom Guten Rat gefeiert wurde, am 26. April 1986 um 1.30 Uhr, ereignete sich die Katastrophe, ausgelöst durch einen unvorhergesehenen Stromausfall. Sicherlich hat Rußland jetzt für einige Zeit alle Hände voll zu tun, um mit den Auswirkungen dieses folgenschweren Unglücks fertig zu werden. Für uns im Westen bedeutet dies möglicherweise einen weiteren Aufschub des Dritten Weltkrieges. Aber denken wir auch an die vielen armen Menschen in der Ukraine, die vom Unglück so schwer betroffen sind durch tödliche Krankheit, Evakuierung, Unsicherheit und Angst. Beten wir für sie! Die Ukraine war ein tiefkatholisches Land. Vor hundert Jahren (und endgültig 1946 unter Stalin) wurden die Ruthenen mit List und Gewalt zu Zwangsmitgliedern der orthodoxen Kirche gemacht.

Gottfried Melzer, am 16. Mai 1986 (Loretobote)

Die „Prophezeiung des Blühenden Mandelbaumes“

soll von einem polnischen Benediktinermönch stammen. In ihr wurde unter anderem die Ausgangszeit für den Zweiten Weltkrieg vorausgesagt: „Zur Zeit, in welcher 1945 der Mandelbaum blüht“, also April/Mai, würde der Krieg sein Ende finden. Hohen deutschen Regierungsstellen soll die Prophezeiung bekannt gewesen sein und man soll den schriftlich niedergelegten Text gesucht haben, konnte seiner aber nicht habhaft werden.

Der ganze Prophezeiungstext bezieht sich auf einen längeren Zeitraum. Jedes Jahr ist mit Symbolen gekennzeichnet, ähnlich wie in der Malachias-Weissagung über die Päpste. Manches ist schon verblüffend genau eingetroffen.

Das Jahr 1900 läuft unter der Bezeichnung „Blutiges Zepter“: Humbert I., König von Italien, wurde in der Stadt Monza ermordet. Das Jahr 1914 trägt die Bezeichnung: „Blut im Blute“, – der Erste Weltkrieg begann! 1929 wird mit „Ruhm der Kirche“ bezeichnet – Abschluß des Lateranvertrages zwischen Italien und dem Vatikan! 1939 wird mit „Kreuzhagelschauer“ symbolisiert. Der Zweite Weltkrieg begann! 1945 „Tod des hakengekreuzten Löwen“, – der Selbstmord Hitlers! 1953: „Tod des Drachen“, Stalin tritt von der Weltbühne ab! 1963 wird charakterisiert mit der Bezeichnung „Wörter auf dem Sande“, es ist das Jahr der ergebnislosen Koexistenzverhandlungen zwischen den USA und der UdSSR. 1964: „Glanz des Mondes“, die Eroberung des Erdsatelliten tritt beherrschend in den Vordergrund! 1965 „Sturm am Äquator“, Kriege und Unruhen in Vietnam, der Dominikanischen Republik, in Indonesien, Singapur, Indien, Pakistan. Deutungen können bei den Losungen der folgenden Jahre nur gelegentlich gewagt werden:

1966: „Blutiges Delirium“
1967: „Unbefleckter Zweikampf“
1968: „Feuer auf dem Schnee!“
1969: „Grüne Hoffnung“
1970: „Friede des Ölbaumes“
1971: „Ruhm der Toten“
1972: „Triumph des Steuermannes“
1973: „Licht in der Nacht“
1974: „Sternenweg“
1975: „Kreuzsturm“
1976: „Liebe zum Mond“
1977: „Schwindel auf der Erde“
1978: „Verbotene Träume“
1979: „Judas Tod“
1980: „Rom ohne Petrus!“ (Der Papst auf Weltreise)
1981: „Triumph der Arbeit“
1982: „Der neue Mensch“
1983: „Hosianna der Völker“ (Heiliges Jahr)
1984: „Delirium im Weltraum“
1985: „Stimme des Antichrist“
1986: „Feuer aus dem Osten“ (Tschernobyl)
1987: „Kreuze erfüllte Ebene“

Von besonderem Interesse sind die prophetischen Losungen für die Zukunft, die, wie viele endzeitliche Aussagen, auf das Jahr 2000 zielen.

1988: „Wahnsinn der Erde“
1989: „Der Menschen Erwartung“

1990: „Erscheinung am Himmel"
1991: „Erhellung der Nacht"
1992: „Abfall der Sterne"
1993: „Vernichtung des Menschen"
1994: „Geheul des wilden Tieres"
1995: „Schluchzen der Mutter"
1996: „Sintflut auf der Erde"
1997: „Tod des Mondes"
1998: „Himmelsruhm"
1999: „Der neue Petrus"
2000: „Triumph des Ölbaumes"

Nach verschiedentlich geäußerter Meinung sind die Angaben 1964 Glanz (oder Aufleuchten) des Mondes, 1976 Liebe zum Mond, 1997 Tod des Mondes nicht mit unserem Erdtrabanten in Verbindung zu bringen, sondern mit dem Erscheinen des Antichrist.

Modernismus

Es wird heute ernsthaft über die Frage nachgedacht, ob der Papst noch – ohne sein Leben zu gefährden – Freimaurer und Modernisten aus den Schaltstellen des Vatikans entfernen könne. Würde er das versuchen, gäbe es einen Aufstand, meinen Eingeweihte in Rom. Der Papst, dem niemand Feigheit nachsagen kann, fürchtet nicht um sein Leben, wohl aber um die Folgen einer Säuberung des Vatikans: die Spaltung der Kirche. Um die interne Spaltung weiß der Papst. Er will aber keinen offenen Bruch. (Elena Leonardi: „Kardinäle und Bischöfe werden sich dem Papst widersetzen; er wird angeklagt werden, und man wird ihm schaden." Vergl. Dritte Abteilung: Erscheinungen der Muttergottes.)

Es liegen aus Rom Informationen vor, nach denen der Heilige Vater (mehrfach) versucht hat, die alte und die neue Form der heiligen Messe als gleichberechtigt zu erklären. Darauf hätten ihm Kardinäle und Bischöfe im Vatikan sowie Kardinäle und Bischöfe aus Europa mitgeteilt, sie würden ihm den Gehorsam verweigern. Weiter wurde dem Papst zu verstehen gegeben, daß man eine solche Erklärung den Gläubigen vorenthalten werde. (Wenn man bedenkt, wie Bischöfe den päpstlichen Indult erschwerten und praktisch außer Kraft setzten, erscheint das mehr als glaubhaft.) Modernistische Bischöfe organisierten in kurzer Zeit eine weltweite Front gegen den Plan des Papstes.

In Amerika droht die Spaltung innerhalb der katholischen Kirche zu einem öffentlich ausgetragenen Konflikt zu werden. Die Spannungen zwischen dem Vatikan und einzelnen amerikanischen Bischöfen und Theologen sind so stark geworden, daß auf der letzten Vollversammlung der dreihundert Bischöfe in Washington ihr Vorsitzender, Bischof James Malone, in seiner Eröffnungsrede das Thema ohne Umschweife anschnitt: „Jeder, der in den letzten drei Jahren Zeitungen las, kann nicht mehr die wachsenden Schwierigkeiten zwischen Elementen der katholischen amerikanischen Kirche und dem Heiligen Stuhl ignorieren. Einige meinen, die Kirche brauche mehr Freiheit, andere glauben, mehr Kontrolle sei gefragt. Wo immer man in diesem Konflikt auch stehen mag – diese Spaltung konfrontiert uns mit der sehr ernsten Frage: Was kann geschehen, diese sich entwickelnde Entfremdung zu überwinden?"

Es fällt auf, daß sich Malone nicht auf die Seite des Papstes stellte, sondern wie ein neutraler Schiedsrichter argumentierte. Malone schlug unmittelbare Gespräche amerikanischer Bischöfe mit dem Papst vor, um den Konflikt noch vor dem Amerika-Besuch des Papstes im Herbst 1987 zu beenden. Ein aussichtsloses Beginnen, da die Mehrheit der amerikanischen Bischöfe, Theologen und Priester die Meinung des Theologen Charles Curran vertritt, dem der Vatikan im August 1987 die Lehrbefugnis an der Katholischen Universität in Washington entzog. *Curran befürwortet den Abtreibungsmord, Verhütungsmittel, die Scheidung, voreheliche geschlechtliche Beziehungen und die Homosexualität.* Eine mächtige Lobby in ganz Amerika ist zu seiner Verteidigung angetreten und will den Papst in die Knie zwingen. Der Papst ließ sich nicht beirren und entzog dem modernistischen Erzbischof Raymond Hunthausen einen Teil seiner pastoralen Befugnisse: Ein bisher einmaliger Vorgang in der amerikanischen Kirchengeschichte.

Vom „Mut, katholisch zu sein“

Was man im Zusammenhang mit der Ernennung des neuen Wiener Weihbischofs Dr. Krenn – aber auch schon früher bei der Bestellung Dr. Groërs zum Wiener Erzbischof hören konnte, ist der beste Beweis für die Notwendigkeit der Hierarchie in der katholischen Kirche. Denn wenn es bereits so weit ist, daß katholische Organisationen und sogar Priester in verantwortlichen Funktionen nur deshalb gegen die Berufung eines Bischofs rebellieren und Demonstrationen inszenieren, weil dieser nicht bereit ist, den Glauben irgendeinem Zeit(un)geist anzupassen, die Botschaft Christi zu manipulieren und die Autorität des Papstes zu mißachten, braucht man nicht mehr darüber zu diskutieren, ob man die Kirche noch weiter „demokratisieren“ soll! Eine Erklärung, wenn auch keine Entschuldigung für diese Entwicklung, ist ohne Zweifel die Tatsache, daß es die kirchlichen Autoritäten in Österreich seit Jahrzehnten bewußt unterlassen haben, eklatante Fehlinterpretationen des Zweiten Vatikanischen Konzils mit der gebotenen Deutlichkeit richtigzustellen. Die Antwort auf jede heikle Frage, dies müsse der einzelne nach seinem Gewissen entscheiden, war in Wirklichkeit nichts anderes als ein Herumdrücken um eine klare Stellungnahme; nur ja nirgendwo anzuecken und niemanden zu vergrämen, hieß die Parole. Hätten die Apostel ähnlich gehandelt, wäre das Christentum niemals eine Weltreligion geworden. Jedenfalls scheint man heute auch in höchsten kirchlichen Kreisen Österreichs allzu gerne zu vergessen, was Paulus in seinem zweiten Brief an Timotheus geschrieben hat – nämlich, er möge das Wort Gottes verkünden und dafür eintreten, ob man es nun hören wolle oder nicht. Denn, so schrieb Paulus, die spätere Entwicklung vorausahnend, wörtlich, es werde „eine Zeit kommen, da man die gesunde Lehre nicht verträgt, sondern sich nach eigenen Wünschen immer neue Lehrer sucht, die den Ohren schmeicheln". Genau dort sind wir heute! Kein Wunder, daß man gegen die Ernennung von Bischöfen, die noch den Mut haben, katholisch zu sein, wild aufbegehrt ...

Heribert Husinsky im „Neuen Volksblatt", Wien (Nr. 72/87)

Abtreibung

Den Zeitgenossen des Dritten Reichs wird immer wieder vorgehalten, sie hätten vom Massenmord an den Juden wissen müssen. Geradezu bohrend fragen die Jüngeren unter uns: Wie konnte dies geschehen? Alle zusammen, ob alt oder jung, sind wir in jedem Fall Mitwisser und im Einzelfall Mittäter beim *Massenmord an den Ungeborenen! Darüber* findet jedoch keine das ganze Volk berührende Debatte statt. Die Zerstückelung eines Embryos wird einer schwangeren Frau erst bewußt, wenn man ihr den Vorgang drastisch vor Augen führt: Ein Beweis dafür, daß die „Schocktherapie" (das Zeigen von Fotos getöteter Kinder) als letztes Mittel sinnvoll ist.

Das deutsche Volk ist belastet mit schwerster Schuld. Das Morden geht Tag für Tag weiter, und zwar so lange, bis wir alle für diesen himmelschreienden Frevel bezahlt haben werden. Jedes Verbrechen, das nicht gesühnt wird, führt „fortzeugend" zu neuen Verbrechen. Der Abtreibungsmord, von Regierung und Parlament verfügt, im Namen des Volkes als Gesetz verkündet und aus Krankenkassenbeiträgen (auch gläubiger Christen!) finanziert, hat weitere Verbrechen nach sich gezogen. Das Buch von Roland Rösler „Rohstoff Mensch – Embryohandel und Genmanipulation" ist wohl das erschütterndste Dokument des Jahres 1986. Durch den Abtreibungsmord wurde die „Ware Mensch" zugänglich nicht nur für die kommerzielle Ausschlachtung, sondern für die neue Todsünde der Gen-Manipulation, der biotechnischen „Züchtung von Menschen" ohne Seele. Kein Verbrechen kann größer sein, denn es richtet sich gegen Gott als den Schöpfer allen Lebens.

Rösler schreibt im Vorwort, er schließe sich der Meinung eines Wissenschaftlers an, daß die Menschheit besser die

Finger von zwei „Kernen“ gelassen hätte, vom Atomkern und vom menschlichen Zellkern. Niemand muß Prophet sein, um vorauszusagen: Das wird Gott nicht mehr hinnehmen. Der gläubige Mensch kann sich nicht über wirtschaftliche Erfolge und mehr Einkommen freuen, da unser Land vom Blut Unschuldiger besudelt ist.

Wer den Schwächsten unserer Gesellschaft das Lebensrecht verweigert und den geschütztesten Bereich, den Mutterschoß, schutzlos macht, über den wird fürchterlich Gericht gehalten werden. Wer aber die Überbevölkerung als Argument für ein beispielloses Morden anführt, sollte wissen, daß Geburteneinschränkung *vor* der Empfängnis kommen muß.

Die gläubigen Christen in der Bundesrepublik, eine Minderheit, hatten bei der Bundestagswahl im Januar 1987 keine Chance, durch ihre Stimmen den Massenmord zu beenden. *Die Wahl wurde von denen entschieden, die ihren Glauben verloren haben und von den Atheisten.* Eine alternative Wahlmöglichkeit für Glaubenstreue gab es 1987 nicht.

Nicht oft genug kann an Irlmaiers Schau erinnert werden: „Nach dem großen Abräumen werden die Gesetze, die den Kindern den Tod bringen, ungültig werden.“

Es ist Nacht geworden im christlichen Abendland …

Schwester Luis (Dr. Radlmaier) in Nr. 53/85 der Nachrichten der europäischen Bürgerinitiativen zum Schutz des Menschenlebens.

Wenn man nur alle fünf Jahre auf Heimaturlaub nach Europa kommen darf, dann freut man sich schon lang vorher auf die vielen schönen Dinge, die man daheim wieder erfahren und erleben darf. Aber ich wurde enttäuscht! Mit Schrecken mußte ich schon am Flughafen, in München, feststellen, daß das einst fromme christliche Abendland von einer schrecklichen Seuche heimgesucht wird: der Pornographie! Meterlange Reihen von Zeitschriften, übervolle Regale haben den Besuchern Deutschlands nichts anderes von ihrer Kultur aufzuweisen als nackte Frauenleiber. Hat die moderne Technik der Zivilisation das europäische Gehirn so versumpft, daß es keine andere Phantasie mehr hat als nackte Frauen? Ich schäme mich, als Bürger eines solchen Landes in die Mission zu gehen, um die frohe Botschaft der wahren Liebe und Menschenwürde zu verkünden, wenn die Liebe in meiner Heimat als so billiger Schund verkauft wird. Auch in der Familie merkte ich, daß die Moral am Verschwinden ist. Fast kein Haushalt mehr, wo nicht junge Leute ehelos zusammenleben. „Sexuelle Freiheit" nennen sie das. Fast kein Fernsehprogramm ohne peinliche Sexszene. „Sexuelle Aufklärung" nennen sie es. Ja, ist das europäische Volk schon so verdummt, daß es mit einer oder zwei Aufklärungen nicht mehr reicht? Muß man das Natürliche und Würdige der Sexualität so herabsetzen und pausenlos eintrichtern, um verstanden und respektiert zu werden? Noch nie war eine Jugend so in Sklaverei verstrickt wie heute: denn die jungen Menschen sind die unzähligen Opfer der Perversion, Trunksucht, Drogenabhängigkeit, Genußsucht, der zügellosen Lust geworden. Die Eltern stehen oft ratlos dabei und müssen zuschauen, wie die habgierigen Geschäftsleute der Pornographie die Kinder mit dem Gift der Unmoral verpesten. Ist das die bessere Welt, von der ihr redet, die ihr euren Kindern bieten wollt? Ach Gott, wo sind die Propheten, die den Mut haben, die Wunden dieser Zeit aufzuzeigen? Wo sind die Propheten, die die Menschen zur Umkehr aufrufen, bevor das ganze Volk von dieser Seuche heimgesucht wird und zugrunde geht? Europa ist nicht mehr das christliche Abendland, das es einmal war, das es noch war, als ich in die Mission nach Afrika ging. Es ist Nacht geworden im christlichen Abendland, weil es Nacht geworden ist um die Seele der Menschen im zivilisierten Europa. Wenn man das alles so sieht und erlebt, sehnt man sich zurück nach dem Leben im Busch von Afrika, wo Menschenwürde, Mutterschaft, Kinder und das Schamgefühl noch selbstverständlich sind im Brauchtum und in den Sitten der Menschen. Es wurde mir klar: Meine Heimat ist krank geworden! Nicht nur der Wald ist krank geworden und stirbt, auch die Seelen der jungen Menschen sind krank geworden und sterben. Europa scheut heute keine Kosten, um das Sterben der Bäume zu besiegen – wo aber ist heutzutage jemand noch bereit, wenigstens einen Finger zu rühren, um das Sterben der jungen Seelen aufzuhalten?

Wenn die Sonne der Kultur
niedrig steht,
werfen auch Zwerge
lange Schatten.

Karl Kraus

AIDS

Die Morallosigkeit einer sich christlich nennenden Regierung, deren Gesundheitsministerin vom Volksmund „Kondom-Rita" genannt wird, findet keinen allgemeinen Widerspruch der Kirchen. Diese produzieren – fast in panischer Angst – ständig neue Thesen, wonach AIDS alles mögliche ist, nur keine Strafe Gottes. Zitate: Bischof *Kamphaus* von Limburg wandte sich gegen „vorschnelles Reden", AIDS sei eine Strafe Gottes oder eine „Geißel der Menschheit". „Wozu machen wir den Menschen, wenn wir ihn zum Objekt der Strafe Gottes machen, und wozu machen wir Gott, wenn wir ihn zum Strafrichter einsetzen?" (KNA 18.9.87) Der Bamberger Pastoraltheologe *Ottmar Fuchs:* „Wer eine tödliche Krankheit vor den Karren noch so honoriger sittlicher Wertinteressen spannt, geht buchstäblich über Leichen." (KNA 18.9.87) Der Deutsche *Caritasverband* und seine Fachverbände wollen alles tun, um AIDS-Kranken ein „normales Leben" zu ermöglichen. (KNA 8.10.87) Der katholische Moraltheologe *Johannes Gründel:* „Es wäre unverantwortlich, den Betroffenen neue Schuldgefühle aufzubürden." (KNA ID 19.11.87) Der Fuldaer Weihbischof *Johannes Kapp:* Gott strafe nicht, sondern gebe den Menschen Gebote als Richtschnur für ein wirklich erfülltes Leben. Wer freilich gegen diese Gebote handele, der strafe sich selbst und schade anderen. (KNA 19.8.87) Der Bischof von Trier, *Hermann-Josef Spital,* begrüßte einen „Orientierungsrahmen" seiner Diözese, in dem es heißt, Erzieher in katholischen Heimen könnten in bestimmten Fällen „dazu gezwungen sein, die Benutzung von Kondomen zu dulden". (KNA 5.6.87) Der katholische Moraltheologe Prof. *Johannes Reiter* ging zu „einer Deutung der

AIDS-Epidemie als Strafe oder Geißel Gottes deutlich auf Distanz". (KNA 28.5.87)

Gegen die Fülle solcher Zitate stehen nur wenige andere. Erzbischof *Dyba* von Fulda: Jede Krankheit ist eine Heimsuchung für den Menschen, und ein Abfall von Gott bleibe, wie die Bibel zeige, nicht ungestraft. „Wenn wir heute sehen, daß sich San Francisco und Amsterdam gebärden wie weiland Sodom und Gomorrha, dann werden sie wahrscheinlich auch dem gleichen Schicksal entgegengehen." San Francisco, das einst die Hauptstadt der sexuellen Revolution gewesen sei, sei heute die Hauptstadt von AIDS. „Wo früher Freudenhäuser gestanden haben, stehen heute Leichenhäuser." Nicht zuletzt mit dieser deutlichen Aussage könnte sich Dyba um die Nachfolge als Vorsitzender der Deutschen Bischofskonferenz gebracht haben.

Kommentar eines katholischen Seelsorgers: „Es ist eine tödliche Lüge, die hinter dem geschmacklosen und ekelerregenden Plakat mit den zwei Herzen aus Gummischläuchen steht. Jeder weiß, daß dieses sündhafte Mittel bei bis zu 36 Prozent zu einer Empfängnis führen kann, also auch zum Tod durch diese Krankheit. Hier wird ein Weg gewiesen, der zum leiblichen und seelischen Tod führen kann. Der Teufel ist der Vater der Lüge! Und das geschieht in den Schulen!

Ein Priester hat dieser Tage gesagt, es sei schrecklich, an AIDS zu sterben (und es sind Unschuldige darunter), aber es sei noch schrecklicher, trotz oder wegen dieses Mittels in die Hölle zu kommen.

Soll man mehr erstaunt oder mehr empört sein über die Ahnungslosigkeit gewisser Theologieprofessoren, die behaupten, Gott strafe nicht? Haben sie das Alte und das Neue Testament nicht gelesen? Aber: Es ist die Liebe Gottes, die es dem Menschen auch mit dem Mittel der Furcht leichter machen will, nicht zu sündigen und gerettet zu werden. Strafen nicht auch Eltern ihre Kinder aus Liebe, um sie vor Irrwegen und vor Schaden an Leib und Seele zu bewahren?

Jesus hat die Sünde gehaßt und den Sünder geliebt. So müssen auch wir handeln."

(Nach „Der schwarze Brief", Lippstadt, 1987)

Experte: Sowjets planen Blitzkrieg

Entscheidung in vier Tagen angestrebt, behauptet britischer Militärwissenschaftler

Die sowjetische Armee entwickelt nach Ansicht des britischen Militärwissenschaftlers Christopher Donnelly eine Strategie, durch die im schnellen Vorstoß die NATO-Verteidigungslinien überwunden und ein Krieg in Europa innerhalb von drei bis vier Tagen entschieden sein soll. Dem Bericht Donnellys, der im „Forschungszentrum für sowjetische Studien“ an der Militärakademie in Sundhurst arbeitet, zufolge, würden im Konfliktfall stark bewaffnete, unabhängig operierende sowjetische Divisionen aus der DDR durch die Verteidigungslinien der NATO in die Tiefe des Raumes vorstoßen.

Die Sowjetunion hat die Darstellungen Donnellys als „antisowjetische Fälschung“ zurückgewiesen. In einem Kommentar der Nachrichtenagentur TASS hieß es dazu, „sogenannte Erforscher der sowjetischen Militärstrategie“ wie Donnelly schüfen die theoretischen Grundlagen für eine „Kriegshysterie des Pentagon und der NATO“. TASS sieht einen Zusammenhang zwischen der Veröffentlichung des Artikels und der Forderung von NATO-Oberbefehlshaber Rogers, die Verteidigungsausgaben für konventionelle Waffen in diesem Jahrzehnt jährlich um real vier Prozent zu erhöhen.

Nach Ansicht Donnellys, dessen Bericht in der Zeitschrift *International Defence Review* veröffentlicht wird, zielt die Sowjetunion darauf ab, den Dritten Weltkrieg in Europa zu gewinnen, bevor die Kommandeure des Nordatlantikpaktes die politische Genehmigung zum Einsatz von Atomwaffen erhalten haben. Dieses Konzept scheine im Blick auf das defensive Verteidigungskonzept der NATO wohl überlegt, meint Donnelly. Hinzu komme die historisch-psychologische Unfähigkeit der Verteidiger, die Notwendigkeit von Geländepreisgabe, zumal wenn es um eigenes Territorium geht, zu akzeptieren.

Falls sich diese sowjetische Strategie, die Donnelly als Methode „Blitzkrieg“ bezeichnet, bewähren würde, dann würden innerhalb von zwei Tagen die vorgeschobenen NATO-Positionen vom Nachschub abgeschnitten, die meisten taktischen Atomwaffen in der Bundesrepublik Deutschland außer Gefecht und Feldhauptquartiere der NATO zerstört sein. Die von sowjetischer Seite eingesetzten Einheiten würden mit Panzern, motorisierter Infanterie, Artillerie auf Selbstfahrlafetten, Flugabwehrraketen sowie eigenen Nachschubeinheiten ausgerüstet sein; unterstützt würden sie durch massiven Lufteinsatz.

Süddeutsche Zeitung, 5. Oktober 1982

Zwei Messer in der Hand Gottes

Erkenntnisse und Prophezeiungen eines Priesters aus der Nähe von Salzburg

Die Menschheit gleicht einem Körper, der von lebensbedrohender Sepsis (Blutvergiftung) befallen ist. Gott ist ein weiser Arzt, der mit der Operation wartet, bis alles reif ist, aber eingreift, bevor es zu spät ist.

Zwei scharfe Messer sind schon bereitgestellt: Sie bedeuten zwei Etappen der hereinbrechenden Dinge: die kommenden Ereignisse werden natürlich beginnen und übernatürlich enden.

1. Das erste Messer gleicht einem überaus scharfen Skalpell (Operationsmesser). Ein Dritter Weltkrieg steht bevor. Die zwei früheren Weltkriege waren ein Pochen Gottes an unsere Tür. – Man hat es vielfach überhört. Die Christen haben sich nicht gebessert. Das dritte Mal klopft der Herr nicht mehr an. Er rennt uns das Tor ein, so daß wir es nicht mehr übersehen und überhören können. Dieser Krieg wird innerhalb weniger Wochen mehr Opfer fordern, als beide früheren Weltkriege zusammen. Je tiefere Wunden geschlagen werden, um so blutrünstiger werden die Mächtigen. Die Menschheit hat sich im Teufelskreis der Mordtechnik gefangen und sitzt fest wie ein Vogel auf der Leimrute.

2. Nun greift Gott selber ein – Alle werden es erkennen: das ist der Finger Gottes! Das zweite Messer in der Hand des Herrn gleicht eher einem glühenden Schneidbrenner. Es wird ein sehr schneller Eingriff sein – aber so tiefgreifend und schmerzlich, wie es noch nie in der Geschichte vorgekommen ist. Tiefliegende Eiterbeulen am Leib der Menscheit müssen aufgeschnitten und das Gift daraus entfernt werden. Bei dieser zweiten Operationsphase trifft es hauptsächlich die Bösen.

Die dämonischen Mächte werden gezwungen, jenen Schmutz abzuräumen, mit dem sie die Erde angefüllt haben; dann werden sie selbst in den Abgrund geworfen.

Es erhebt sich immer wieder die Frage: Wann wird dies geschehen? Keiner der Sterblichen weiß „den Tag noch die Stunde“. Doch gibt es untrügliche Vorzeichen, die, in ihrer Gesamtheit gesehen, wohl erkennen lassen, daß die Dinge sich zuspitzen.

a) Der sittliche Verfall der Menschheit hat den Tiefpunkt erreicht; der Kriminalität stehen die Regierenden machtlos gegenüber.

b) Revolutionen und Kirchenverfolgungen treten auf mit besonderer Schärfe fast gleichzeitig in Italien und Frankreich; der Papst verläßt fluchtartig Rom.

c) Ein neuer Stern „Nova“ erscheint am Himmel.

Alles ruft Frieden, Schalom! Da wird es passieren. – Ein neuer Nahostkrieg flammt auf, große Flottenverbände stehen sich im Mittelmeer feindlich gegenüber – die Lage ist gespannt. Aber der eigentliche zündende Funke wird im Balkan ins Pulverfaß geworfen. Ich sehe einen „Großen“ fallen; ein blutiger Dolch liegt daneben. – Dann geht es Schlag auf Schlag. Es stoßen drei gepanzerte Keile nördlich der Donau blitzartig über Westdeutschland in Richtung Rhein vor. Vom großen Frankfurt bleibt kaum etwas übrig. Das Rheintal wird verheert, mehr von der Luft her. – Augenblicklich kommt die Rache über das große Wasser. Zugleich fällt der gelbe Drache in Alaska und Kanada ein. Jedoch er kommt nicht weit. Hüben und drüben werden fürchterliche Schläge ausgeteilt. Über unseren Salzburger Himmel dröhnen noch nie gesehene große Fliegerschwärme hinweg. Die Sirenen heulen, die Luft verdüstert sich. Die Menschen werden in Kellern und Löchern die Hände zum Himmel recken; doch noch werden wir in

Österreich und Südbayern vor Ärgerem bewahrt. Die Flugzeuge werfen zwischen dem Schwarzen Meer und der Nordsee ein gelbes Pulver ab. Dadurch wird ein Todesstreifen geschaffen, pfeilgerade vom Schwarzen Meer bis zur Nordsee, so breit wie halb Bayern. In dieser Zone kann kein Grashalm mehr wachsen, geschweige denn ein Mensch leben. Der russische Nachschub ist unterbrochen. Heftige Stöße erschüttern die Länder – Atomschläge. Das englische Inselreich wird auseinandergerissen. London versinkt; ebenso geht es Marseille. H-Bomben fallen im Raum von Prag, und auch in Übersee und Asien gibt es atomare Zerstörungen. Östlich von Linz und nördlich der Donau ist das Land ausgebrannt wie eine Wüste. Die Flutwellen des Meeres fallen verheerend über fruchtbare Länder, Städte und Industrien. Diese schrecklichen Zeiten sind uns schon in der Apokalypse aufgeschrieben, in den Bildern vom Engel mit den Zornschalen, vom Mühlstein, vom Feurigen Berg und vom Stern, die in das Meer geworfen werden. Alle Zügel entgleiten den „Großen". Der Menschheit droht die Vernichtung.

Da greift Gott selbst ein! Die Zeit ist da, die in den Psalmen und im apokalyptischen Buch beschrieben wurde. Diese kurze Zeitspanne von etwa 70 Stunden wird der „Tag Jahwes" genannt – es sind die sogenannten drei finsteren Tage. Eine materielle Finsternis umhüllt die ganze Erde. Wer in dieser Zeit außer Haus läuft oder das Fenster öffnet, erstickt.

Der Staubtod geht um ... Ein noch nie dagewesenes kosmisches Gewitter mit schwersten Hagelbrocken, mit zahllosen Blitzschlägen und unablässig rollendem Donner erschreckt die Menschen. Ein feuriger Meteorenschwarm unerhörten Ausmaßes ist in die Atmosphäre eingedrungen, zerspaltet die Erdrinde und läßt das Meer in hohen Flutwellen aufbrausen. Ein Orkan erfüllt mit wildem Pfeifen Land und Meere: Mit diesen äußeren Elementar-Katastrophen vollziehen sich zugleich Ereignisse rein übernatürlicher Verursachung und machen diese finsteren Tage zu unsagbarer Pein: die ganze Hölle scheint auf die Menschheit losgelassen. Eine wahrhaft wilde Jagd von dämonischen Gestalten dringt auf die Gottlosen ein. Sie erfüllen das Innere der betroffenen Wohnungen mit ätzendem Stinkgeruch und stürzen sich in sichtbarer Gestalt auf die Todsünder. Das Wort des Herrn wird sich buchstäblich erfüllen: Wo ein Aas ist, da sammeln sich die Geier. Und ein anderes Wahrwort der Hl. Schrift werden viele, leider zu spät, erkennen: Es gibt eine Sünde, eine Gerechtigkeit und ein Gericht! Ein weiteres „spatium poenitentiae" (Zeit der Buße), um das viele betteln, wird in jener Stunde nicht mehr gewährt. Ein Zeichen ist uns gegeben von den Tagen der ägyptischen Finsternis, von der berichtet wird, daß der Rache-Engel an jenen Häusern vorüberging, deren Türpfosten mit dem Blut des Lammes bestrichen waren. Nicht nur Böse werden in diesen Tagen hinweggerafft – auch viele Gute. Sie entschlafen im Frieden des Herrn. Wer diese drangvollen Tage überlebt, muß eine eiserne Natur haben. Viel wirkt das gemeinsame Gebet (besonders der Rosenkranz), Aufopferung für sich und die Sterbenden. Die Hl. Jungfrau Maria und die Schutzengel werden den Guten in diesen finsteren Tagen nahe sein. Wie eine heilsame Medizin wird sich die Kraft folgender Anrufungen erweisen: A subitanea, improvisa et perpetua morte, ab insidiis diabolis, a fulgare et tempestate, a flagello terraemotus – libera nos, Domine. (Von plötzlichem, unvorhergesehenem, ewigen Tod, von den Nachstellungen des Teufels, von Blitz und Unwetter, von der Geißel des Erdbebens – befreie uns, oh Herr!) Auch das Initium (Eingangskapitel) des Johannesevangeliums und der Psalm 90 (qui habitat in altissimi) (Wer wohnt in des Höchsten) sollten gebetet werden.

Solche Worte scheinen förmlich für den Tag Jahwes geprägt! Dieser Tag Jahwes ist so einschneidend in die Menschheitsgeschichte, daß er mit Recht als „Generalprobe für den Jüngsten Tag“ bezeichnet werden kann. Die Erde scheint aus den Angeln gerissen, und die Pole werden verschoben. Viele beneiden die Toten und rufen voll Schrecken: Ihr Berge fallet über uns, ihr Hügel bedecket uns! In jenen Stunden der Finsternis werden nur geweihte Kerzen Licht spenden. Reliquien, Weihwasser und andere geweihte Gegenstände werden helfen, wo alle Menschenkunst versagt. Man sollte die Wald- und Haustiere betrachten: Wenn das Wild sich in Höhlen verkriecht oder zu den Menschen drängt, wenn die Rinder wie wild an den Ketten zerren, dann soll man die Fugen der Türen mit feuchten Tüchern abdichten, alle Fenster verschließen und mit Vorhängen oder Papier bedecken.

Schließlich wird auch die Läuterung mit dem glühenden Messer ein Ende finden. Ein leuchtendes Kreuz am Himmel wird alle Verängstigten aufschauen lassen. Wenn dann die Sonne über der gepeinigten Erde wieder aufgeht und der Todesstaub hinweggeweht ist, wird sich die Landschaft sehr verändert haben. Und die Überlebenden werden glauben, sie allein seien verschont. Der schwere Schock der jüngsten Ereignisse wird allen heilsam in den Gliedern sitzen, und die frühere Gottvergessenheit hat aufgehört. Das Leben wird nicht mehr so unruhevoll sein wie früher, und die Religion wird in allen Werken den obersten Wert wieder annehmen. Eine Blütezeit der Kirche bricht an; ein großer Teil der Juden wendet sich der Kirche zu. (Ich sehe die Bundeslade in einer Höhle unter altem Kulturgerät und Schriften. Unsere Liebe Frau von der Lade des Bundes wird dort sich den Kindern ihres

Volkes manifestieren. Die Bundeslade wird ihr Heiligtum und ihre Gnadenstätte werden.) Nach schrecklichen Revolutionen werden auch Rußland und China in jenen Tagen zu Christus aufbrechen. Vor dem Bild der „schwarzen" Muttergottes werden wieder viele Lampen entzündet. Wenn die Wiesen zu blühen anfangen, wird auch der Papst nach Rom zurückkehren. In Südbayern wird ein heiliges Zeichen des Gedächtnisses zu sehen sein, zu dem auch fremde Völker pilgern.

(Aus einer nicht gezeichneten Flugschrift)

Zweite Abteilung

Visionen und Offenbarungen

Jene Tage werden eine Drangsal sein,
wie noch keine gewesen ist
seit dem Anfang der Schöpfung,
die Gott geschaffen hat,
bis jetzt
und auch nicht mehr sein wird.
Und wenn der Herr jene Tage
nicht verkürzt hätte,
würde kein Mensch gerettet werden.
Aber um der Auserwählten willen,
die er erwählt hat,
hat er die Tage verkürzt.

(Markus 13, 19)

Anna Katharina Emmerich

1774–1824

Als ich in einem längeren Gespräch den inzwischen verstorbenen Prämonstratenserpater Dr. Norbert Backmund nach den Zukunftsvorhersagen der stigmatisierten Nonne Anna Katharina Emmerich fragte, behauptete er steif und fest, sie habe nur die Vergangenheit erlebt und beschrieben, habe – ähnlich wie die Seherin von Prevorst – nur Christi Leiden noch einmal durchlitten, im übrigen kein Wort über die Zukunft gesagt. Ich kann mir nicht denken, daß dieses Fehlurteil bei einem Fachmann wie Backmund auf Unwissenheit beruhte, vermute eher, daß ihm, einem eher aufgeklärten Priester, dem die kirchliche Entwicklung nach dem Zweiten Vatikanischen Konzil vielfach noch nicht weit genug ging, die Vorhersagen und Visionen der Emmerich schlicht unsympathisch waren.

Tatsächlich muß Anna Katharina Emmerich als die wohl bedeutendste Visionärin des deutschen Sprachraums bezeichnet werden. Freilich hat ihr seherischer Blick vorwiegend die Vergangenheit durchdrungen, um so schwerer wiegt, was sie über die Zukunft sagte.

Geboren 1774, erdiente sie als Magd den für ihren Eintritt ins Kloster Dülmen benötigten Betrag. Auch im Kloster verrichtete sie niedrige Arbeiten. Als sie nach der Säkularisierung des Klosters bei einer Witwe in Dülmen wohnte, empfing sie, für immer ans Bett gefesselt, im Jahre 1812 die Stigmata der Passion. Bürger und Kommissionen, Staat und Kirche überzeugten sich, daß die Seherin allein von der Hostie und von Fruchtsäften lebte. (Über hundert Jahre später sollte Therese Neumann von Konnersreuth, auf deren Einfluß Konversionen und Bekehrungen in großer Zahl zurückgingen, einen Vergleich bieten.) Sechs Jahre vor ihrem Tode (1824) erschien der Dichter Clemens Brentano am Lager der Anna Katharina Emmerich und schrieb ihre Visionen nieder.

Erstaunlich ist bei der Seherin aus Dülmen der Heroismus, der sie schon als Kind auf Nesseln schlafen ließ, um die Sünden anderer zu büßen, sowie der ununterbrochene Strom ihrer Gesichte. Wenn sie ihre Schauungen mitteilte, war sie von unbedingter Ehrlichkeit, bekannte wiederholt auf Brentanos Fragen: „Was nachher kommt, habe ich vergessen“ oder „Es wurde mir nicht gezeigt“ oder „Ich verstand es nicht“.

Es folgen einige ihrer bilderreichen und manchmal schwer zu deutenden Zukunftsgesichte:

„Ich sah die Peterskirche und eine ungeheure Menge Menschen, die beschäftigt waren, sie niederzureißen, aber auch andere, die wieder an ihr herstellten. Es zogen sich Linien von handlangenden Arbeitern durch die ganze Welt, und ich wunderte mich über den Zusammenhang.

Die Abbrechenden rissen ganze Stücke hinweg, und es waren besonders viel Abtrünnige dabei. Wie nach Vorschrift und Regel aber rissen die Leute ab, welche weiße, mit blauem Band eingefaßte Schürzen trugen und Kellen im Gürtel stecken hatten. Sie hatten sonst Kleider aller Art an, und es waren große und vornehme Leute mit Uniformen und Sternen dabei, die aber nicht selbst arbeiteten, sondern nur mit der Kelle an den Mauern anzeichneten, wo und wie abgebrochen werden sollte. Zu meinem Entsetzen waren auch katholische Priester dabei.

Manchmal aber, wenn sie nicht gleich wußten, wie abzubrechen, nahten sie einem der Ihrigen, der ein großes Buch hatte, als stünde die ganze Art des Baus und des Abbruchs darin verzeichnet. Und dann gaben sie wieder eine Stelle genau mit der Kelle an, die abgerissen werden sollte, und schnell war sie herunter. Diese Leute rissen ganz ruhig und mit Sicherheit ab, aber scheu und heimlich und lauernd. Den Papst sah ich betend und von falschen Freunden umgeben, die oft das Gegenteil von dem taten, was er anordnete.

Während auf der einen Seite der Kirche so abgebrochen wurde, ward auf der andern Seite wieder daran gebaut, aber ohne Nachdruck.

Ich sah viele Geistliche, die ich kannte ...

Ich sah auch meinen Beichtvater einen schweren Stein herbeischleppen; andere sah ich träg ihr Brevier beten und dazwischen etwa ein Steinchen als große Rarität unter dem Mantel herbeitragen oder andern hinreichen.

Sie schienen alle kein Vertrauen, keine Lust, keine Anweisung zu haben und gar nicht zu wissen, um was es sich handle.

Schon war der ganze vordere Teil der Kirche herunter, und nur das Allerheiligste stand noch.

Ich war seht betrübt und dachte, wo bleibt denn der Mann, den ich sonst mit rotem Kleid und weißer Fahne schützend auf der Kirche stehen sah?

Da erblickte ich eine majestätische Frau über den großen Platz vor der Kirche wandeln. Ihren weiten Mantel hatte sie auf beide Arme gefaßt und schwebte leise in die Höhe. Sie stand auf der Kuppel und breitete weit über den ganzen Raum der Kirche ihren Mantel, der wie von Gold strahlte.

Die Abbrechenden aber hatten ein wenig Ruhe gegeben.

Nun wollten sie wieder heran, konnten aber auf keine Weise sich dem Mantelraum nähern.

Aber von der anderen Seite entstand eine ungeheure Tätigkeit der Aufbauenden. Es kamen ganz alte, krüppelige, vergessene Männer und viele kräftige junge Leute, Weiber und Kinder, Geistliche und Weltliche, und bald war der Bau wieder ganz hergestellt.

Nun sah ich einen neuen Papst mit einer Prozession

kommen. Er war viel jünger und strenger als der vorige. Man empfing ihn mit großer Feierlichkeit. Es war, als solle er die Kirche einweihen, aber ich hörte eine Stimme, es brauche keine neue Weihe, das Allerheiligste sei stehen geblieben.

Es sollte eben ein doppeltes großes Kirchenfest sein: ein allgemeines Jubiläum und die Herstellung der Kirche. Ehe der Papst das Fest begann, hatte er schon seine Leute vorbereitet, die aus den Versammelten ganz ohne Widerspruch eine Menge vornehmer und geringer Geistlichen ausstießen ...

Und er nahm sich ganz andere Leute in seinen Dienst, geistliche und auch weltliche. Dann begann die große Feierlichkeit in der Peterskirche.

Die mit der weißen Schürze arbeiteten immer in der Stille und mit Umsicht, scheu und lauernd, wenn die anderen nicht zusahen."

*

„Ich hatte ein großes Kirchenbild, aber ich kann es nicht mehr ganz zusammenbringen.

Ich sah die Peterskirche ... und viele Menschen aus allen Weltenden, welche teils in die Kirche hinein, teils gleichgültig vorüber an verschiedene Orte gingen. Es war eine große Feierlichkeit in der Kirche ...

Ich sah mitten in der Kirche ein großes Buch aufgetan, das an der breiten Seite drei und an jeder schmalen Seite zwei Siegel hängen hatte. Es war weiter nach vorn als in der Mitte aufgetan. Ich sah auch den Evangelisten Johannes oben und hörte, daß es Offenbarungen von ihm seien, die er auf Patmos gesehen. Es war etwas geschehen, ehe dieses Buch aufgetan ward, was ich vergessen habe. Es ist schade, es ist eine Lücke hier.

Der Papst war nicht in der Kirche. Es war verborgen. Ich glaube, die Leute in der Kirche wußten nicht, wo er war. Ich weiß auch nicht mehr, ob er betete oder tot war.

Ich sah aber, daß alle Leute die Hand auf eine gewisse Stelle im Evangelienbuch legen mußten, Priester und Laien, und daß auf viele derselben ein Licht kam, das die Apostel ihnen mitteilten; ich sah aber auch, daß viele es nur so obenhin taten.

Draußen um die Kirche sah ich viele Juden nahen, die herein wollten, aber noch nicht konnten.

Am Ende kam die ganze Menge, welche anfangs nicht hereingekommen war, ein unabsehbares Volk.

Nun aber sah ich plötzlich das große Buch wie von einer übernatürlichen Macht zugeschlagen und sich schließen.

Ich dachte noch daran, wie mir einmal abends der Teufel das Licht ausblies und das Buch zuschlug.

Ringsum in der Ferne sah ich ein schreckliches, blutiges Kämpfen und sah besonders von Mitternacht und Abend einen ungeheuren Kampf. Es war dies ein sehr ernstes Bild. Es tut mir leid, daß ich die Stelle des Buches vergessen habe, auf welche sie den Finger legen mußten ..."

*

„Ich hörte, daß Luzifer – wenn ich nicht irre – fünfzig oder sechzig Jahre vor 2000 wieder auf eine Zeit lang freigelassen werden soll."

*

„Ich kam über steile Höhen in einen schwebenden Garten.

Da sah ich zwischen Mitternacht und Morgen, gleich der Sonne am Horizont, die Gestalt eines Mannes aufsteigen, mit langem, bleichem Angesicht.

Sein Kopf schien mit einer spitzen Mütze bedeckt. Er war mit Bändern umwickelt und hatte einen Schild auf der Brust, dessen Inschrift ich vergessen.

Er trug ein mit bunten Bändern umwickeltes Schwert und schwebte mit langsamem Taubenflug über der Erde, wickelte die Bänder los, bewegte sein Schwert hin und her und warf die Bänder auf schlafende Städte. Und die Bänder umfingen sie wie Schlingen.

Auch fielen Blattern und Beulen von ihm nieder, in Rußland, in Italien und Spanien.

Um Berlin lag eine rote Schlinge. Von da kam es zu uns. Nun war sein Schwert nackt, blutrote Bänder hingen am Griff; es träufelte Blut auf unsre Gegend, der Flug war zickzack, die Bänder wie Kaldaunen ..."

Gesehen am 2. September 1822.

*

„Ich sah die Erde, die in Finsternis gehalten war.

Alles ringsum war dürr und welk und im Absterben. Bäume, Sträucher, Blumen und Felder, alles hatte das traurige Gepräge des Siechtums. Es schien, als seien selbst die Wasser der Quellen, der Bäche, Flüsse und Meere erschöpft.

Ich gewahrte Länder und Völker, die sich in äußerster Not befanden. Ich sah, wie sich die Werke der Finsternis unter den Menschen vermehrten. Ich sah große Menschenmassen sich gegenseitig aufs äußerste bekämpfen.

In der Mitte des Schlachtfeldes gewahrte ich einen schwindelnden Abgrund, in den die Kämpfenden hineinzufallen schienen, weil sich ihre Reihen immer mehr lichteten.

Unter den Volksmassen sah ich zwölf neue, apostolisch tätige Männer, die ohne gegenseitige Verbindung durch Schriften wirkten und von andern bekämpft wurden. Sie verschwanden manchmal im Kampfgewühl, um aber bald wieder mit größerem Ansehen hervorzutreten.

Während sich die Reihen der Kämpfenden immer mehr lichteten und eine ganze Stadt während des Ringens verschwand, vergrößerte sich die Partei der zwölf Männer immer mehr.

Dann sah ich aus der Stadt Gottes einen Blitzstrahl über den finsteren Abgrund hinüberfahren und über der verminderten und gedemütigten Kirche eine Frauengestalt schweben mit ausgebreitetem Mantel und einer Sternenkrone auf dem Haupte. Von ihr strahlte Licht aus und verbreitete sich stufenweise in der dichten Finsternis.

Wohin diese Strahlen drangen, erneuerte sich die Erde und ward wieder blühend. Die neuen Apostel versammelten sich unter diesen Strahlen, und bald darauf war alles wieder blühend geworden ...

Nun begann sich der finstere Abgrund allmählich zu schließen, und endlich wurde seine Öffnung so eng, daß ein Wassereimer sie bedecken konnte.

Schließlich gewahrte ich drei Völkerschaften, die ihre Gemeinschaft mit dem Lichte vollzogen. Die Volksmassen waren von Personen geraden und erleuchteten Sinnes begleitet und traten in die Kirche ein.

Es war nunmehr alles erneuert. Die Wasserläufe hatten die Fülle ihrer Fluten wiedererlangt, und überall prangte das Grün der Blumen."

Vom Ausharren

Erschrick nicht, wenn es der Feind in seiner Frechheit bis aufs Äußerste treibt, wenn er es wagt, dich bis ins Heiligste hinein zu verfolgen, wenn er das Größte, was dein Gott an dir getan, zu verderben oder anzutasten sucht. Das gerade ist der Punkt, wo Gott seine Macht und seinen Sieg offenbaren will wie noch nie.

Otto Stockmayer

Rosa Colomba Asdente
1781–1847

Als die Ergebnisse der Französischen Revolution sich über Italien zu verbreiten begannen: Liberalismus, Antiklerikalismus, Atheismus, Risorgimento, Nationalismus und Sozialismus, wurden im italienischen Katholizismus Gegenkräfte, auch prophetischer Art, geweckt. Vor dem Auftreten Don Boscos wurden unter diesen Gegenkräften zwei Frauen bekannt, deren Prophezeiungen über Italien hinaus Aufsehen erregten: Rosa Colomba Asdente und Anna Maria Taigi.

Rosa Colomba Asdente lebte als Nonne in Taggia bei Ventimiglia. Ihre Vorhersage zeitgenössischer und späterer Ereignisse, wie die Flucht Carl Alberts von Savoyen oder der Sturz Napoleons des Dritten, verschafften ihr starke Beachtung. Leider liegt – wie auch bei der Taigi – kein Originaltext vor, so daß man auf Auszüge in älteren prophetischen Sammlungen angewiesen ist.

Über das Haus Savoyen

„Ein kindisches Regiment wird eintreten, das nach mehreren Katastrophen mit der Entthronung des Königs enden wird."

Die Regierung der Savoyer „kindisch" zu nennen, scheint übertrieben; es steht jedoch fest, daß der letzte König Italiens nach Katastrophen entthront wurde.

*

„Eine große Verfolgung der Kirche wird losbrechen, welche das Werk ihrer eigenen Kinder sein wird."

Diese Stelle zeugt mindestens von Scharfblick, besagt sie doch, daß nicht nur östliche Barbaren die Kirche bedrohen. In den romanischen Ländern, also unter fast ausschließlich katholisch getauften Menschen, gibt es eine Schicht, die die Kirche besonders haßt. Der spanische Bürgerkrieg hat es bereits bewiesen.

*

„Ein Vorläufer des Antichrist wird sich den Titel ‚Erlöser' beilegen. Mit ihm werden sich viele Sektierer vereinigen und ihren kirchenfeindlichen Grundsätzen mit dem Dolche Nachdruck geben. Ihre Verschlagenheit wird so groß sein, daß es ihnen sogar gelingt, rechtlich denkende Männer an sich zu ziehen. Der Episkopat im Ganzen wird feststehen, aber alle werden wegen ihres Mutes und ihrer Treue viel zu erdulden haben.

Hingegen werden viele Protestanten die Kinder Gottes trösten durch ihren Übertritt zur katholischen Kirche. Auch England wird dieses große Schauspiel darbieten."

Es ist unklar, ob Rosa Asdente unter dem „Vorläufer des Antichrist" den Nationalsozialismus meinte, für den diese Beschreibung einigermaßen zuträfe, oder eine noch bevorstehende kommunistische Revolution in Westeuropa. Die Aussage über England ist bei näherer Betrachtung der englischen Entwicklung nicht abwegig. Die anglikanische Kirche steht ja Rom weit näher als etwa der deutsche oder skandinavische Protestantismus.

*

„Die Russen und Preußen werden Italien mit Krieg überziehen. Sie werden die Kirchen als Pferdeställe gebrauchen; auch in der neuen Klosterkirche in Taggia werden sie ihre Pferde einstellen. Nie werde ich in dieser neuen Kirche, in der die Russen einmal ihre Pferde einstellen, die Messe hören."

Man könnte in dieser Weissagung nur den Ausdruck einer Empfindlichkeit sehen, die den Mittelmeermenschen seit alters vor den Völkern des Nordens und Ostens Furcht einflößte, wenn es die genaue Ortsangabe nicht gäbe.

Tatsächlich starb Rosa Asdente sechs Tage vor Einweihung der „neuen Kirche“ in Taggia am 6. Juni 1847.

*

„Eine große Revolution wird sich über ganz Europa verbreiten, und die öffentliche Ruhe wird nicht eher hergestellt, als bis die Weiße Lilie den Thron von Frankreich besteigen wird.“

Das klingt ungeheuerlich, deckt sich aber mit den Aussagen vieler Seher des Westens.

*

„Endlich wird noch ein wütender Sturm gegen die Kirche losbrechen, der neben den Hospitalitern nur zwei Orden, die Dominikaner und Kapuziner, in Wirksamkeit lassen wird. Die Hospitaliter werden die Pilger bewirten, die nach Italien reisen zum Besuch der Märtyrer, die dort geschlachtet werden sollen. Während jener Verfolgung wird man Priester und Mönche in Stücke hauen wie Schlachtvieh.“

Ludovico Rocco OFM

Ein Bruder aus dem Orden des heiligen Franziskus, vermutlich ein Eremit des Dritten Ordens mit Namen Ludovico Rocco (1748–1840), besuchte in seinem Sterbejahr die heiligen Stätten in Palästina. Auf der Durchreise starb er auf dem Berg Sinai am 8. Dezember 1840 nach fünfwöchiger Krankheit. Während seines Daniederliegens erwachte er von Zeit zu Zeit aus dem Halbschlaf und weissagte die Zukunft. Er bat den Mönch Anton Fassinetti, seine Voraussagen aufzuzeichnen und der Öffentlichkeit bekanntzumachen. Seitdem gingen seine Prophezeiungen unter dem Titel „Der Franziskaner vom Berge Sinai“ um die Welt. Daß die von Ludovico Rocco geschauten Bilder nicht chronologisch aufeinander folgen, sondern die Ereignisse des Zweiten und Dritten Weltkriegs nach Belieben zu mischen scheinen, spricht eher für als gegen ihre Echtheit.

Spanien und *Portugal* haben beide noch eine große Blutschuld zu tilgen, teils wegen der Unmenschlichkeit, mit der sie Amerika eroberten und auf grausame Weise so viele Tausende ermordeten, alles bloß des eitlen Goldes wegen, teils weil sie aus Afrika so viele unschuldige Menschen raubten und sie, die doch alle Gottes Ebenbilder waren, wie das liebe Vieh als Sklaven verkauften. Die Machthaber dieser beiden Throne werden umgebracht werden; dann werden beide Länder sich vereinigen. Alle Einwohner werden zum Frieden und zur Ordnung zurückkehren, aber ihre ausländischen Besitzungen werden sich von diesen beiden Ländern losreißen. Die katholische Religion wird wie zuerst blühen.

Frankreich wird in einen auswärtigen Krieg verflochten werden. Sobald dieser zu Ende ist, wird das Volk aufstehen und den Präsidenten ermorden, wobei ein entsetzliches Blutbad angerichtet wird. Mehr als die Hälfte der Stadt Paris wird in Asche verwandelt werden. Die Besitzungen in Algier werden sich von der französischen Armee lostrennen, und dann wird ein Mann aus dem Stamme Leopards auf den Thron gehoben werden. In Afrika wird ein afrikanischer Prinz, welcher jetzt in Frankreich ist, regieren und der Verbreiter der katholischen Religion werden.

Italien, du schönes Land! Über dich weine ich. Ein Teil deiner blühenden Städte wird verheert werden. Hier finden so viele Deutsche ihr Grab (1840 vorausgesagt!). Der König von Sardinien und Neapel wird verschwinden. Rom wird die Residenz des neuen Italien werden ... Italien wird frei sein und der Fels der katholischen Kirche bleiben.

Rußland wird der Schauplatz der größten Greueltaten werden. Hier wird es den mächtigsten Kampf kosten. Viele Städte, Dörfer und Schlösser werden verwüstet werden. Eine grausame Revolution wird die Hälfte der Menschen hinopfern. Die kaiserliche Familie, der ganze Adel und ein Teil der Geistlichkeit wird ermordet werden. In Petersburg und Moskau werden die Leichen wochenlang auf der Straße liegenbleiben, ohne begraben zu werden. Das russische Reich wird in verschiedene Reiche geteilt werden.

Polen aber wird selbständig und eine der ersten Großmächte Europas werden.

Österreich: Eine alte, ehrwürdige Monarchie wird nach vielen Kämpfen blutig in sich zerfallen. Aber der Genius des alten Herrscherhauses wird die Dynastie beschützen. Wien wird zweimal belagert und nachdem es sich endlich den Haß aller Nationen wird zugezogen haben, schwer heimgesucht werden. Wien wird veröden, und die großen Paläste werden leer dastehen. Am Stephansplatz wird Gras wachsen und aller Adel aufhören.

Die *ungarische* Nation wird verschwinden.

Die *Slawen* werden sich wieder vereinen und ein eigenes katholisch-slawisch-abendländisches großes Reich bilden, um die *Türken* aus Europa zu verjagen. In Konstantinopel wird der Halbmond verschwinden und das Kreuz verehrt werden. Die christliche Religion wird sich von daher über alle Länder verbreiten.

Die aus Europa vertriebenen Türken werden sich in Afrika festsetzen.

Jerusalem wird Königsstadt werden, und Heil und Segen wird diese Länder dann beglücken. Der König von *Ägypten* wird sterben, und diese Länder werden dann die Wohltaten von Jerusalem empfangen.

Die deutschen Länder Österreichs werden sich an *Deutschland* anschließen und fest zusammenhalten. Keine Königreiche und Fürstentümer werden mehr bestehen, sondern nur *ein* Deutschland wird sein und ein Zweig des Kaiserstammes (des österreichischen) wird die Krone tragen. Dieser wird Deutschland befestigen, und unter seiner weisen Regierung wird Eintracht und Wohlstand wieder herrschen, und Deutschlands Macht wird über alle andern Reiche hervorleuchten, denn Gott ist mit diesem Regentenhause.

Die Handelsstädte *Belgiens, Holsteins, Schleswigs* und auch die *Schweiz* werden sich an Deutschland anschließen.

Dänemark wird sich mit Schweden verbinden und somit *Dänemark, Schweden* und *Norwegen* ein großes und starkes Reich werden.

England, dieser Kaufmannsstaat, welcher aus Gewinnsucht alle Ungerechtigkeiten unterstützt, wird der Schauplatz der größten Grausamkeiten werden. *Irland* vereint mit *Schottland* wird in England einbrechen und es verheeren. Die Königsfamilie wird verjagt und die Hälfte der Bevölkerung ermordet werden. Armut wird eintreten, und alle ausländischen Besitzungen werden sich frei machen …

Anna Maria Taigi

1769-1837

Wertvolle Auskünfte verdanken wir den Visionen der am 30. Mai 1920 von der Kirche seliggesprochenen römischen Seherin Anna Maria Taigi, Mutter von sieben Kindern. Anna Maria Taigi erkannte nach ihrer Bekehrung in einer geheimnisvollen Sonne jedes Ereignis, auf das sie ihre Gedanken richtete.

In den Akten des Seligsprechungs-Prozesses ist folgende Vision aufgezeichnet:

„Gott wird zwei Strafgerichte verhängen: eines geht von der Erde aus, nämlich Kriege, Revolutionen und andere Übel, das andere Strafgericht geht vom Himmel aus. Es wird über die ganze Erde eine dichte Finsternis kommen, die drei Tage und drei Nächte dauern wird.

Diese Finsternis wird es ganz unmöglich machen, irgend etwas zu sehen. Auch wird die Finsternis mit einer Verpestung der Luft verbunden sein, die zwar nicht ausschließlich, aber hauptsächlich die Feinde der Religion hinwegraffen wird. Solange die Finsternis dauert, wird es unmöglich sein, Licht zu machen. Nur geweihte Kerzen werden sich anzünden lassen und Licht spenden.

Wer während dieser Finsternis aus Neugierde das Fenster öffnet und hinausschaut oder aus dem Hause geht, wird auf der Stelle tot hinfallen. In diesen drei Tagen sollen die Leute in ihren Häusern bleiben, den Rosenkranz beten und Gott um Erbarmen anflehen."

„Alle offenen und geheimen Feinde der Kirche werden während der Finsternis zugrunde gehen. Nur einige, die Gott bekehren will, werden am Leben bleiben. Die Luft wird verpestet sein durch die Dämonen, die in greulichen Gestalten erscheinen werden. Die geweihten Kerzen werden vor dem Tode bewahren, ebenso die Gebete zur allerseligsten Jungfrau und zu den heiligen Engeln ...

Nach der Finsternis wird der heilige Erzengel Michael auf die Erde herabsteigen und den Teufel bis zu den Zeiten des Antichrists fesseln. Zu jener Zeit wird sich die Religion überall ausbreiten, und es wird ein Hirt sein, unus pastor. Die Russen bekehren sich, ebenso England und China, und alles wird jubeln über den Triumph der Kirche."

Christus zeigte der Seherin in einem Wald fünf Bäume und sagte: „Bevor dieser Triumph der Kirche kommen kann, müssen fünf Bäume an ihren Wurzeln abgeschnitten werden." Diese Bäume hätten „vergiftete Wurzeln", wodurch alle anderen Pflanzen verdorben würden. Diese Vision zeigt die Kirche, die bedroht ist durch fünf große Häresien, genauer fünf Leugnungen: der Gottheit Christi, der Auferstehung, der Erbsünde, des Teufels, der immerwährenden Jungfrauschaft Mariens. Wenn man heute bestimmte Theologien bedenkt, stößt man auf mindestens fünf weitere Leugnungen: der Realpräsenz in der Hostie, des Meßopfers, des Weihepriestertums, der Engel und des Himmels.

Christus ließ auch keinen Zweifel daran, daß nach der dreitägigen Finsternis nicht nur die getrennten Christen, sondern ganze Nationen – das heißt, was von ihnen übriggeblieben ist – zur einen katholischen Kirche zurückkehren werden. Moderne Formulierungen wie: „Es gibt keine Rückkehr-Ökumene!" werden von Anna Maria Taigi als Irrtum enthüllt. Es ist in allen wichtigen Botschaften zu diesem Thema immer nur die Rede von einem Hirten und einer Herde, die nach dem Strafgericht Gott verherrlichen und ihm dienen werden. Die unveränderte Lehre der katholischen Kirche hat nie etwas anderes behauptet.

Lebe jeden Tag, als ob es dein letzter wäre,
aber bestelle dein Land,
als ob du noch ewig leben würdest auf Erden.

Sprichwort italienischer Bauern

Don Bosco

1815–1888

Giovanni Bosco wurde am 15. August 1815 in dem piemontesischen Weiler Becchi als Kind armer Bauern geboren. Er war seit seinem neunten Lebensjahr visionär veranlagt. Nach seiner Priesterweihe im Jahre 1841 (Don ist in Italien die Anrede für einen Pfarrer) gründete er 1846 das Waisenhaus für verwahrloste Knaben vom hl. Franz von Sales. Zur Betreuung der Jugend schuf er den Orden der Salesianer. Wie all sein Tun und Lassen stellte er diesen Orden unter den Schutz der Gottesmutter.

Als erstaunlich empfinden wir, daß ein so temperamentvoller, fröhlicher und rastlos tätiger Mann wie er überhaupt noch Zeit hatte, Gesichte aufzunehmen und sie gar in Tagebücher einzutragen, was er Jahrzehnte hindurch getan hat. Seine Visionen gehören – im gänzlichen Gegensatz zur Natur des Visionärs – zu den dunkelsten, die es gibt. Don Bosco starb am 31. Januar 1888 in Turin und wurde „trotz seiner Prophetien" von der Kirche heiliggesprochen. „Eine Heiligsprechung", urteilt Josef Stocker in seinem Buch „Der Dritte Weltkrieg und was danach kommt", „bestätigt nicht die Aussprüche einer Person, sondern nur das heroische Tugendstreben eines Menschen und seine Vollkommenheit in der Liebe." Als Don Bosco starb, gab es bereits 250 Niederlassungen der Salesianer, wurden in seinen „Oratorien" 130 000 Knaben versorgt und ausgebildet. Der Apostel der Jugend hinterließ in seinen Tagebüchern zahlreiche Weissagungen, die aber – wegen der Schilderung der Zukunft in düsteren Farben – von Rom bis heute geheimgehalten werden.

Durch Bischof Döbbing und seine Mitarbeiter, die nach dem Tode Boscos im Auftrag des Papstes seine Tagebücher prüften, sind gewisse Einzelheiten bekannt geworden, die zumeist nicht im ursprünglichen Wortlaut vorliegen, etwa die folgende, 1952 von Winfried Ellerhorst in seinem Buch „Prophezeiungen über das Schicksal Europas" nach Zitaten von Salotti-Schlegel und Wiprecht von Groitsch mitgeteilt:

Die Zukunft von Kirche und Papsttum

Vision vom 30. Mai 1862

Ich will euch einen Traum erzählen. Zwar heißt das Sprichwort „Träume sind Schäume", dennoch will ich zu eurem geistlichen Nutzen meinen Traum mitteilen ...: Stellt euch vor, ihr wäret mit mir am Meeresgestade, oder, noch besser, auf einer alleinstehenden Felsenklippe, und ihr sähet nur noch den Fleck Landes, der gerade unter euren Füßen liegt. Auf der ganzen weiten Meeresoberfläche sieht man eine unzählige Menge von kampfbereiten Schiffen, deren Buge in eiserne Schnäbel von außerordentlicher Schärfe auslaufen und alle auf ein gemeinsames Ziel gerichtet sind. Wohin nun diese scharfen Spitzen aufstoßen, da verwunden und durchbohren sie alles. Diese Schiffe sind mit vielen Kanonen, mit ganzen Ladungen von Gewehren und anderen Waffen aller Art, mit Brennstoffen und auch mit Büchern ausgerüstet und steuern auf ein Schiff, das stattlicher und höher ist als sie selber. Ihr Ziel besteht darin, dieses prächtige Hauptschiff mit den Schiffsschnäbeln zu durchstoßen, es anzuzünden, jedenfalls aber ihm allen möglichen Schaden zuzufügen.

Jenes majestätische, in jeder Hinsicht wohlausgerüstete Schiff ist begleitet von vielen kleinen Schiffen. Diese empfangen von jenem die Kommandos und führen die nötigen Bewegungen aus, um sich gegen die feindlichen Flotten zu verteidigen. Der Wind ist ihnen entgegen, und das aufgeregte Meer scheint die Feinde zu begünstigen.

Mitten auf der unermeßlichen Meeresfläche erheben sich

über den Wellen in geringer Entfernung voneinander zwei starke, sehr hohe Säulen. Auf der einen steht die Statue der unbefleckten Jungfrau, zu deren Füßen glänzt ein Schild mit der Aufschrift: „Hilfe der Christen!“ Auf der anderen, die viel höher und stärker ist, erblickt man eine Hostie von einer Größe, die der Säule entspricht, und darunter prangt in Riesenlettern die Aufschrift: „Heil der Gläubigen!“

Da der Oberbefehlshaber auf dem großen Schiff, der kein Geringerer als der Bischof von Rom, also der Heilige Vater selber ist, die Wut der Feinde und die gefahrvolle Lage sieht, in der sich seine Gläubigen befinden, beschließt er, die Kapitäne der ihm unterstellten Schiffe zu versammeln, um über das, was nun zu tun ist, zu beraten. Alle Kapitäne begeben sich aufs Hauptschiff und vereinigen sich um den Papst. Sie halten Rat, aber da Wind und Wetter sich immer drohender gestalten, sind sie gezwungen, wieder auf ihre eigenen Schiffe zurückzukehren, um deren Führung zu übernehmen.

Als es ein wenig ruhiger geworden ist, vereinigt der Papst zum zweiten Male die Kapitäne der einzelnen Schiffe um sich, während das Hauptschiff seinen Lauf fortsetzt. Aber wieder bricht der Sturm mit erneuter Gewalt los.

Der Papst steht am Steuer, und seine Kräfte sind darauf gerichtet, sein Schiff zwischen jene zwei Säulen zu führen, von deren Höhe ringsum Anker und an Ketten befestigte starke Ankerhaken herunterhängen. Die feindlichen Schiffe eilen alle heran, um es anzugreifen, und sie versuchen alles, um es zum Stehen zu bringen und es zu versenken. Die einen kämpfen mit Büchern, Schriften und Brennstoffen, mit denen sie angefüllt sind und die sie an Bord des päpstlichen Schiffes zu werfen suchen; andere mit Kanonen, Gewehren und Schiffsschnäbeln. Der Kampf wird immer erbitterter. Die feindlichen Buge stoßen das Schiff des Papstes heftig, aber ihre ungestümen

Angriffe bleiben erfolglos. Vergebens machen sie immer wieder neue Versuche, umsonst verschwenden sie Mühe und Munition: das große Schiff zieht sicher und frei auf seinem Wege dahin. Manchmal kommt es wohl vor, daß es, von fürchterlichen Stößen erschüttert, an seinen Planken einen breiten, tiefen Riß erhält. Aber kaum ist der Schaden verursacht, als auch schon von den zwei Säulen her ein Hauch weht und die Lecke sich schließen und die Löcher verstopft werden.

Indes zerplatzen die Kanonen der Angreifer, die Flinten sowie alle anderen Waffen und die Schiffsschnäbel zerbrechen. Viele Schiffe werden zertrümmert und ins Meer versenkt. Jetzt beginnen die wütenden Feinde mit kurzen Waffen zu kämpfen: mit den Händen, mit den Fäusten, mit Flüchen und Verwünschungen.

Da auf einmal fällt der Papst, schwer getroffen. Seine Umgebung eilt ihm sofort zu Hilfe und hebt ihn auf. Zum zweiten Male wird der Papst getroffen, er fällt von neuem und stirbt. Bei den Feinden erhebt sich Sieges- und Freudengeschrei, von ihren Schiffen vernimmt man unbeschreiblichen Jubel. Allein, kaum ist der Papst tot, so tritt schon ein anderer Papst an seine Stelle. Die versammelten Kapitäne haben ihn so schnell gewählt, daß die Todesnachricht des Papstes mit der Wahl seines Nachfolgers gleichzeitig bekannt wird. Nun schwindet den Gegnern der Mut.

Der neue Papst führt, jedes Hindernis überwindend und zerstreuend, sein Schiff bis zu den zwei Säulen. In der Mitte zwischen diesen angelangt, befestigt er es mit einer am Vorderteil herabhängenden Kette an einem Anker der Säule, auf welcher die Hostie steht; mit einer anderen, am Hinterteil herabhängenden Kette bindet er es auf der entgegengesetzten Seite an einen anderen Anker, welcher an der Säule hängt, auf der das Bild der Unbefleckten Jungfrau thront.

Jetzt tritt ein großer Umschwung ein. Alle Fahrzeuge, die bis dahin das päpstliche Schiff bekämpft hatten, fliehen, geraten in Verwirrung, stoßen aufeinander und bohren sich gegenseitig in den Grund. Einige Schiffe, die wacker auf seiten des Papstes gekämpft haben, kommen als die ersten an, um bei jenen Säulen vor Anker zu gehen. Viele andere Schiffe, die sich aus Furcht vor der Schlacht zurückgezogen hatten, befinden sich in weiter Ferne und warten in klug beobachtender Stellung, bis die Trümmer aller unterlegenen Schiffe in den Wellen des Meeres verschwinden. Dann fassen auch sie Mut und nehmen ihren Lauf jenen Säulen zu. Dort angekommen, gehen auch sie vor Anker und bleiben dort ruhig und sicher zusammen mit dem Hauptschiff, auf dem der Papst sich befindet. Auf dem Meere herrscht jetzt eine große Ruhe.

Don Bosco selbst fügte zur Erklärung folgendes bei: Nachdem er das Obige erzählt hatte, wandte er sich in seiner familiären Art an den anwesenden Don Rua (der später sein erster Nachfolger als Generaloberer der Salesianer wurde) und stellte ihm die Frage: „Was denkst du von dieser Erzählung?" Dieser erwiderte: „Mir scheint, das Schiff des Papstes sei die Kirche, deren Haupt er ist; die übrigen Schiffe sind die Menschen, das Meer ist diese Welt. Diejenigen, welche das große Schiff verteidigen, sind die dem Heiligen Stuhl treu ergebenen Söhne, die andern sind seine Feinde, die mit allen möglichen Waffen die Kirche zu vernichten streben. Die zwei Säulen des Heiles scheinen mir die Andacht zur allerseligsten Jungfrau Maria und zum heiligsten Altarsakrament zu sein."

„Du hast gut geantwortet", sagte Don Bosco, „nur ein Ausdruck bedarf der Verbesserung. Die Schiffe der Feinde sind die Verfolgungen. Äußerst schwierige Zeiten stehen der Kirche bevor. Was bis jetzt da war, ist fast nichts im Vergleich zu dem, was kommen muß. Die Feinde der Kirche werden versinnbildet durch die Schiffe, die das Hauptschiff in den Grund bohren möchten."

Besonderes Aufsehen erregte die indirekte Wiedergabe einer anderen Vision des heiligen Don Bosco: In Italien werde einmal viel Blut fließen. Nach gewaltigen Kämpfen würden in Rom die Leichen auf der Straße liegenbleiben. Der Papst werde, von nur zwei Kardinälen begleitet, aus dem Vatikan fliehen. Dies soll in einem Jahre geschehen, dessen Blütenmonat zwei Vollmonde hat. Im Umkreis von vierzig Meilen bei Rom seien dann nur noch sieben Geistliche zu finden. Schließlich werde ein junger Fürst aus dem Norden kommen und die Friedensfahne bringen. (Siehe auch die später mitgeteilte Schau vom 5. Januar 1870.)

Don Bosco war übrigens nicht der einzige, der eine Flucht des Papstes aus dem Vatikan und Rom vorhergesagt hatte. Als Papst Pius X., der Heilige (auf dem Stuhl Petri von 1903 bis 1914), während einer geheimen Sitzung des Franziskanerkapitels einmal einzuschlafen schien und nach einer Weile wieder zu sich kam, teilte er der Versammlung zu deren Verblüffung und Schrecken mit: „Ich sah soeben einen meiner Nachfolger über die Leichen seiner Brüder fliehen. Sagt das niemandem, solange ich am Leben bin."

Eine andere Begebenheit um Papst Pius X. teilte die Zeitschrift „Hör zu" am 2. Dezember 1983 mit. Der Jesuitenpater Ludwig Bonvin berichtete von einer Audienz beim Papst:

„Ich war nervös, nestelte an meinen Schuhriemen herum, kämmte mich zum fünften Mal. Ich gehörte zu einer Gruppe von Jesuiten, die auf eine Audienz bei Papst Johannes Paul II. warteten. Plötzlich stand der 1914 verstorbene Papst Pius X. im Raum. Er wandte sich zu uns und sagte: ‚Die unglücklichen Zeiten werden noch zwei Jahre dauern.' Darauf verschwand er. Während wir noch unter dem Eindruck dieses Erlebnisses zur Audienz gebeten wurden, bemerkte der Papst die Verwirrung und Erregtheit unter uns. Er fragte nach dem Grund, und ich sagte es ihm. Der Heilige Vater sah uns nur ruhig an und sagte: ‚Er war also wieder da!' Wir hörten, daß Pius X. mehreren Menschen im Apostolischen Palast erschienen sein soll, meistens, um zu trösten. Der Vatikan bestätigte oder dementierte die Erscheinungen nicht."

Das von Don Bosco genannte Jahreskennzeichen für die Flucht des Papstes aus Rom, der Blütenmonat (Mai?) mit zwei Vollmonden, trifft nach nahezu zwei Jahrzehnten zum ersten Mal wieder 1988 zu. Am 2. und am 31. Mai ist Vollmond.

Man darf übrigens nicht übersehen, was Don Boscos politische Realität war: Die Rothemden Garibaldis kämpften für die nationale Einheit Italiens unter atheistischem Vorzeichen. „Ein liberaler Modernismus hetzte zur Kirchenfeindlichkeit, und die industrielle Revolution warf Wellen von Landflüchtigen in die Großstädte, wo sie arbeitslos in den Straßen herumlungerten und verkamen!" (Alfred J. Palka) Das war die Stunde des Jugendapostels Johannes Bosco.

Der liberalste aller Päpste, als Graf Johannes Maria Mastai-Ferretti freiheitlichen (heute würden wir sagen „linken") Ideen bis zu einem unvorstellbaren Maße aufgeschlossen, wurde, als er sah, wie sich die Feinde der Kirche gleichsam auf ein verabredetes Zeichen hin in ganz Europa erhoben, zur Umkehr genötigt. Von den Kräften, die (auch er) gerufen hatte, gezwungen (allerdings nicht in die Knie) wurde er zum Papst des I. Vatikanischen Konzils in den Jahren 1869/70.

Am 18. Juli 1870 wurde von den anwesenden Konzilsvätern fast einstimmig das Dekret über die päpstliche Unfehlbarkeit angenommen. (Dieses Dogma besagt, daß Gott es niemals zulassen könne, daß der Papst bei einer feierlichen Lehrentscheidung irre. Über eine persönliche Unfehlbarkeit des Papstes sagt es hingegen nichts.) Während der Abstimmung hatte sich über der Ewigen Stadt ein heftiges Gewitter entladen, wie um das Toben der Hölle gegen dieses neue Dogma der Kirche zu veranschaulichen. Die beiden Konzilsväter, die gegen das Dekret gestimmt hatten (Little Rock, USA, und Cajazzo, Süditalien), knieten sich anschließend vor dem Papst mit den Worten „Placet" nieder. Am Tage nach der Verkündigung der päpstlichen Unfehlbarkeit erklärte Frankreich an Preußen den Krieg. Napoleon III. zog seine Truppen, die dem Konzil bewaffneten Schutz gewährt hatten, aus Rom zurück. Am 20. September 1870 besetzten aufständische Piemontesische Truppen Rom. Das bedeutete den endgültigen Verlust des Kirchenstaates. Dem papsttreuen Don Bosco war es, als hätte man ihm ein Stück Fleisch aus dem Leib geschnitten.

Eine Prophezeiung Don Boscos vom 5. Januar 1870 befindet sich als Abschrift (das Original ging am 12. Februar 1870 an den Papst) im Archiv der Salesianer. Sie soll hier abschließend mitgeteilt werden. Man bedenke bei seiner Lektüre, daß zu Beginn des Jahres 1870 noch niemand den Ausbruch des Französisch-Preußischen Krieges (19. Juli 1870), den Sturz Napoleons III., die Aufhebung des Kirchenstaates und die Übergabe der Stadt Rom an ein freimaurerisches (Cavour!) Regime ahnen konnte.

In der Weissagung des hl. Malachias (wahrscheinlich hat Philippo Neri sie verfaßt und dem hl. Malachias zugeschrieben) wird Pius IX. mit der Losung „Crux de Cruce" bedacht. Diese prophetischen Worte gingen auffallend in Erfüllung. Sie können gedeutet werden als „Kreuz, das diesem Papst vom gekreuzigten Herrn auferlegt wird". Seine ganze Jugend war umdüstert von einer schweren Erkrankung. Besonders litt er unter den geistigen Strömungen, die sich in der Zeit seines Pontifikats ausbreiteten. Es gab eine heftige kirchenfeindliche Propaganda und eine hintergründige Verschwörung gegen den Papst. Mit allen, auch verwerflichen, Mitteln sollte der Einfluß, den die Kirche und die katholische Religion auf die Einzelnen, auf die Familien und die Gesellschaft ausübte, zunichte gemacht werden. Irrlehren wuchsen empor und drohten die christliche Lehre zu verfälschen. Gegen diese Strömungen erließ Pius IX. 1864 die Enzyklika „Quanta cura" und den ihr beigefügten „Syllabus", ein Verzeichnis irriger Lehrsätze.

Als antikirchliche Reaktion auf die Definierung der päpstlichen Unfehlbarkeit brach im gesamten deutschen Sprachraum der sogenannte „Kulturkampf" aus. In Preußen verstand man ihn als Neuauflage des Dreißigjährigen Krieges gegen das katholische Bayern und gegen Österreich. Schließlich erweiterte Bismarck den preußischen Staat und den Norddeutschen Bund dank der Unterstützung durch die nationalliberalen Parteigänger um den Preis des Ausschlusses Österreichs zum antikatholischen kleindeutschen Reich der Hohenzollern.

Im jungen Königreich Italien ergriff die Regierung Maßnahmen gegen die Kirche und gegen die religiösen Gemeinschaften im besonderen. Auch in Spanien kam es zu Kampfmaßnahmen. Es wurden Gesetze erlassen, die die Geistlichkeit aus dem Unterrichtswesen entfernten. Bei der Anglikanischen Hochkirche in England herrschte großer Unwille über das neue Dogma. Dies zeigte sich in der Verleihung des Ehrendoktorats der Universität Oxford an Ignaz von Döllinger, den Gründer der Altkatholischen Kirche.

Die Worte der Malachias-Weissagung „Crux de Cruce" sind mehrdeutig. Sie können auch gedeutet werden als „Kreuz, das diesem Papst von einer Dynastie, die mit einem Kreuz zu tun hat, auferlegt wird". Der Papst mußte erleben, daß ihm Stück um Stück seines Landes, des Kirchenstaates, geraubt wurde. Das Königreich Savoyen, das im Jahre 1870 die Herrschaft in Rom antrat und den Papst zu seinem Untertanen erniedrigte, hatte seit altersher ein Kreuz (!) im Wappen. Auch in dieser Hinsicht erfüllte sich die Weissagung des heiligen Malachias.

„Don Boscos Papst", der bereits 1848 bei Nacht und Nebel in einer Kutsche, unterstützt vom Bayerischen Gesandten Karl von Spaur, aus dem Lateranpalast geflohen war (ein ebenso waghalsiges Unternehmen wie siebenundfünfzig Jahre zuvor die vergebliche Flucht König Ludwigs XVI.) und auf dem Seeweg nach Frankreich hatte entkommen können, saß nun, ab dem 20. September 1870, im ringsum feindlichen Rom fest, war der „Gefangene des Vatikan". Sein irdischer Leidensweg ging am 7. Februar 1878 zu Ende. Gott hatte ihm das längste Pontifikat der Geschichte gewährt. Er hatte durch dreiunddreißig Jahre, von 1846 bis 1878, regiert. Seine irdische Hülle ruht, nach seinem testamentarischen Wunsch, in der Kirche St. Laurentius vor den Mauern Roms. Der Pöbel hatte seinen Sarg, als man ihn durch Rom trug, mit Schlamm und Schmutz beworfen.

Einen erneuten Ausbruch und eine erneute Flucht – eine über Leichen –, aber auch eine triumphale Rückkehr des Papstes sieht Don Bosco in seiner Prophezeiung vom 5. Januar 1870 vorher: Gott allein kann alles, kennt alles, sieht alles. Gott hat weder Vergangenheit noch Zukunft, sondern Ihm ist alles wie in einem einzigen Punkt gegenwärtig. Vor Gott gibt es nichts Verborgenes, noch gibt es bei Ihm Entfernung von Ort oder Person. Er allein kann in Seiner unendlichen Barmherzigkeit und zu Seinem Ruhm die zukünftigen Dinge dem Menschen offenbaren.

Am Vorabend von Epiphanie des laufenden Jahres 1870 entschwanden alle stofflichen Gegenstände der Kammer, und ich befand mich in der Betrachtung der übernatürlichen Dinge. Es war eine Sache von kurzen Augenblicken, aber ich sah viel. Obschon der Gestalt nach, dem Anschein nach sinnlich wahrnehmbar, kann man sie doch nur mit großer Schwierigkeit anderen durch äußere und vorstellbare Zeichen mitteilen.

Doch siehe, ein großer Krieger aus dem Norden trägt ein Banner, und auf der Rechten, die es hält, steht geschrieben: Unwiderstehliche Hand des Herrn. In jenem Augenblick ging ihm der ehrwürdige Greis von Latium entgegen, indem er eine brennende Fackel schwang. Darauf entfaltete sich das Banner, und nachdem es schwarz gewesen, wurde es weiß wie Schnee. In der Mitte des Banners stand in Goldbuchstaben der Name dessen geschrieben, der alles kann. Der Krieger mit den Seinen machte dem Greis eine tiefe Verbeugung, und sie drückten sich die Hand.

Nun die Stimme des Hirten der Hirten:

Du bist auf der großen Beratung mit deinen Beisitzern (auf dem Vatikanischen Konzil), aber der Feind des Guten ist keinen Augenblick in Ruhe: er ersinnt und übt alle Künste gegen dich. Er wird Zwietracht unter deine Beisitzer säen; er wird Feinde unter Meinen Söhnen erwecken. Die Mächte des Diesseits werden Feuer speien und möchten, daß die Worte in der Kehle der Hüter Meines Gesetzes erstickt würden. Dies wird nicht sein. Sie werden Übles tun, Übles sich selbst. Du eile dich! Wenn sich die Schwierigkeiten nicht lösen, mögen sie durchhauen werden. Wirst du in Bedrängnis sein, dann halte dich nicht auf, sondern fahre fort, bis das Haupt der Hydra des Irrtums erschlagen ist. Dieser Schlag wird die Erde und die Hölle erbeben machen, die Welt aber wird beruhigt werden, und alle Guten werden jubeln. Sammle also um dich zwei Helfer, wohin du auch gehst, fahre fort und beende das Werk, das dir anvertraut wurde. Die Tage eilen schnell, deine Jahre schreiten der vorbestimmten Zahl entgegen; aber die Große Königin wird immer deine Hilfe sein, und wie in den vergangenen Zeiten wird sie auch in Zukunft immer der gewaltige und einzigartige Schutz der Kirche sein.

Aber du, Italien, Land der Segnungen, wer hat dich in die Trostlosigkeit getaucht? ... Sag nicht, die Feinde, sondern deine Freunde. Hörst du nicht, daß deine Kinder nach dem Brot des Glaubens verlangen und niemanden finden, der es ihnen bricht?

Auf der Herde und auf den Hirten wird Meine Hand schwer liegen.

Die Teuerung, die Pest, der Krieg werden machen, daß die Mütter das Blut der Söhne und der in fremdem Land verstorbenen Gatten beweinen.

Und mit dir, o Rom, was wird sein? Undankbares Rom, verweichlichtes Rom, stolzes Rom! Du bist so weit gekommen, daß du nichts anderes suchst, noch anderes bewunderst in deinem Herrscher als den Luxus, indem du vergißt, daß dein und sein Ruhm auf Golgatha ist. Jetzt ist er alt, hinfällig, wehrlos und entblößt; doch macht das lichte Wort die ganze Welt erzittern.

Rom! ... Viermal werde Ich zu dir kommen!

Beim erstenmal werde Ich deine Ländereien und die Bewohner schlagen (September 1870).

Beim zweitenmal werde Ich den Greuel der Verwüstung bis an deine Mauern tragen (1944). Öffnest du die Augen noch nicht?

Ich werde das dritte Mal kommen, werde die Verteidigungswerke und die Verteidiger niederschlagen, und an die Stelle der

Herrschaft des Vaters wird das Reich des Schreckens, des Entsetzens und der Verzweiflung treten (in der Zukunft, wenn die kommunistische Revolution in Italien vor dem Dritten Weltgeschehen entfesselt wird?).

Meine Weisen fliehen. Mein Gesetz wird noch immer mit Füßen getreten, daher werde Ich die vierte Heimsuchung bewirken. Wehe dir, wenn Mein Gesetz dir ein eitler Name sein wird! Bei den Gelehrten und Unwissenden werden Übertretungen vorkommen. Dein Blut und das Blut deiner Söhne wird die Flecken abwaschen, die du dem Gesez deines Gottes zufügst.

Der Krieg, die Pest, der Hunger sind die Geißeln, mit denen der Hochmut und die Bosheit der Menschen geschlagen werden. Wo, ihr Reichen, sind eure Herrlichkeiten, eure Villen, eure Paläste? Sie sind zum Kehricht der Plätze und Straßen geworden!

Aber ihr, o Priester, weshalb eilt ihr nicht, zu weinen zwischen dem Vorhof und dem Altar, indem ihr um die Einstellung der Geißeln bittet? Weshalb nehmt ihr den Schild des Glaubens nicht und geht nicht über die Dächer, in die Häuser, auf die Staßen und auf die Plätze, an jeden selbst unzugänglichen Ort, um den Samen Meines Wortes zu bringen? Wisset ihr nicht, daß dies das schreckliche, zweischneidige Schwert ist, das Meine Feinde niederwirft und den Zorn Gottes und der Menschen zerbricht? Diese Dinge werden unerbittlich kommen müssen, eines nach dem andern. Die Dinge folgen einander nur langsam.

Aber die erhabene Königin des Himmels ist gegenwärtig.

Die Macht des Herrn ist in Seinen Händen; Er zerstreut wie Nebel seine Feinde. Er bekleidet von neuem den ehrwürdigen Greis mit allen seinen alten Gewändern.

Noch ein heftiger Sturm wird kommen.

Die Bosheit ist vollendet, die Sünde wird zu Ende sein, und ehe zwei Vollmonde des Blütenmonats vergehen, wird der Regenbogen des Friedens auf der Erde erscheinen.

Der große Diener wird die Braut seines Königs (die Kirche) zum Fest gekleidet sehen.

Auf der ganzen Welt wird eine so leuchtende Sonne erscheinen, wie sie seit den Flammen des Abendmahlsaales bis heute nie mehr gesehen wurde und bis zum letzte der Tage nicht mehr gesehen werden wird.

Vision unserer Zukunft vom Mai 1873

Es war eine dunkle Nacht (geistige Verwirrung), die Menschen vermochten nicht mehr zu unterscheiden, welches der einzuschlagende Weg sei, um an ihre Orte zurückzukehren, als am Himmel ein herrlich glänzendes Licht erschien, das die Schritte der Wanderer wie am Mittag erhellte. In jenem Augenblick wurde eine Menge Männer, Frauen, Greise, Kinder, Mönche, Nonnen und Priester mit dem Papst an der Spitze aus dem Vatikan kommen und sich zur Prozession formen gesehen.

Aber siehe: ein wütender Sturm! Indem jenes Licht ziemlich verdunkelt wurde, schien sich eine Schlacht zwischen dem Licht und der Finsternis zu entwickeln. Inzwischen kam man zu einem mit Toten und Verwundeten bedeckten Platz, von denen mehrere mit lauter Stimme um Stärkung baten.

Die Reihen der Prozession lichteten sich sehr. Nachdem sie ein Stück weit gegangen, das zweihundert Sonnenaufgängen (= 200 Tage) entspricht, gewahrte jeder, daß er (der Papst?) nicht mehr in Rom war. Verzagtheit ergriff die Seelen aller, und sie scharten sich um den Papst, um seine Person zu schützen und ihm in seinen Nöten beizustehen.

In jenem Augenblick wurden zwei Engel gesehen, die ein Banner trugen und es dem Papst überreichten, wobei sie sprachen: „Empfange das Banner derjenigen (Mariens), die die stärksten Heere der Erde schlägt und zerstreut. Deine Feinde sind verschwunden, deine Söhne rufen mit Tränen und Seufzern nach deiner Rückkehr.

Richtete man dann den Blick auf das Banner, so sah man auf einer Seite geschrieben: Regina sine labe concepta (Königin ohne Sünde empfangen), und auf der anderen: Auxilium Christianorum (Hilfe der Christen). Der Papst ergriff mit Freude das Banner, aber als er die kleine Zahl derer betrachtete, die um ihn geblieben waren, wurde er sehr betrübt.

Die beiden Engel sagten hierauf: „Geh sofort deine Kinder trösten! Schreibe an deine in den verschiedensten Teilen der Welt verstreuten Brüder, daß eine Erneuerung in den Sitten der Menschen notwendig ist. Dies läßt sich nicht anders erreichen, als indem man dem Volke das Brot des göttlichen Wortes bricht. Unterweiset die Kinder, prediget die Loslösung von den irdischen Dingen. Es ist die Zeit gekommen", so schlossen die beiden Engel, „daß die Armen den Völkern Verkünder des Evangeliums werden. Die Leviten werden von der Hacke, vom Spaten und vom Hammer genommen (geistliche Berufe vom Arbeiter- und Bauernstande), damit sich die Worte Davids erfüllen: Gott hat den Armen von der Erde erhöht, um ihn auf den Thron der Fürsten seines Volkes zu setzen."

Nachdem der Papst dies gehört, machte er sich auf, und die Reihen der Prozession begannen sich zu verstärken. Als er dann die Heilige Stadt betrat, begann er zu weinen über die Verzagtheit, in der sich die Bürger befanden, deren viele nicht mehr waren. Nachdem er wieder in Sankt Peter eingetreten, stimmte er das Te Deum an, worauf ein Chor von Engeln singend antwortete: „Gloria in excelsis Deo et in terra pax hominibus bonae voluntatis."

Als der Gesang beendet war, hörte die Dunkelheit ganz auf, und es zeigte sich eine herrlich glänzende Sonne (eine neue gerechtere Ordnung nach dem Dritten Weltgeschehen).

Die Städte, die Orte, das Land war an Bevölkerung verringert; die Erde war zerstampft wie von einem Gewitter, von einem Wolkenbruch und vom Hagel, und die Leute gingen einander entgegen und sagten ergriffenen Gemütes: „Das ist der Gott Israels."

Vom Beginn des Exils (des Papstes) bis zum Gesang des Te Deum erhob sich die Sonne zweihundertmal. Die ganze Zeit, die in der Erfüllung jener Dinge verstrich, entspricht vierhundert Sonnenaufgängen.

Nach dem Zeugnis Don Bertos äußerte Don Bosco als Ergänzung dieser Ankündigungen:

„Es kommt eine Revolution; es werden Abfälle unter den Gelehrten und Unwissenden vorkommen: Preußen wird sich bekehren. Großer Sieg der Kirche, großer Triumph des Papstes."

Pater Pio

Der stigmatisierte Kapuzinerpater Pio aus Rotondo, der im Ruf der Heiligkeit starb, und dessen Persönlichkeit über jeden Zweifel erhaben ist, antwortete 1956 und 1961 auf an ihn gerichtete Fragen:

Padre, was für Zeiten gehen wir entgegen?

„Das Christentum ist daran, alt zu werden, und Gott erlaubt es, zur Strafe für die Völker."

Padre, wie betrachten Sie diese unsere Zeit?

„Das ist die Zeit des Ungewitters!"

Was soll das bedeuten?

„Das ist die Epoche der Zerstörung aller Werte."

In der Karwoche 1965 rief Pater Pio mehrmals laut aus: „Helft mir beten, ich kann nicht mehr weiter! Ihr wißt nicht, welch schreckliche Zeiten euch bevorstehen! Glücklich alle, die gestorben sind!"

Noch nie hatte er so gelitten wie jetzt. Einmal, im Juli 1965, rief er aus: „Lieber Gott, laß mich sterben!" „Schlaft jetzt nicht, stellt alle privaten Angelegenheiten zur Seite, da die Menschheit im Sterben liegt!" „Ich kann das Schreckliche nicht mehr abwenden, da es eine direkte Züchtigung Gottes ist – und sie wird kommen!"

Er war Empfänger der nachfolgend wiedergegebenen Mahnworte Jesu (die mit vielen anderen Botschaften übereinstimmen):

„Aus den Wolken werden Orkane von Feuerströmen sich über die Erde verbreiten. Sturm und Unwetter, Donnerschläge und Erdbeben werden einander folgen, unaufhörlich wird der Feuerregen niedergehen. Der Wind wird Gift und Gas mit sich führen, das sich auf der ganzen Erde verbreitet. Damit ihr euch auf das Ereignis vorbereiten könnt, gebe ich euch folgendes Zeichen: Die Nacht ist sehr kalt, der Wind braust, und nach einiger Zeit wird der Donner einsetzen. Dann versperrt alle Türen und Fenster und sprecht mit niemandem außerhalb des Hauses. Kniet euch nieder vor dem Kreuz und bereut eure Sünden. Bittet meine Mutter um ihren Schutz. Während die Erde bebt, schaut nicht hinaus, denn der Zorn meines Vaters ist heilig. In der dritten Nacht werden Erdbeben und Feuer aufhören, und am folgenden Tag wird die Sonne wieder scheinen. Die Engel werden vom Himmel steigen und den Geist des Friedens über die Erde bringen."

Wir bringen diese Nachrichten unter Vorbehalt. Ein endgültiges Urteil hierüber zu fällen, steht allein der Kirche zu.

(Entnommen dem „Großen Ruf", Credo-Verlag, Wiesbaden, August-September-Ausgabe 1965)

Im Jahr darauf urteilte Pater Pio über die heutige Lage: „Ideenverwirrung und Vorherrschaft der Diebe."

Über die Überschwemmungen von Florenz sagte er: „Es sind Gottesgerichte. Selig, wer dies versteht!"

„Unsere Kinder werden nicht genug Tränen haben, die Sünden ihrer Väter zu beweinen."

„Mit diesen Regierungen wird alles zugrunde gerichtet werden!"

„Auch Italien wird einen Kommunistenschreck erleben ... Die rote Fahne im Vatikan (Elena Leonardi schaut die russische Fahne auf der Peterskuppel) ... Doch, das wird vorübergehen."

Padre, werden auch wir die Kommunisten an der Macht haben?

„Sie werden sie überraschend erreichen ... ohne Schwertstreich ... wir werden sie über Nacht an der Macht sehen."

Der Franziskanergeneral ging 1966, bevor er das Kapitel zur Erneuerung der Konstitutionen besuchte, zu Pater Pio, um

Gebet und Segen von ihm zu erbitten. Er traf Pater Pio im Klosterkreuzgang von San Giovanni Rotondo: Padre, ich möchte zu Ihnen kommen, um unser Spezialkapitel für die neuen Konstitutionen zu empfehlen ... Bei den Worten: „Spezialkapitel" ... „Neue Konstitutionen" ... reagierte Pater Pio heftig und sprach: „Alles Geschwätz und Verderben ..."

Aber Padre, ... die neue Generation ... die Jungen, wie sie heute aufwachsen ... die Bedürfnisse haben sich geändert.

„... Ohne Kopf und Herz. Das fehlt: Gehirn und Liebe." Dann ging Pater Pio bis zur Zelle, wandte sich um und sprach mit erhobenem Finger: „Entarten wir nicht, entarten wir nicht. Beim Gerichte Gottes wird uns der heilige Franziskus nicht mehr als seine Söhne und Töchter anerkennen."

1967 besprachen einmal einige Mitbrüder in Gegenwart des Generaldefinitors Ordensprobleme, da nahm der Pater eine ganz ungewohnte Haltung an, blickte in die Ferne und sprach: „Aber, was tut ihr denn in Rom? ... Was braut ihr da zusammen? ... Wollt ihr gar die Regel des heiligen Franziskus ändern? ..."

Der Pater Definitor wendete ein: Padre, es werden diese Änderungen vorgenommen, weil die Jungen nichts mehr wissen wollen von einer Tonsur, von einem Ordenskleid, von nackten Füßen ...

„Jagt sie fort ... jagt sie fort ...! Glauben denn diese, sie würden dem heiligen Franziskus einen Dienst erweisen, wenn sie sein Kleid und seine Lebensform nehmen, oder ist es nicht vielmehr der heilige Franziskus, der ihnen ein Geschenk macht?!"

Aus „Edizioni Casa sollievo della sofferenza", mitgeteilt im Ave-Kurier (Wien), Oktober 1979, Nr. 10 kehrt in vielen Prophetien wieder, und zwar als Auftakt aller anderen Zerstörungen. Schon beim Propheten Ezechiel (9,4–7) lesen wir: „Geht durch die Stadt und erschlagt alle . . ., mit Ausnahme derer, die das Tau (Kreuzzeichen) auf ihrer Stirne tragen! Und machet den Anfang bei meinem Heiligtum!"

Im ersten Petrusbrief (4,17) heißt es: „Die Zeit ist da, in der das Gericht beim Haus Gottes beginnt."

Wie einstmals das uneinsichtige und verstockte Jerusalem, so wird – nach der Aussage vieler Seher – auch das christliche Rom wegen der Unbußfertigkeit seiner Priester, wegen der Irrlehren, die es billigt, und wegen der Verfolgung Glaubenstreuer, Untergang und Zerstörung erdulden müssen.

Rom, das Zentrum der Christenheit, mit seinen „Schriftgelehrten und Pharisäern", wird wie früher die Synagoge von Jerusalem ausgespien. Das große Gottesgericht über die verdorbene Welt wird in Rom – durch die kommunistische Revolution – beginnen. Die Priester werden in Italien zu Tausenden hingemordet.

Der Kommunismus wird sich über ganz Europa ausbreiten. Es wird für die Priester schwer sein, einen geheimen Winkel zu finden, wo sie – wie in den Katakomben – das Meßopfer darbringen können. Doch nicht allzulange, dann wird nach schrecklichen Bürgerkriegen der Kommunismus zusammenfallen und Rußland (wegen der Verehrung der Gottesmutter) sich bekehren.

Eine Zeitlang wird es scheinen, die Kirche habe auf der Welt aufgehört zu bestehen. Unglaube und Willkür werden allenthalben herrschen. Aber gläubige Herzen wird es immer geben.

Es sind Tempel des Heiligen Geistes (1. Kor. 6,19), in denen die Kirche überleben wird.

Nostradamus drückt es anders aus: Der arabische Fürst wird über das Meer her die Regierung der Kirche zu Boden zwingen. (V, 25,3)

Rom
Offenbarungen Jesu an einen Priester

21. November 1975 – Mein Sohn, ich habe dir schon gesagt, daß die Stunde der Finsternis nahe ist und die Menschheit den fürchterlichsten Kampf erleben wird, der je von der Hölle in der Welt entfesselt worden ist; sie wird alles unternehmen, sich den Sieg nicht entgehen zu lassen. Ich habe dir schon gesagt, daß dieser Kampf sich nur vergleichen läßt mit der Schlacht, die sich einst im Himmel abspielte zwischen den Söhnen des Lichts und jenen der Finsternis. Viele, auch unter meinen Gottgeweihten und sogar unter den Nachfolgern der Apostel, wissen nicht, daß Satan samt seinen Legionen diese Stunde seit dem Sündenfall Adams und Evas immer ersehnt und mit allen ihm zur Verfügung stehenden Mitteln herbeizuführen versucht hat. Er erachtet, diese Schlacht werde für ihn zu einem sicheren Sieg über Gott, über mich als Erlöser, über die Kirche, die Frucht meiner Erlösung, denn ich habe ihm die Menschheit, die zu seiner Sklavin geworden war, entrissen. Ich will, daß alle von den kommenden Ereignissen erfahren; ich wiederhole, es handelt sich um die schwerwiegendsten in der Geschichte des Menschengeschlechtes. Doch warum wollen sich die Leute nicht überzeugen lassen, während doch die Zeichen offen angekündigt worden sind, und von meiner Mutter gewarnt worden ist? Meditare novissima tua et in aeternum non peccabis – Gedenke der letzten Dinge und du wirst in Ewigkeit nicht sündigen. Aber keiner macht seine Betrachtung mehr, mit Ausnahme von wenigen. Sie haben Illusionen, sind wie Kinder, die hinter einem mehrfarbigen Schmetterling herlaufen und, wenn sie den Schmetterling eingefangen haben und ihre

Hände öffnen, entdecken, daß nur ein Wurm übriggeblieben ist.

22. November 1975 – Ich werde dieser Kirche und dieser Welt eine lange Periode des Friedens und der Gerechtigkeit schenken.

6. Dezember 1975 – Meine erneuerte, zu neuem Leben erweckte Kirche wird schön sein. Sie wird in der Welt den Platz einnehmen, der ihr gebührt. Nationen und Völker werden sie als Lehrmeisterin und Führerin der ganzen großen Familie der Kinder Gottes annehmen.

8. Dezember 1975 – Nun sind 2000 Jahre verflossen, seit das Samenkorn verfaulen mußte, damit ein saftiger, kräftiger Keim sich bilde. Das Haupt der im Entstehen begriffenen Kirche mußte sich opfern in der Vernichtung, zum allgemeinen Heil ... Heute muß der gesamte mystische Leib, der wie der verwunschene Feigenbaum unfruchtbar geworden ist, durch die dämonische Verseuchung des Atheismus, wie das Weizenkorn ins Innere der Erde geworfen werden und zugrunde gehen, um zu neuem und fruchtbarem göttlichem Leben aufzuerstehen ... Ein Akt der unendlichen Barmherzigkeit und Gerechtigkeit ist diese Stunde der Läuterung. Wer hören will, der höre; wer aber hartnäckig, von Stolz und Hochmut verblendet, zugrunde gehen will, der gehe zugrunde, wie Satan.

1. Januar 1976 – Satan schont keinen. Er ist überall eingedrungen, er spielt den Herrn am Unterbau der Kirche und hat auch deren Spitze nicht verschont. Der Papst, mein Stellvertreter auf Erden, muß unter tausend Schwierigkeiten leben. Ich möchte nicht auf Einzelheiten dieses schweren Angriffs der Hölle gegen meine Kirche, gegen die Kinder Gottes, eingehen. Was ihr mit eigenen Augen sehen könnt, ist mehr als genug, auch wenn es nur ein Teil des Ganzen ist. Ich

wiederhole, daß der inimicus hominis deshalb in den Weinberg eingedrungen ist, weil jene, denen der Weinberg anvertraut ist, nicht gewacht haben, ihn nicht befestigt und verteidigt haben. Darüber sollen sie eine ernste Gewissenserforschung anstellen. Man darf die Waffen nicht niederlegen angesichts eines kriegsbereiten Feindes, der stets auf der Lauer ist. Ich sage dir, daß heilige Bischöfe und sehr gute Priester nicht fehlen, daß aber leider die Lauen, die Gleichgültigen, die Voreingenommenen in der Überzahl sind.

21. Januar 1976 – Die gegenwärtige Schlacht, die nur Unzurechnungsfähige übersehen können, wird immer wütender und sehr viele Opfer unter dem Klerus und den Gläubigen fordern. Die Welt, besonders Europa, wird in einer Stunde, die ihresgleichen nicht kennt, brennen ... Meine und euere Mutter wird zum zweiten Male den Kopf Satans zertreten, und der Atheismus wird von der Erde verschwinden. Dann wird man zur letzten Phase dieses Kampfes zwischen den Kräften des Lichtes und der Finsternis, zwischen der Liebe und dem Haß, zwischen Gut und Böse, zwischen Leben und Tod kommen. Erst am Ende der Zeiten wird der dritte und letzte Eingriff der Heiligen Jungfrau erfolgen, die von neuem, zum dritten Mal, den Kopf Satans zertreten wird. Danach wird das Gericht erfolgen ...

20. Februar 1976 – Mein Sohn, die Gesetzgebung über den Abortus ist ein Produkt der materialistischen Kulturlosigkeit. Und vieles andere Verbrechertum gibt es noch: Gewalttätigkeit, die Droge, Pornographie, die Organisation der Korruption, die heimlich gewollt wird, auch wenn man sie öffentlich beklagt.

25. Februar 1976 – Es ist widersinnig zu sagen „Ich glaube, daß Jesus das lebendige Wort, der Sohn Gottes ist“ und zu

verneinen, daß Jesus zur Seele sprechen kann. Die erste Behauptung wird durch die zweite verneint.

(Die Aufzeichnung dieser Offenbarungen ging dem Verfasser zwar ungezeichnet zu, dennoch hält er sie, unter Vorbehalt, für veröffentlichungswürdig.)

Vision von Evangelist Ron White über Skandinavien, Europa und den Nahen Osten

„Am 15. Juni 1976 zeigte mir der Herr eine Vision. Ich legte mich zur Ruhe etwas vor Mitternacht. Ich war sehr müde, denn ich hatte während langer Zeit gefastet und gebetet. Mit der Absicht zu schlafen hatte ich mich niedergelegt. Während zirka einer Stunde lag ich ausgestreckt, ohne einschlafen zu können, und wälzte mich hin und her. Dann begann ich zu beten. – Das ist eine gute Sache, wenn man den Schlaf nicht findet. – Ich begann mit meinem guten Hirten zu sprechen, und ich spürte seine mächtige Gegenwart in meinem Zimmer. Plötzlich begann der Herr mir eine Vision zu zeigen. Es war, wie wenn ein großer Farbfernseher angedreht würde in meinem Zimmer, und der Herr zeigte mir da Dinge, die in meinem Herzen einen Kampf auslösten.

Die Vision eröffnete sich auf einer Karte von Europa, von Großbritannien bis Rußland und von Norwegen bis zum Nahen Osten. Ich studierte diese Karte einen Moment, und währenddem ich sie betrachtete, passierte etwas Bemerkenswertes. Ganz oben im oberen Teil von Norwegen begann die Karte die Farbe zu wechseln. Sie wurde rot und diese rote Farbe breitete sich aus vom nördlichsten Teil bis ins Zentrum Norwegens. Was willst Du mir zeigen, Herr?, sagte ich. Der Herr erlaubte mir, mich diesem Teil der Karte zu nähern. Währenddem ich betete, zeigte mir der Herr, was sich ereignen wird. Die rote Farbe stellte zwei Dinge dar. Zuerst bedeutet sie eine geistliche Erneuerung in der Bevölkerung, und dann die Invasion einer fremden Armee. Ich sah in diesem Gebiet Zehntausende von kommunistischen Soldaten, ein Teil der sowjetischen Armee. Dann sagte mir der Herr, daß dies sehr bald geschehen werde. Rußland wird den nördlichen Teil Norwegens einnehmen und besetzen. Man wird viele Erklärungen darüber abgeben in Europa. Man wird viel diskutieren vom politischen Standpunkt aus, aber Gott zeigte mir, daß nichts getan werde gegen diese Situation. Rußland wird die Macht ergreifen, wie es in der Tschechoslowakei geschah.

Dann wandelte sich die Vision, und ich wurde in das Zentrum Europas gestellt. Ich war aufrecht und schaute auf eine imposante Mauer. Während ich sie betrachtete, spürte ich, daß sie zu zittern begann. Dann fing sie an zu wanken und zu fallen. Ich glaubte, sie würde auf mich fallen, aber durch den Geist wurde ich ein wenig nach hinten versetzt. Währenddem ich die Mauer einstürzen sah, offenbarte mir der Herr, daß sie die Grenze zwischen Ost- und Westdeutschland darstellte. Ich sah also diese Mauer fallen, und mehrere tausend Soldaten überquerten sie springend, das Gewehr in der Hand. Hinter ihnen folgten Tanks und andere motorisierte Maschinen. Und der Herr zeigte mir klar, daß die Kommunisten die Mauer überschreiten werden mit Macht und ganz Deutschland besetzen. Nachher hörte ich Schüsse und Gewehre. Gewiß, die Dinge, die ich gesehen und gehört hatte, waren schrecklich. Der Herr zeigte mir auch, daß ein Krieg in Europa ausbrechen werde, und Deutschland eine gewisse Zeit lang besetzt sein werde durch die Russen.

Weiter sah ich, und dieses Mal waren die anderen kommunistisch durchdrungenen Länder auch gegenwärtig, daß es Verfolgungen geben werde gegen das Volk Gottes im Fernsehen; man verbreitete Lügen über die Diener Gottes, während gleichzeitig der Krieg in Europa ausbrach. Der Herr zeigte mir auch in der Vision, daß es großen Mangel an Nahrungsmitteln und Wasser geben wird in Europa. Viele Dinge, die wir jetzt im Überfluß haben, werden für eine gewisse Zeit fast ganz fehlen, so groß wird die Knappheit sein. Wenn dieser Krieg in Europa ausbrechen wird, so wird man auch in Brüssel bekanntmachen, daß die Europäische Gemeinschaft nicht mehr funktionieren kann, und der Herr zeigte mir, daß sie aufgelöst wird.

Der Herr zeigte mir noch, daß, wenn der Krieg in Europa ausbrechen wird, britische Truppen, die sich jetzt in Irland befinden, zurückgezogen und in Europa stationiert werden. Und der Herr zeigte mir, daß Irland unter kommunistischer Herrschaft sein werde. Zur selben Zeit habe ich Schottland gesehen sich von England zu befreien und unabhängig zu werden. In diesen europäischen Krieg werden alle Länder Europas einbezogen werden, aber nur Deutschland und Norwegen werden besetzt sein.

Der Krieg in Europa wird nicht lange dauern, denn ich sah, daß etwas anderes sich anbahnte. Ich sah, wie eine andere Armee von Rußland kam und sich gegen Süden wendete in Richtung der Berge Israels. In dieser Armee gab es viele Soldaten zu Pferd, außerdem Tanks und andere motorisierte Maschinen – eine mächtige Armee. – Gott zeigte mir, daß Rußland diese Armee für eine kurze Periode nach Israel senden wird. Und gerade in dem Moment, wo es schien, daß die Armee bereit war, Israel einzunehmen, sah ich, daß der Himmel sich öffnete, daß eine riesenhafte Hand sich vom Himmel ausstreckte und mit einer lähmenden Kraft auf diese mächtige russische Armee fiel. Und durch einen kräftigen Schlag dieser Hand, der Hand Gottes, wurde die ganze mächtige Armee vernichtet. Gott hat mir seine große Liebe zu seinem Volk Israel gezeigt. Zur selben Zeit, als dies geschah, sah ich die russischen Truppen, welche sich in Europa befanden, dabei, sich rasch zurückzuziehen, und ich fragte: Warum Herr? Ich sah dann in der Vision, wie die chinesische Armee mit Gewalt die russische Grenze überschritt und tief in Rußland eindrang, wo sie plünderte, tötete und vernichtete. Darum hat sich die russische Armee aus Europa zurückgezogen, um die chinesische Armee zu bekämpfen und zu besiegen.

Aber gleichzeitig geschah in Europa etwas anderes. Der Mangel an Nahrung verschlimmerte sich und die Wasserknappheit vergrößerte sich. Aus dieser Tatsache erwuchsen große Probleme für Zentraleuropa. Auf meine Frage: „Warum wird das stattfinden?“ antwortete der Herr: „Ich strecke ihnen die Hand entgegen, und ich bin im Begriff, diese Dinge zu gebrauchen, um das Volk zu mir zurückzuführen. Ich habe die Absicht, die Nationen wieder auf die Knie zu bringen. Das will der allmächtige Gott tun.“ Und ich sah, wie wunderbare Dinge zu geschehen begannen in Europa. Ich sah Männer und Frauen auf die Knie fallen auf der Straße und in den Häusern. Überall schrien die Menschen zu Gott, ihn um Hilfe und Barmherzigkeit bittend. Und während die Leute riefen, sah ich, wie Gott auf ihr Rufen zu antworten begann. Da fing mein Herz an zu zittern und mein Geist zu singen vor Freude. Ich sah vom Himmel Flammen fallen auf ganz Europa, auf jedes Land und auf jede Nation. Gott antwortete auf das Rufen des Volkes. Und er hat mir offenbart, daß es eine Erweckung geben wird in den europäischen Nationen, eine Erweckung, größer als man es sich vorstellen kann. Aber das wird nicht durch eine menschliche Kraft geschehen. Es wird das mächtige Werk des Heiligen Geistes sein ... Ich sah das Feuer fallen auf unser Land. Das Feuer bedeutete die Segnung Gottes als Antwort auf die Gebete des Volkes Gottes. Aber der Herr zeigte mir etwas, das mich erschreckte. Ich glaubte, daß diese Erweckung lange dauern würde. Aber Gott zeigte mir, daß sie so plötzlich aufhören würde, wie sie gekommen war. Gott verwirklicht sein Werk rasch in der letzten Zeit, darum wird diese Erweckung nur sehr kurze Zeit dauern ...

Halleluja! Gott liebt alle Menschen. Auch diejenigen, die sich von Ihm entfernt haben, darum will Er auch so viele als möglich von ihnen erretten. Gott hat mir auch gezeigt, daß viele Versammlungen und Kirchen, welche jetzt tot oder kalt sind, teilhaben werden an dieser Erweckung und daß viele Leute in diesen Kirchen Gott suchen werden. Gott wird Sein Volk erretten. Und alle, die bereit sind, werden hinweggenommen zur Begegnung mit dem Herrn.

(Nach: Buchmission, Bad Harzburg)

Worte des Heilands

Professor Albert Drexel, 1889–1977, dreifacher Doktor, Sprachwissenschaftler und Völkerkundler aus Hohenems/Vorarlberg, war der dritte unter fünf Priesterbrüdern, empfing 1914 die Priesterweihe, hatte 1932 eine Privataudienz bei Papst Pius XI., war Dozent an der Päpstlichen Missionshochschule und Experte für Rassenfragen am Vatikan.

Seine wichtigsten theologischen Werke: „Religionswissenschaft, Religionsphilosophie, Religionsgeschichte“, „Grundriß der Religionswissenschaft“, „Ein neuer Prophet? Teilhard de Chardin, Analyse einer Ideologie“, „Katholisches Glaubensbuch“, „Vom Sinn des Lebens“, „Geheimnis der Ewigkeit“, „Religion – Glaube – Kirche“, „Aszese und Mystik“.

Seine wesentlichen sprachwissenschaftlichen Werke: „Gliederung der afrikanischen Sprachen“, „Atlas Linguisticus“, „System einer Philosophie der Sprache“, „Die indogermanischen Sprachen“ und „Völker der Erde“ – ein Werk, das seine Flucht vor dem Nationalsozialismus und ein langjähriges Exil in Liechtenstein notwendig machte.

Kaum jemand hat unter der Spaltung der katholischen Kirche als Folge einer oft mißverstandenen und mißverständlichen Auslegung des Zweiten Vatikanischen Konzils so schmerzlich gelitten wie er.

Im Angesicht des Todes schrieb er Zeilen nieder, die eine erschütternde Bestätigung dafür sind, daß er die innere Not der Kirche sühnend getragen hat, bis hinein in seine Agonie: Mein größter Schmerz in der Sterbestunde ist der Abbruch des Glaubens in der römisch-katholischen Kirche. Mein letzter Wunsch die Versöhnung zwischen Rom und Erzbischof Marcel Lefèbvre. Ehre sei Gott dem Dreieinigen jetzt und in Ewigkeit!

Zum ersten Mal im November 1922 und von da an alle Nächte auf den Herz-Jesu-Freitag, die er im Gebet verbrachte, erschien unser Herr und sprach zu ihm.

Worte des Heilands in der Nacht zum 7. August 1970

Das Werk der Zerstörung Meiner einen und wahren Kirche ist noch nicht zu Ende, es nimmt seinen Fortgang; und seine Gefahr und sein Verderben steigern sich bis zu dem Tage, an dem Mein sichtbarer Stellvertreter in Rom das Wort der Entscheidung spricht! Bis zu diesem Tage kann das Gift der Zersetzung und Verwirrung ungehemmt wirken.

Worte des Heilands in der Nacht zum 7. Mai 1971

Noch einmal sage Ich dir: die Zeit des Antichrist ist angebrochen. Der Antichrist ist nicht der Satan, – auch nicht irgendein Mensch, ein einzelner. Der Antichrist ist die Kirche der Welt, die von Gott und Meinem Evangelium losgelöste Gesellschaft, – es ist die Gegenkirche derjenigen, die sich der Welt verschrieben haben und von dem Kreuz und der Gnade nichts wissen wollen. Wie die wahren Christen Mich als Gott und Heiland kennen und verehren und lieben, so huldigen die Gottlosen sich, – der Welt – und dem Menschen. Ihr Götze ist nicht der Satan, an den sie nicht glauben, sondern der Mensch, der sich selber zu Gott macht. Die von Gott losgelöste Welt ist der Antichrist!

Worte des Heilands in der Nacht zum 4. Juni 1971

Immer reden diese Stolzen und Abtrünnigen von einer Religion ohne Übernatur, ohne Wunder und ohne Gebet. Sie reden vom Menschen und nicht mehr von Gott!

Sie kehren die Ordnung um und geben nicht nur der Liebe zum Nächsten Vorrang, sondern vergessen, verlieren und verleugnen die Gottesliebe – in frevlerischer Anmaßung.

Sie gehen damit um, eine Kirche zu gründen, in der die Erde und der Mensch alles, – Gott und der Himmel nichts mehr bedeuten.

Diese menschliche Kirche kennt weder die Engel, noch den Satan, weil sie die Wahrheit von den reinen Geistern geleugnet hat, und dadurch den Plänen und Werken der bösen Geister zum Opfer fällt.

2. Juli 1971

In dieser neuen Kirche gilt nicht mehr die Gnade; an ihre Stelle tritt die sogenannte Technik, der Traum und Wahn und die Lüge einer neuen Erde. In dieser neuen Kirche reden ihre Propheten nicht mehr von der Sünde und dem Gericht, von der Hölle und dem Himmel, sondern von einem kommenden Paradies auf Erden.

5. Mai 1972

Vormals, in früheren Jahrhunderten, haben äußere Feinde Meine Kirche bedroht, oder es waren von der Kirche Abgefallene, welche die Kirche offen verlassen hatten; jetzt aber sind es wahrlich „Wölfe im Schafspelz“, von denen ich im Evangelium gesprochen habe. Es sind die Irrlehrer, Priester und Theologen, durch ein Sakrament geweihte Diener der Kirche, die irrige und verderbliche Lehren verkünden und dabei mit dem Lächeln Satans sich rühmen, in der Kirche zu sein, – und zu bleiben. Wehe diesen Erbärmlichen, die Gott ins Gesicht lügen und nicht bedenken, daß sie die gefährlichsten Helfer und Werkzeuge dessen sind, der in seinem Stolze sich wider den Schöpfer erhoben hat und gesagt hat: „Ich diene nicht!“

Das jedoch sage ich, Brüder:
Die Zeit ist kurz. Die da Weiber haben, sollen so sein, als hätten sie keine, und die da weinen, als weinten sie nicht, und die sich freuen, als freuten sie sich nicht, und die da kaufen, als besäßen sie es nicht, und die mit der Welt verkehren, als verkehrten sie nicht; denn die Gestalt dieser Welt vergeht.

Erster Korintherbrief, 7,29

Blitz aus heiterem Himmel

Elektromagnetischer Impuls (EMP) durch Atombombe

Die Prophetien sprechen vom Stromausfall hier in Mitteleuropa bereits in einem frühen Stadium der Kämpfe. Dazu ist es gut, folgendes zu wissen:

Explodiert eine Atombombe in großer Höhe (100 bis 400 km hoch), so bildet sich beim Auftreffen der Gamma-Strahlung auf die Lufthülle der Erde ein plötzlicher Stromstoß, der im Umkreis von über 1 000 km auf der Erde überall wie ein Blitz einschlägt! Dieser Elektromagnetische Impuls (Electromagnetic Pulsing: EMP) bewirkt auf der Erdoberfläche beachtliche Störungen: Alle metallischen, elektrisch leitenden Körper werden durch den einkoppelnden elektrischen Stromstoß („Blitz") plötzlich elektrisch stark geladen: Hochspannungsleitungen, Telefonleitungen, Antennen, Schienen, Rohrleitungen. Sie bekommen einen so starken Stromstoß ab, daß alle elektrischen Einrichtungen „durchbrennen" und zerstört werden. Es fallen also alle zivilen, nicht gegen EMP gehärteten Nachrichtenverbindungen sofort aus, ebenso die elektronischen Steuerungen der Elektrizitätswerke, der Umspannanlagen, der Wasserleitungen und Pumpstationen. Da die Auswirkung einer einzigen A-Bombe in großer Höhe mehr als ein ganzes Land betrifft, ist ein Ersatz der zerstörten Einrichtungen nur nach längerer Zeit möglich!

Die Ionisation der Erdatmosphäre in 60 bis 300 km Höhe beruht auf der Einwirkung kurzwelliger Sonnenstrahlen (wie der Gamma-Strahlung). Die Ionosphäre reflektiert die Radio-Kurzwellen je nach Stärke der Sonneneinstrahlung, also der Sonnenflecken-Ausbreitung.

Das Magnetfeld der Erde wird durch die Ionosphäre

erzeugt! Sonneneruptionen rufen deshalb erdmagnetische Störungen und Kurzwellen-Empfangsstörungen hervor.

Es könnte nun die Ionosphäre und damit das Magnetfeld der Erde durch hoch detonierende Atombomben so gestört werden, daß die Erde kippt und um eine neue Achse zu rotieren beginnt („Drei finstere Tage“?). Eine wesentliche Verlagerung der Erdachse (Polwanderung, Polverschiebung) dürfte in der Erdgeschichte schon öfters vorgekommen sein und wäre nichts Neues. In Grönland und auf Spitzbergen gefundene Kohlelager und Vegetationsreste eines warmen Klimas, sowie in Sibirien im Eis eingefrorene Elefanten, auch der Verlauf der Magnetlinien in Gesteinen und Tonen, deuten darauf hin, daß die Erdpole sich schon mehrmals verlagert haben.

Die Prophetien sprechen davon, daß nach dem Dritten Weltgeschehen bei uns in Mitteleuropa ein wärmeres Klima herrschen wird als derzeit.

Das große Saueriersterben am Ende der Kreidezeit (vor 64 Millionen Jahren) hatte wahrscheinlich eine andere Ursache: Es wurde (über 200 Millionen Jahre zurück) festgestellt, daß auf der Erde alle 26 Millionen Jahre ein großes Tiersterben durch Meteoriteneinschlag stattfand. Infolge einer Luftverpestung oder -verfinsterung ging auch die grüne Vegetation stark zurück.

Nach Josef Stocker

Gebet
Aus Psalm 37

Vertrau auf den Herrn und tu das Gute,
Bleib wohnen im Land und bewahre die Treue!
Freu dich innig am Herrn!
Dann gibt er dir, was dein Herz begehrt.
Befiehl dem Herrn deinen Weg und vertrau ihm;
er wird es fügen.
Errege dich nicht über die Bösen,
wegen der Übeltäter ereifere dich nicht!
Denn sie verwelken schnell wie das Gras,
wie grünes Kraut verdorren sie.
Die Bösen werden ausgetilgt;
die aber auf den Herrn hoffen,
werden das Land besitzen.
Eine Weile noch, und der Frevler ist nicht mehr da;
schaust du nach seiner Wohnung –
sie ist nicht mehr zu finden.
Doch die Armen werden das Land bekommen,
sie werden Glück in Fülle genießen.
Besser das Wenige, das der Gerechte besitzt,
als der Überfluß vieler Frevler.
Wen der Herr segnet, der wird das Land besitzen,
aber wen er verflucht, der wird ausgetilgt.
Meide das Böse und tu das Gute,
so bleibt du wohnen für immer.
Denn der Herr liebt die Rechtschaffenen
und verläßt seine Frommen nicht.
Hoffe auf den Herrn
und bleib auf seinem Weg!
Die Sünder werden alle zusammen vernichtet;
die Zukunft der Frevler ist Untergang.
Die Rettung der Gerechten kommt vom Herrn,
er ist ihre Zuflucht in Zeiten der Not.
Der Herr hilft ihnen und rettet sie,
denn sie suchen Zuflucht bei IHM.

Vorzeichen der Endzeit

Nach Matthäus 24,3–44

Nach der Rede über die falsche Frömmigkeit der Schriftgelehrten und Heuchler (Mt 23) finden wir die Aussagen Jesu über die Drangsale der Endzeit: Mt 24,3–44; Mk 13,4–33; Lk 21,7–36. Die Jünger fragten ihn: „Sage uns, wann wird das sein, und was ist das Zeichen deiner Wiederkunft und der Vollendung der Weltzeitalter?" Und Jesus zählte folgende Vorzeichen auf:

1. Viele falsche Propheten und falsche Christi werden kommen im Namen Jesu: 24,24;
2. und werden viele verführen: 24,24.
3. Kriege und Kriegsgeschrei: 24,6.
4. Völkerempörung: 24,7.
5. Hungersnöte und
6. Zunahme schwerer Erkrankungen und Seuchen (Krebs, AIDS, ...) und
7. Erdbebenkatastrophen: 24,8, Lk 21,11.
8. Jünger Jesu werden von allen gehaßt werden: 24,9;
9. Sogar Verwandte und Brüder werden sich gegenseitig verraten und ausliefern.
10. Ungerechtigkeit nimmt überhand und die Liebe wird bei vielen erkalten (Gesetzlosigkeit, man verdreht das Recht und die Gebote Gottes): 24,12.
11. Weltmission: Das Evangelium wird auf der ganzen Erde gehört und verkündet: 24,14.
12. Israel wird Jesus als Messias erkennen und sich bekehren: Römer 11,25.
13. Greuel an heiliger Stätte: 24,15 (Daniel 9,27 – 12,11).
14. Jahrhundert der Flüchtlinge: 24,16.
15. Zeichen und Wunder durch dämonische Kraft: 24,24.

16. Zeichen an Sonne, Mond und Sternen: Lk 21,11 und 25.
17. Mißachtung der Zeichen der Zeit; die Menschen leben lustig weiter, wie in den Tagen vor Noe: 24,38 f. und 16,3.
18. Jenen Tag und jene Stunde weiß niemand: 24,36.
19. Wachet und betet und seid jederzeit bereit! 25,13.
20. Siehe, ich habe es euch vorhergesagt: 24,25.

Dritte Abteilung

Erscheinungen der Muttergottes

Salve, Regina,
mater misericordiae;
vita, dulcedo, et spes nostra,
salve.

Marienerscheinungen

Seit der Mitte des vorigen Jahrhunderts werden Erscheinungen der warnenden Gottesmutter bezeugt. Daß Überirdisches auf Erden (volkstümlich: das Jenseits im Diesseits) nur mit „Antennen" empfangen werden kann, über die Menschen im allgemeinen nicht verfügen, leuchtet ein. Der Unterschied zwischen den zweierlei Welten wird offenbar, wenn wir von „Zeit und Ewigkeit" sprechen. Sowenig die Zeit ein Teil der Ewigkeit ist, sowenig kann die Ewigkeit als eine ins Unendliche verlängerte Zeit verstanden werden. Es sind, landläufig gesagt, „zwei Paar Stiefel". Ein ins Unendliche fortgesetzter Sternenhimmel ist schon deshalb unvorstellbar, weil das Endliche aufhört, sobald das Unendliche anfängt. Grundsätzlich ist schwer zu begreifen, daß es gebildete Menschen gibt, denen beim Anblick des Sternenhimmels ihr „endliches Weltbild" nicht zusammenstürzt (aus dem einzigen Grund, weil sie keine „Antenne" für das Unendliche haben). Der Physiker Andrej Sacharow spricht angesichts der schwarzen Löcher im All immerhin von zwei verschiedenen Zeitdimensionen.

Menschen mit solchen „Antennen" können Kinder sein, können Menschen sein, denen die Gabe des „Zweiten Gesichts" verliehen ist, können vor allem aber Menschen im Stande der Gnade sein, wie wir sie unter Märtyrern und Heiligen finden.

Daß die überirdischen Schöpfergestalten, die einmal irdische waren (wie Gottsohn und Gottes lebendiger Tabernakel Maria), sich seit der Mitte des 19. Jahrhunderts gelegentlich, seit 1917 häufig und immer häufiger, zuletzt gleichzeitig an allen Punkten der Erde aus der Überzeitlichkeit in die Zeit begeben, mag mit der zunehmenden Bedrohung der Zeit, vulgo der Schöpfung, des Diesseits, der Erde zusammenhängen, kommt vermutlich nicht von ungefähr.

Hier sollen die wesentlichen und bekanntesten Marienerscheinungen chronologisch und ausführlich dargestellt, soll schließlich in einem Anhang wenigstens cursim auf die zahlreichen Marienerscheinungen unserer Tage eingegangen werden.

Und, wer es fassen kann, der fasse es: Die Maria, die sich da zeigt, zeigt sich mitnichten als die „andere Maria" unserer fortschrittlichen Tage, die keine Jungfrau mehr ist, sondern eine junge Frau ohne geistliche Ausstrahlung, selbstbewußt, kritisch, „unerwartet" schwanger, eine marxistisch-feministische Sympathisantin und Rebellin gegen die Männerwelt (mit einem Sozialrevolutionär, beileibe nicht Gott, als Sohn), nein, sie zeigt sich als die „altmodische" eschatologische Frau, die der Schlange den Kopf zertritt! Was von Modernisten als „Übermalung" verlästert wurde, erweist sich als Ewigkeit; ihre „andere Maria" aber ist, im Gegensatz zur echten, „Tünche", nimmt Zeit für Ewigkeit.

Die Maria der Erscheinungen ist jene Maria, von der Don Boscos Mutter, als ihr Sohn ins Priesterseminar eintrat, sagte: „Mach dir Kameraden zu Freunden, die Maria lieben."

La Salette

In einer bergeinsamen Landschaft, die Paul Claudel „Land im Schmerz“ nannte, ereigneten sich die Muttergottes-Erscheinungen von La Salette (Bistum Grenoble). Am 19. September 1846 erschien Maria auf einer Almhöhe den Hirtenkindern Maximin Giraud, 11 Jahre, und Mélanie Calvat, 14 Jahre, beim Kühehüten. In einer Lichtkugel erkannten sie eine sitzende, im Schmerz gebeugte, weinende Frau, die ihren Kopf in die Hände stützte. Die Kinder, die weder lesen noch schreiben konnten, hörten zuerst die Nachricht von einer großen Hungersnot und einem Kindersterben, das bald darauf eintraf. Danach teilte die Erscheinung jedem Kind ein besonderes „Geheimnis“ mit. Am Schluß sagte die „schöne Frau“: „Nun denn, meine Kinder, teilt das meinem ganzen Volke mit!“

Die Mitteilungen für Mélanie sind als „Große Botschaft von La Salette“ bekannt. Auszüge, die unsere Zeit betreffen könnten, seien zusammengefaßt:

„Da der heilige Glaube an Gott in Vergessenheit geraten ist, will jeder einzelne sich selbst leiten und über seinesgleichen stehen. Man wird die bürgerlichen und kirchlichen Gewalten abschaffen. Jede Ordnung und jede Gerechtigkeit wird mit Füßen getreten werden. Man wird nur Mord, Haß, Mißgunst, Lüge und Zwietracht sehen, ohne Liebe zum Vaterlande und zur Familie. Der Heilige Vater wird viel leiden. Ich werde bei ihm sein bis zum Ende, um sein Opfer anzunehmen. Die Bösewichter werden mehrere Male seinem Leben nachstellen, ohne seinen Tagen schaden zu können. Aber weder er noch seine Nachfolger werden den Triumph der Kirche Gottes sehen.

Die bürgerlichen Regierungen werden alle dasselbe Ziel haben, das da ist, die religiösen Grundsätze abzuschaffen und verschwinden zu lassen, um für den Materialismus, Atheismus, Spiritismus und alle Arten von Lastern Platz zu machen ...

Wehe den Bewohnern der Erde! Es wird blutige Kriege geben und Hungersnöte, Pestseuchen und ansteckende unheilbare Krankheiten. In Rußland werden die von einer rätselhaften Krankheit Befallenen erblinden und geistesgestört in eine Irrenanstalt eingeliefert werden. Eine ebenso geheimnisvolle Krankheit wird in Frankreich wüten.

Die Jahreszeiten werden sich verändern. Die Erde wird nur schlechte Früchte hervorbringen. Die Sterne werden ihre regelmäßigen Bahnen verlassen. Die Menschheit steht am Vorabend der schrecklichsten Geißeln und der größten Umwälzungen. Wasser und Feuer werden auf der Erde furchtbare Erdbeben und große Erschütterungen verursachen, welche Berge und Städte versinken lassen. Die Dämonen werden den Glauben Stück für Stück untergraben, sogar bei gottgeweihten Personen, und sie auf eine Weise blind machen, daß sie den Geist dieser bösen Engel annehmen ... Viele werden ihren Glauben ganz verlieren und zahllose Seelen mit ins Verderben reißen. Wehe den Priestern und Bischöfen, die durch ihre Untreue meinen Sohn aufs neue kreuzigen! Man wird den Greuel an heiligen Stätten sehen. In den Klöstern werden die Blumen der Kirche in Fäulnis übergehen, und der Teufel wird sich als König der Herzen gebärden. Der Stellvertreter meines Sohnes wird viel zu leiden haben, weil die Kirche eine Zeitlang großen Verfolgungen ausgesetzt sein wird. Es wird eine Zeit der Finsternis sein, und die Kirche wird eine schreckliche Krise durchmachen. Zittert, Erde und ihr, die ihr Gelübde zum Dienste Jesu Christi abgelegt habt und die ihr innerlich euch selbst anbetet, zittert! Denn Gott geht daran, euch seinen Feinden zu überliefern, da die heiligen Orte in Verderbnis sind ...

Frankreich, Italien, Spanien und England werden im Krieg sein. Das Blut wird auf den Straßen fließen. Der Franzose wird mit dem Franzosen kämpfen, der Italiener mit dem Italiener. Schließlich wird es einen allgemeinen Krieg geben, der entsetzlich sein wird. Für eine Zeitlang wird Gott weder Italiens noch Frankreichs gedenken, weil das Evangelium Christi ganz in Vergessenheit geraten ist. Die Bösen werden ihre ganze Bosheit entfalten. Man wird sich töten, man wird sich gegenseitig morden bis in die Häuser hinein.

Auf den ersten Hieb seines Schwertes, das wie ein Blitz einschlagen wird, werden die Berge und die ganze Natur vor Entsetzen zittern, weil die Unordnungen der Menschen und ihre Verbrechen das Himmelsgewölbe durchdringen. Paris wird niedergebrannt und Marseille verschlungen werden. Mehrere große Städte werden niedergebrannt und durch Erdbeben verschlungen werden. Man wird glauben, alles sei verloren. Man wird nur Menschenmord sehen. Man wird nur Waffengetöse und Gotteslästerungen hören. Die Gerechten werden viel leiden; ihre Gebete, ihre Bußübungen und ihre Tränen werden zum Himmel emporsteigen, und das ganze Gottesvolk wird um Verzeihung und Erbarmen flehen und meine Hilfe und meine Fürbitte anrufen. Dann wird Jesus Christus durch eine Tat seiner Gerechtigkeit und seiner großen Barmherzigkeit für die Gerechten seinen Engeln befehlen, alle seine Feinde dem Tode zu überliefern. Plötzlich werden die Verfolger der Kirche Jesu Christi und alle der Sünde ergebenen Menschen zugrundegehen, und die Erde wird wie eine Wüste werden ... Das Tier mit seinen Untergebenen, das sich ‚Erlöser der Welt' nennt, wird durch den Hauch des heiligen Erzengels Michael erstickt. Er stürzt herab, und die Erde, die sich seit drei Tagen in beständiger Umwälzung befindet, wird ihren Schoß voll des Feuers öffnen. Das Tier wird verschlungen für immer mit all den Seinen in die ewigen Abgründe der Hölle. Dann werden Wasser und Feuer die Erde reinigen und alle Werke des menschlichen Hochmuts vertilgen, und alles wird erneuert werden. Dann wird Gott gedient und verherrlicht werden. Dann wird der Friede, die Versöhnung Gottes mit den Menschen werden. Man wird Jesus Christus dienen, ihn anbeten und verherrlichen. Die Nächstenliebe wird überall aufblühen. Die neuen Könige werden der rechte Arm der heiligen Kirche sein, die stark, demütig, fromm, arm, eifrig und eine Nachahmerin der Tugenden Jesu Christi sein wird. Das Evangelium wird überall gepredigt werden, und die Menschen werden große Fortschritte im Glauben machen, weil es Einigkeit unter den Arbeitern Jesu Christi geben wird und die Menschen in der Furcht Gottes leben werden."

Im Juli 1851 schrieben Mélanie und Maximin ihr „Geheimnis" für Papst Pius IX. im bischöflichen Haus in Grenoble nieder. Am 19. September 1851 erklärte der Bischof von Grenoble die Erscheinung für echt.

Am Anfang der „Großen Botschaft" verurteilte Maria die Priester in härtester Form, ohne daß deutlich wurde, welche Priestergeneration gemeint sei: „Die Priester, Diener meines Sohnes, sind durch ihr schlechtes Leben, ihre Ehrfurchtslosigkeiten, ihre Pietätlosigkeit bei der Feier der heiligen Geheimnisse, durch ihre Liebe zum Gelde, zu Ehren und Vergnügungen Kloaken der Unreinigkeit geworden ..."

Der damalige französische Klerus war über diese Worte so erbost, daß er das Bekanntwerden der Botschaft mit allen Mitteln zu verhindern versuchte. Mélanie und Maximin erlitten ein lebenslanges Martyrium der Verfolgung und Verleumdung. Maximin starb 1875 in Armut, Mélanie 1904 als Klosterfrau in Altamura in Süditalien.

Lourdes

Am 11. Februar 1858 begannen die Erscheinungen der Muttergottes in Lourdes. Zu Mélanie hatte Maria am 19. September 1846 gesagt: „Mélanie, was ich dir jetzt sagen werde, wird nicht immer geheim bleiben, du wirst es im Jahre 1858 bekanntmachen können." Der Zusammenhang zwischen beiden Erscheinungen wird damit bestätigt. Papst Pius IX. verkündete 1854 das Dogma von der Unbefleckten Empfängnis.

Im Mittelpunkt der 19 Erscheinungen in Lourdes vom Februar bis zum Juli 1858 steht die Darstellung der 15 Rosenkranzgeheimnisse. In Lourdes hat Maria wenig gesprochen. P. Friedbert Branz SDS schreibt in seinem Buch „Ich komme vom Himmel": „Lourdes muß wohl als die fast wortlose Fortsetzung von La Salette verstanden werden. Es dient der anschaulichen Einübung der Volksmassen in das Rosenkranzgebet. Lourdes ist eine praktische Anleitung zur Verehrung der Geheimnisse unserer Erlösung, um so im Glauben die Welt der Gnade gewissermaßen zu berühren und um die Rettung der Seelen zu erflehen."

Am 11. Februar 1858 ging die 14jährige Bernadette Soubirous in Begleitung ihrer Schwester und eines anderen Mädchens am Flußufer entlang, um Holz zu sammeln. Bernadette sah in einer Nische in der gegenüberliegenden Felswand eine „schöne Frau", kniete nieder und begann den Rosenkranz zu beten. Da nahm auch die Erscheinung den Rosenkranz in die Hand, ließ aber das Mädchen allein beten, bis auf das „Ehre sei dem Vater ..." nach jedem Gesetz. Am 18. Februar wollte Bernadette der Jungfrau Papier und Feder reichen, damit sie aufschreiben könne, was sie zu sagen habe. Die Gottesmutter antwortete im Dialekt jener Gegend: „Das, was ich zu sagen habe, braucht nicht aufgeschrieben zu werden. Wollen Sie mir den Gefallen tun und fünfzehn Tage lang hierher kommen?"

Am 25. März 1858 sagte die Erscheinung zu dem Mädchen: „Ich bin die Unbefleckte Empfängnis!" Bernadette verstand den französisch gesprochenen Satz nicht, überbrachte aber den genauen Wortlaut ihrem Pfarrer. So wurde die Botschaft von Lourdes zur Bestätigung des Dogmas. Am 7. April sah Bernadette die himmlische Frau zum letzten Mal. 1866 trat sie in Nevers ins Kloster ein und starb dort 1879. Sie wurde 1933 heiliggesprochen. Am 18. Januar 1862 erklärte die Kirche die Erscheinungen für echt.

Es wird aber der Bruder den Bruder in den Tod liefern und der Vater das Kind; und die Kinder werden sich erheben gegen die Eltern und sie in den Tod bringen. Und ihr werdet von allen gehaßt werden um meines Namens willen. Wer aber ausharrt bis ans Ende, der wird gerettet werden.

Matthäus 10,21–22

Fatima

13. Mai–13. Oktober 1917

Wenige Monate vor der kommunistischen Oktoberrevolution wurde in Fatima über Rußland vorausgesagt: Wenn man den Ruf zur Umkehr nicht befolgt und nicht Buße tut, wird Rußland seine Irrtümer in der Welt verbreiten, Kriege und Verfolgungen hervorrufen; mehrere Nationen werden (im Dritten Weltkrieg) vernichtet werden, dann erst wird sich Rußland bekehren.

Am 13. Mai 1981 um 17.17 Uhr hielt die Welt den Atem an: Schüsse durchbrachen Jubel und Begeisterung auf dem Petersplatz. Pilger schluchzten auf, Kinder flüchteten in wilder Panik. Der Heilige Vater stürzte von den Kugeln des Attentäters getroffen, im offenen Jeep zusammen. Blut durchdrang die weiße Soutane. Es war der 64. Jahrestag der ersten von sechs Erscheinungen der Gottesmutter in Fatima. Seit dem Attentat auf Papst Johannes Paul II. gewinnt die Botschaft von Fatima eine geradezu bestürzende Bedeutung.

Die folgenden Auszüge stammen im wesentlichen aus dem Buche: Fonseca, „Maria spricht zur Welt" (Fribourg, 1977)

Am 9. April 1917 um 15.10 Uhr fuhr Lenin vom Bahnhof Zürich in einem plombierten Wagen nach Rußland zurück. Die Fahrt ging durch das deutsche Hohenzollernreich. Kurz nach seiner Ankunft begann er mit den Vorbereitungen zur Oktoberrevolution. Der Erste Weltkrieg tobte auf dem Höhepunkt. Am 13. Mai 1917, einem Sonntag, erschien die Muttergottes in der Cova da Iria, einer Talmulde unweit von Fatima bei Leiria in Mittelportugal drei Hirtenkindern. Die zehnjährige Lucia dos Santos und die Geschwister Francisco und Jacinta Marto, schlichte Dorfkinder, die weder schreiben noch lesen konnten, hatten gerade den Rosenkranz gebetet, als ein Blitz aus wolkenlosem Himmel sie erschreckte. Nach einem zweiten Blitzstrahl erkannten sie über einer kleinen Steineiche eine schöne Frau im Lichtkranz. Auf die Frage Lucias, woher sie komme, antwortete die Erscheinung: „Ich komme vom Himmel."

Maria fragte die Kinder: „Wollt ihr euch Gott schenken, bereit, jedes Opfer zu bringen und jedes Leiden anzunehmen, das er euch schicken wird, als Sühne für die vielen Sünden, durch die die göttliche Majestät beleidigt wird, um die Bekehrung der Sünder, von denen so viele auf die Hölle zueilen, zu erlangen, und als Genugtuung für die Flüche und alle übrigen Beleidigungen, die dem Unbefleckten Herzen Mariens zugefügt werden?"

Maria bat die Kinder, die sich bereit erklärten, am 13. jeden Monats wiederzukommen, bis zum Oktober.

Mittwoch, 13. Juni

Maria sprach: „Ich will, daß ihr ... fortfahret, täglich den Rosenkranz zu beten und daß ihr lesen lernt (portugiesischer Ausdruck für ‚in die Schule gehen'). Dann will ich euch sagen, was ich noch weiter wünsche."

Lucia bat für einen Kranken, den man in ihr Gebet empfohlen hatte.

„Wenn er sich bekehrt, wird er im Laufe des Jahres genesen."

Dann gab Maria den drei Kindern „ein erstes Geheimnis". Francisco, der die Worte der Erscheinung ebensowenig gehört hatte wie das erstemal, erfuhr „sein Geheimnis" durch Lucia.

Um was handelte es sich? So sehr man auch die Kinder drängte und auszuforschen suchte (5 000 Menschen waren zur

Cova da Iria gekommen), sie verrieten es nicht. Sie sagten nur, es betreffe ihr persönliches Wohl, „aber nicht, daß sie in dieser Welt reich oder glücklich würden".

Lucia zur Muttergottes: „Ich möchte Euch bitten, uns alle drei ins Paradies mitzunehmen!"

„Ja, ich werde bald kommen, um Francisco und Jacinta zu holen; du jedoch mußt länger hier unten bleiben. Jesus will sich deiner bedienen, damit die Menschen mich kennen- und lieben lernen. Er will die Verehrung meines Unbefleckten Herzens in der Welt begründen; wer sie übt, dem verspreche ich das Heil; diese Seelen werden von Gott bevorzugt werden wie Blumen, die ich vor seinen Thron bringe."

„So muß ich allein hier unten bleiben?" fragte Lucia betrübt. Ohne Zweifel standen vor ihrem Geiste die Verfolgungen, die sie seit drei Wochen zu erdulden hatte.

„... Verliere nicht den Mut! Ich werde dich nie verlassen. Mein Unbeflecktes Herz wird deine Zuflucht sein und der Weg, der dich zu Gott führt."

Während die Madonna die letzten Worte sprach, öffnete sie wie bei der ersten Erscheinung die Hände, und von den Händen strahlte eine Lichtflut über sie aus, in der sie sich selbst in Gott sahen. Es schien, als ob Francisco und Jacinta in dem Strahlenbündel stünden, das zum Himmel aufstieg, wohin sie bald gehen sollten, Lucia hingegen in jenem, das sich zur Erde ergoß. Vor der rechten Hand der Erscheinung sah man ein Herz, rings von Dornen umgeben, die von allen Seiten einstachen. Sie erkannten, daß es das Unbefleckte Herz Mariens war, welches durch die vielen Sünden der Welt verwundet wird und nach Sühne und Wiedergutmachung verlangt.

Lucia berichtet: „Mir scheint, an diesem Tag bezweckte jenes Licht, unseren Seelen Kenntnis vom Unbefleckten

Herzen Mariens zu geben und uns besondere Liebe zu ihm einzuflößen."

Freitag, 13. Juli

Auf Lucias Bitte erwiderte die Erscheinung, sie sollten nur alle Monate hierherkommen: im Oktober werde sie sagen, wer sie sei, und auch ein großes Wunder wirken, damit alle glauben.

Lucia hatte noch viel zu bitten: ob die Dame nicht einen armen Krüppel heilen, eine Familie in Fatima bekehren, einen Kranken recht bald in den Himmel holen wolle.

Doch die Antwort lautete, sie werde den Krüppel nicht heilen und ihn auch nicht von seiner Armut befreien; er solle lieber täglich mit der ganzen Familie den Rosenkranz beten. Der Kranke habe gar keine Eile und sie wisse besser, wann es gut für ihn sei, ihn zu holen; die anderen sollten die erbetenen Gnaden im nächsten Jahr erhalten, doch sie müßten den Rosenkranz beten. Demütig bekennt Lucia: „Weil mein Eifer ganz erkaltet war, schärfte sie uns von neuem ein:

‚Opfert euch für die Sünder und sagt oft, besonders aber, wenn ihr ein Opfer bringt: O Jesus, aus Liebe zu dir und für die Bekehrung der Sünder, als Genugtuung für die Beleidigungen, die dem Unbefleckten Herzen Mariens zugefügt werden.‘"

Plötzlich hörten die Umstehenden, wie Lucia einen Schmerzensruf ausstieß: Tiefe Traurigkeit überschattete ihre Züge. Die Muttergottes teilte den Kindern ein „Zweites Geheimnis" mit, das aus drei Teilen besteht.

Der dritte Teil (das sogenannte „Dritte Geheimnis") wurde an den Papst gesendet und sollte erst 1960 geöffnet werden, die beiden ersten Teile wurden 25 Jahre nach den Erscheinungen enthüllt:

Das erste Geheimnis war die Höllenvision:

„Als die Muttergottes die letzten Worte (‚opfert euch für die Sünder') aussprach, von denen ich berichtet habe, öffnete sie die Hände, wie sie es schon in den beiden vergangenen Monaten getan hatte. Das Strahlenbündel, das von dort ausging, schien in die Erde einzudringen, und wir sahen etwas wie ein großes Feuermeer, und in ihm versunken schwarze, verbrannte Wesen, Teufel und Seelen in Menschengestalt, die fast wie durchsichtige, glühende Kohlen aussahen. Sie wurden innerhalb der Flammen in die Höhe geschleudert und fielen von allen Seiten herab wie Funken bei einer großen Feuersbrunst, gewichtlos und doch nicht schwebend; dabei stießen sie so entsetzliche Klagelaute, Schmerzens- und Verzweiflungsschreie aus, daß wir vor Grauen und Schrecken zitterten. (Es wird wohl bei diesem Anblick gewesen sein, daß ich den Schmerzensruf ausstieß, von dem die Leute erzählten.) Die Teufel hatten die schreckliche und widerliche Gestalt unbekannter Tiere, waren jedoch durchsichtig wie glühende Kohle.

Dieses Gesicht dauerte einen Augenblick; und wir müssen unserer gütigen himmlischen Mutter danken, daß sie uns vorher den Himmel versprochen hatte; ich glaube, sonst wären wir vor Schrecken und Entsetzen gestorben."

Das zweite Geheimnis betraf die Verehrung des Unbefleckten Herzens Mariä. Die Seherin fährt fort:

„Gleichsam um ihre Hilfe zu erbitten, blickten wir zur Madonna auf; da sagte sie voll Güte und Traurigkeit:

‚Ihr habt die Hölle gesehen, auf welche die armen Sünder zugehen. Um sie zu retten, will der Herr die Andacht zu meinem Unbefleckten Herzen in der Welt einführen. Wenn man das tut, was ich euch sage, werden viele Seelen gerettet, und der Friede wird kommen. Der Krieg geht seinem Ende entgegen; aber wenn man nicht aufhört, den Herrn zu beleidigen, wird nicht lange Zeit vergehen, bis ein neuer, noch schlimmerer, beginnt; es wird das während des Pontifikates von Pius XI. geschehen. Wenn ihr eines Nachts ein unbekanntes Licht sehen werdet, so wisset, es ist das Zeichen von Gott, daß die Bestrafung der Welt für ihre vielen Verbrechen nahe ist: Krieg, Hungersnot, Verfolgungen der Kirche und des Heiligen Vaters.'" (Lucia sah später in dem außerordentlichen Nordlicht, das in der Nacht vom 25. zum 26. Januar 1938 in ganz Europa zu beobachten war, das „Zeichen Gottes". Sie war davon überzeugt, daß nun ein neuer Weltkrieg, der furchtbar sein würde, nahe bevorstand, und tat ihr möglichstes, um die Erfüllung dessen zu erreichen, was die Muttergottes gewünscht hatte.) „‚Um das zu verhindern, will ich bitten, Rußland meinem Unbefleckten Herzen zu weihen und die Sühnekommunion am ersten Samstag des Monats einzuführen.

Wenn man meine Bitten erfüllt, wird Rußland sich bekehren, und es wird Friede sein. Wenn nicht, so wird es (Rußland) seine Irrtümer in der Welt verbreiten, Kriege und Verfolgungen der Kirche hervorrufen; die Guten werden gemartert werden, der Heilige Vater wird viel zu leiden haben; mehrere Nationen werden vernichtet werden ... (hier folgt das dritte Geheimnis). Am Ende wird mein Unbeflecktes Herz triumphieren, der Heilige Vater wird mir Rußland, das sich bekehren wird, weihen, und der Welt wird einige Zeit des Friedens geschenkt werden. Portugal wird der wahre Glaube immer erhalten bleiben.'

Nach den Worten: ‚mehrere Nationen werden vernichtet werden', hat Maria *das dritte Geheimnis* verkündet, das auf Schweres schließen läßt!

Etwas später fügte die Gottesmutter hinzu: ‚Wenn ihr den

Rosenkranz betet, sagt am Ende jedes Gesetzleins: ‚O mein Jesus, verzeih uns unsere Sünden; bewahre uns vor dem Feuer der Hölle; führe alle Seelen in den Himmel, und hilf denen, die es am nötigsten haben.‘ “

Das Stoßgebetlein, das die Kinder bei der Vision lernten, ist auch in einer etwas abweichenden Form verbreitet worden: „O mein Jesus, verzeihe uns unsere Sünden, bewahre uns vor dem Feuer der Hölle und führe alle Seelen in den Himmel, besonders jene, die Deiner Barmherzigkeit am meisten bedürfen.“

Die Seher, die dieses Gebet im Zusammenhang mit der Höllenvision gehört hatten, sagten, der Schluß solle der Bekehrung der Sünder gelten: „den Seelen, die sich in der größten Gefahr befinden oder die der Verdammung am nächsten sind“ (Lucia).

Sonntag, 19. August

Die vierte Erscheinung am 13. August wurde durch den Bezirksvorsteher von Ourèm, einem erklärten Freimaurer und Kirchenfeind, verhindert: er entführte die Kinder in seinem Wagen nach Ourèm und versuchte sie zu dem Geständnis zu erpressen, sie hätten die Erscheinungen erfunden. Dafür erschien die Gottesmutter ohne Ankündigung am 19. August in den „Valinhos“.

Die Erscheinung klagte darüber, daß man die Kinder gehindert hatte, sich am festgesetzten Tage zur Cova zu begeben, und fügte hinzu, aus diesem Grunde werde das versprochene Wunder im Oktober weniger eindrucksvoll sein.

„Ich will ... daß ihr täglich den Rosenkranz betet. Im letzten Monat werde ich ein Wunder wirken, auf daß alle glauben. Hätte man euch nicht nach Vila Nova d'Ourèm gebracht, würde das Wunder viel eindrucksvoller sein."

„Betet, betet viel und bringt Opfer für die Sünder. Wisset, daß viele in die Hölle kommen, weil niemand für sie opfert und betet."

Die Vision dauerte wieder zehn Minuten; dann nahm die hohe Frau Abschied von den Kindern.

Donnerstag, 13. September

Bei diesem fünften Besuch sagte die heiligste Jungfrau zu den kleinen Sehern, sie möchten fortfahren, den Rosenkranz zu beten, um das Ende des Krieges zu erbitten, und bestätigte noch einmal das Versprechen, im kommenden Monat ein Wunder zu wirken.

Samstag, 13. Oktober 1917

Am 13. Oktober 1917 warteten 70000 Menschen aus ganz Portugal auf das angekündigte Wunder, unter ihnen Journalisten von vielen Zeitungen. Im strömenden Regen wartete die Menge, bis gegen Mittag die himmlische Frau erschien. Sie sagte auf die Frage Lucias, wer sie sei:

„Ich bin die Rosenkranzkönigin. Ich will, daß man an diesem Ort eine Kapelle zu meinen Ehren errrichtet. Man soll fortfahren, alle Tage den Rosenkranz zu beten. Erfüllt man diese Bitte, so geht der Krieg seinem Ende entgegen, und die Soldaten werden bald heimkehren. Die Menschen sollen sich bessern und um Verzeihung ihrer Sünden bitten."

Traurigkeit überschattete ihre Züge, als sie mit flehender Stimme sprach: „Sie sollen den Herrn nicht mehr beleidigen, der schon zu viel beleidigt wurde!"

Es war das letzte Wort, der Kern der Botschaft von Fatima.

Die Seher waren davon überzeugt, daß es die letzte Erscheinung sei. Beim Abschied öffnete die Gottesmutter die Hände, die wie Sonnenlicht strahlten, und zeigte – wie sich die beiden Kleinen ausdrückten – mit dem Finger auf die Sonne.

Der Regen hörte plötzlich auf, die Wolken zerrissen und die Sonnenscheibe wurde sichtbar; doch sie war silbern wie der Mond. Mit einem Male begann die Sonne mit ungeheurer Geschwindigkeit wie ein Feuerrad um sich selbst zu kreisen, gelbe, grüne, rote, blaue und violette Strahlenbündel werfend, die Wolken, Bäume, Felsen, Erde und die ungeheure Menge in phantastische Farben tauchten. Einen Augenblick hielt sie an, dann begann der Tanz der Feuerscheibe von neuem. Noch einmal stand sie still, um dann ein drittes Mal den ergreifenden Anblick zu bieten, noch farbenprächtiger, noch glänzender als vorher.

Plötzlich hatten alle den Eindruck, als löse sich die Sonne vom Firmament und eile auf sie zu. Ein vieltausendstimmiger Schreckensschrei gellte auf. Die Leute warfen sich im Schlamm auf die Knie und beteten laut.

Dieses Schauspiel dauerte gut zehn Minuten. Es wurde von 50 000 Personen gesehen, von Gläubigen und Ungläubigen, einfachen Bauern und gebildeten Städtern, Wissenschaftlern, Journalisten. Sie sahen die gleichen Phänomene, in den gleichen, deutlich unterscheidbaren Phasen, zur selben Zeit.

Außerdem entnimmt man zeitgenössischen Berichten, daß das Wunder auch von Personen beobachtet wurde, die fünf und mehr Kilometer vom Ort der Erscheinungen entfernt waren und darum keinerlei Suggestion unterliegen konnten.

Nach dem Sonnenwunder waren zur allgemeinen Überraschung die Kleider, die eben noch ganz durchnäßt gewesen waren, vollständig trocken.

*

Am 13. Oktober 1930 wurden die Erscheinungen von Fatima kirchlich anerkannt. Francisco (geboren am 11. Juni 1908) starb am 4. April 1919, Jacinta (geboren am 11. März 1910) starb am 20. Februar 1920. Lucia dos Santos (geboren am 22. März 1907) trat 1925 bei den Dorotheerinnen ein und lebt seit 1948 im Carmel von Coimbra. Am 8. Dezember 1942 vollzog Pius XII. die Weihe des Menschengeschlechtes an das Unbefleckte Herz Mariens. Am 7. Juli 1952 weihte derselbe Papst die Völker Rußlands dem Unbefleckten Herzen.

Botschaft der Lucia von Fatima

mitgeteilt an P. Augustin Fuentes am 26. November 1957

„Die Madonna ist unzufrieden, weil man sich nicht um ihre Botschaft vom Jahre 1917 kümmert. Weder die Guten, noch die Bösen haben sich danach gerichtet. Die Guten gehen ihren Weg, ohne sich Sorgen zu machen. Sie folgten nicht den himmlischen Weisungen, und die Bösen gehen weiter auf ihrem breiten Weg des Verderbens. Sie kümmern sich in keiner Weise um die Strafen, die ihnen drohen.

Glauben Sie mir Pater, der Herr wird die Welt sehr bald bestrafen ... Pater, stellen Sie sich die größte Züchtigung vor. Wie viele Seelen werden in die Hölle fallen, und dies wird eintreten, wenn man nicht betet und Buße tut! Darum ist die Madonna traurig.

Sagen Sie es allen; die Muttergottes hat es mir oft gesagt: Viele Nationen werden vom Antlitz der Erde verschwinden, Rußland wird die Geißel sein, die Gott erwählt hat, um die Menschheit zu strafen, wenn wir nicht mit unseren Gebeten die Gnade seiner Bekehrung erlangen.

Sagen Sie es allen, Pater, daß der Teufel den Entscheidungskampf gegen die Muttergottes beginnt. Das, was das Unbefleckte Herz Mariens und Jesu betrübt, ist der Fall der Seelen, der Ordensleute und Priester. Er weiß, daß die Ordensleute und Priester, wenn sie ihre erhabene Berufung aufgeben, viele Seelen in die Hölle führen. Wir sind kaum imstande, die Strafe des Himmels zu verzögern.

Aber wir haben zwei hervorragende Mittel zu unserer Verfügung: Gebet und Opfer. Der Teufel unternimmt alles, um uns zu zerstreuen und uns die Lust zum Beten zu nehmen. Wir werden uns gemeinsam retten oder verdammen. Darum, Pater, muß man den Leuten sagen, daß sie nicht darauf warten sollen, bis der Papst oder die Bischöfe, Pfarrer oder Generalobere einen Aufruf zur Buße und zum Gebet erlassen. Es ist nun an der Zeit, daß jeder in eigener Initiative nach den Weisungen der Muttergottes heilige Werke vollbringt und sein Leben umgestaltet!!

Der Satan will sich der geweihten Seelen bemächtigen. Er sucht sie zu verderben, um die anderen zur endgültigen Unbußfertigkeit zu führen. Er gebraucht seine Schlauheit und versucht sogar einzuflüstern, das Ordensleben aufzulassen ... Daraus folgt Unfruchtbarkeit für das Innenleben und Gleichgültigkeit bei den Weltlichen bezüglich des Verzichtes auf Vergnügungen und die völlige Hingabe an Gott ...

Die Muttergottes hat ausdrücklich gesagt: Wir nähern uns den letzten Tagen. Sie hat es mir dreifach zu verstehen gegeben...

Die Madonna sagte, wenn wir nicht hören und weiter sündigen, wird uns nicht mehr verziehen werden. Pater, es ist dringend nötig, daß wir uns der schrecklichen Wirklichkeit bewußt werden. Wir wollen die Seelen nicht mit Angst erfüllen, sondern nur dringend die Wirklichkeit zum Bewußtsein bringen.

Seitdem die heilige Jungfrau dem Rosenkranzgebet so großartige Wunderkraft verliehen hat, gibt es weder materielle noch geistige, nationale noch internationale Probleme, die sich nicht mit dem Rosenkranz und unseren Opfern lösen ließen. Ihn liebevoll und mit Andacht beten, bedeutet, Maria trösten ...

Der brennendste Wunsch der Gottesmutter ist es, daß wir ihr durch das tägliche Rosenkranzgebet helfen, Seelen zu retten. Für das bedingungslose, tägliche Rosenkranzgebet haben wir nicht nur Mariens besonderen Schutz für Leib und Seele bei dieser Züchtigung Gottes, sondern auch eine Sterbestunde, bei der wir ohne bitteren Todeskampf an ihrer Mutterhand ruhig hinübergleiten in die ewige Herrlichkeit. Dies allein wäre schon den täglichen Rosenkranz wert. Mit etwas gutem Willen und festem Entschluß lassen sich bestimmt diese zwanzig bis dreißig Minuten fürs Rosenkranzbeten auf einmal oder in Zeitabständen, während des Tages oder der Nacht, einschieben."

Dies ist ein Auszug des Gespräches von Lucia mit Pater Augustin Fuentes, Postulator im Seligsprechungsprozeß der Seherkinder von Fatima, Francesco und Jacinta, das vollständig erstmals mit kirchlicher Druck-Erlaubnis in der Zeitschrift „Fatima Findlings" im Juni 1959 und später in der August/September-Ausgabe 1961 des „Messagero del Cuore di Maria" veröffentlicht wurde. Kardinal Ottaviani sagte am 11. Februar 1967 in Rom:

„Maria gab in Fatima eine Botschaft für alle und eine geheime für den Papst. Das Geheimnis von Fatima zu veröffentlichen blieb der Klugheit und Vorsicht des Papstes überlassen ... Gebet und Buße forderte Maria als die beiden

Mittel, die in der Lage sind, schreckliche Strafen abzuwenden, wie sie in der Apokalypse des Johannes einer Welt angedroht wurden, von der man mit dem Propheten sagen kann: Entweiht ist die Erde unter ihren Bewohnern!" (Jes 15,5)

Rußland muß sich bekehren, das ist ein Werk der Gnade, und diese Gnade wird uns zuteil werden, wenn wir zuerst uns bekehren. Werenfried van Straaten

Papst Johannes Paul II.

Die nachfolgend wiedergegebenen Worte des Heiligen Vaters wurden veröffentlicht in der „Münchner Sonntagszeitung" und in „Stimme des Glaubens", Heft 10/81, Vox Fidei, Ravensburg.

Als Papst Johannes Paul II. 1980 in Fulda war, wurden ihm in einer Runde von Pilgergruppen auf dem Domplatz verschiedene Fragen gestellt. Einer der Teilnehmer hat ein Gedächtnisprotokoll angefertigt. Name und Beglaubigung liegen der Redaktion vor. Nachfolgend ein Auszug aus dem Protokoll.

Frage: „*Was ist mit dem dritten Geheimnis von Fatima?* Dieses sollte ja 1960 schon veröffentlicht werden." Der Heilige Vater: „Wegen des schweren Inhaltes, um die kommunistische Weltmacht nicht zu gewissen Handlungen zu animieren, zogen meine Vorgänger im Petrusamt eine diplomatische Abfassung vor. Außerdem sollte es ja jedem Christen genügen, wenn er folgendes weiß: *Wenn zu lesen steht, daß Ozeane ganze Erdteile überschwemmen, daß Menschen von einer Minute auf die andere abberufen werden, und das zu Millionen, dann sollte man sich wirklich nicht mehr nach der*

Veröffentlichung dieses Geheimnisses sehnen. Viele wollen nur wissen, aus Neugierde und Sensationslust, vergessen aber, daß Wissen auch Verantwortung bedeutet. So bemühen sie sich nur, ihre Neugierde zu befriedigen. Das ist gefährlich, wenn man gleichzeitig nichts tun will gegen das Übel." Da griff der Papst zum Rosenkranz und sagte: „Das ist die Arznei gegen dieses Übel. Betet, betet und fragt nicht weiter! Alles andere vertraut der Gottesmutter an!"

Frage: *„Heiliger Vater, Sie teilen Handkommunion aus?"* Der Heilige Vater: „Ja, es existiert ein apostolisches Schreiben, daß die Existenz dieser Sondergenehmigung rechtens ist. Ich aber sage, daß ich nicht dafür bin und es auch nicht empfehlen kann. Aber da die Sondergenehmigung hier existiert und es der Wunsch der einzelnen Diözesan-Bischöfe war, habe ich mich den Gegebenheiten dieser Diözesen untergeordnet."

Frage: *„Wie geht es weiter in der Kirche?"* Der Heilige Vater: „Wir müssen uns wohl in Bälde auf große Prüfungen gefaßt machen, ja, die sogar den Einsatz unseres Lebens fordern können und die Ganzhingabe an Christus und für Christus! Es kann gemildert werden durch euer und unser Gebet, aber nicht mehr abgewendet werden, weil nur so die wirkliche Erneuerung der Kirche kommen kann. Wie oft schon wurde im Blut die Erneuerung der Kirche geboren. Nicht anders wird es auch diesmal geschehen. Seien wir stark und bereiten wir uns vor und *vertrauen wir auf Christus und seine Mutter. Beten wir viel und oft den Rosenkranz*, dann tun wir wenig und doch alles."

Das dritte Geheimnis von Fatima an Lucia

Die dritte Botschaft von Fatima wurde von Papst Paul VI. in dieser sogenannten „Diplomatischen Fassung" 1963 an die Atommächte weitergeleitet.

Am 13. Oktober 1917, nach dem Sonnenwunder, enthüllte die Muttergottes ein besonderes Geheimnis:

„Habe keine Angst, mein Kind, ich bitte dich, folgende Botschaft der ganzen Welt zu verkünden! Du wirst dir deshalb Feindschaften zuziehen. Aber bleibe stark im Glauben, und du wirst über alle Feindseligkeiten siegen. Hör und behalte gut, was ich dir sage:

Die Menschen müssen besser werden. – Sie sollen die Vergebung ihrer Sünden, die sie begangen haben und noch begehen werden, erflehen. Du erfragst dir ein Wunderzeichen, damit alle meine Botschaft glauben, die ich über dich an die Menschheit richte. Dieses Wunder hast du soeben gesehen, es war das Sonnenwunder. Alle haben es gesehen, Gläubige und Ungläubige, Bauern und Städter, Gelehrte und Journalisten, Laien und Priester.

Und nun verkünde in meinem Namen: Über die ganze Menschheit wird eine große Züchtigung kommen. Nicht heute (1917), selbst nicht morgen, aber in der zweiten Hälfte des 20. Jahrhunderts (nach 1950). Das, was ich in La Salette bekanntgegeben habe durch die Kinder Melanie und Maximin, das wiederhole ich heute vor dir. Die Menschheit hat Gott gelästert und die erhaltenen Gnaden mit Füßen getreten. Nirgends herrscht Ordnung. Selbst an den höchsten Stellen regiert Satan und entscheidet in allen Dingen. Er wird sich selbst in die höchsten Stellen der Kirche einzuführen wissen. Er wird Verwirrung in den Gehirnen der Gelehrten säen und erreichen, daß sie Waffen erfinden, die in Minuten die Hälfte der Menschheit dahinraffen. Er wird die Mächtigen der Erde unter seinen Willen bringen und dazu führen, daß sie diese Waffen in Massen herstellen. Wenn die Menschheit sich nicht bekehrt, werde ich gezwungen sein, den Arm meines Sohnes fallenzulassen. Wenn die Führer der Welt und der Kirche sich solchem Handeln nicht widersetzen, werde ich den Vater um das Gericht über die Menschheit bitten, und die Strafe wird härter sein als die Sintflut.

Für die Kirche kommt größte Bedrängnis! Kardinäle werden gegen Kardinäle, Bischöfe gegen Bischöfe sein. Satan wird sich in ihre Mitte setzen. In Rom wird es große Veränderungen geben. Was verfault ist, fällt, und was fällt, soll nicht aufrechterhalten bleiben. Die Kirche wird im Dunkel und die Welt in Verwirrung sein!

Der große Krieg nach der Mitte des 20. Jahrhunderts läßt Feuer vom Himmel fallen, die Wasser der Ozeane sich in Dampf verwandeln und den Schaum zum Himmel speien. Alles, was steht, wird fallen. Millionen und Abermillionen werden von einer Stunde zur anderen ihr Leben lassen müssen; und jene, die in dieser Stunde noch leben, werden die Toten beneiden. Überall wird Drangsal sein und Not auf der ganzen Erde und Verzweiflung in allen Ländern. Seht, die Zeit nähert sich immer mehr. Die Guten werden mit den Bösen sterben, die Großen mit den Kleinen, die Kirchenfürsten mit den Gläubigen, die Herrscher mit dem Volk. Überall wird der Tod gebieten. Von den verführten Menschen zum Siege gehoben, werden die Diener Satans die einzigen Herrscher auf der Erde sein. Das geschieht, wenn kein Kaiser, König, Kardinal und Bischof es erwartet.

Später werden die Überlebenden von neuem Gott anrufen und ihm dienen, so wie damals, als die Welt noch nicht verdorben war. Ich rufe alle wahren Nachfolger meines

Sohnes, Jesus Christus, auf, alle wahren Christen und Apostel der letzten Zeit. Die Zeit der Zeiten kommt und das Ende des Endes, wenn die Bekehrung nicht geschieht, und wenn alles so bleibt, wie es ist, ja wenn es noch schlimmer wird. Wehe, wehe, wenn diese Bekehrung nicht von oben kommt, von denen, die die Kirche und die Welt regieren! – Gehe, mein Kind, und verkünde dieses! – Ich werde mich dafür an deiner Seite halten und dir helfen!"

Am 10. September 1984 hielt allerdings Msgr. Cosme do Amaral, gegenwärtig *Bischof von Leiria-Fatima*, in der Aula magna der Technischen Hochschule Wien einen Vortrag. Er sagte: „Das dritte Geheimnis von Fatima spricht weder von Atombomben noch von Raketen. Der Hauptinhalt betrifft *unsern Glauben.* Wenn man das (dritte) Geheimnis von Fatima in Katastrophen und Nuklearkrieg sieht, dann deformiert man die Botschaft. Der *Glaubensverlust* eines ganzen Kontinentes ist schlimmer als die Ausrottung einer Nation; es ist eine Tatsache, daß der Glaube in Europa ständig abnimmt." Der Bischof von Fatima hat während zehn Jahren absolutes Schweigen über das dritte Geheimnis gehalten. Wenn er nun eine öffentliche und klare Erklärung gibt, muß man annehmen, daß er vorher mit Lucia gesprochen hat.

Der „Speckpater" warnt

Am 13. Mai, 64 Jahre nachdem die Gottesmutter in Fatima die weltweite Drohung des Kommunismus ankündigte und die Christenheit zur Buße und zum Rosenkranzgebet aufrief, wurde in Rom ein Mann niedergeschossen, der, wie kein anderer in unserer Zeit, sein Leben zum Wohl der Menschheit in den Dienst des Friedens gestellt hat.

Viele haben sich gefragt, warum gerade Papst Johannes Paul II., in dem für Millionen die Menschenfreundlichkeit Christi wieder sichtbar geworden ist, das Opfer eines Mordanschlages werden mußte. Man hat sich gefragt, wo in der Welt die Zentrale verbrecherischer Macht und bodenlosen Hasses gesucht werden muß, die imstande war, den Mörder aus einem türkischen Gefängnis zu befreien, ihn mit Geld, falschen Pässen und Waffen zu versehen, ihm Auskunft betreffend Zeit und Ort zu verschaffen und Befehl zu geben, diesen großen Menschenfreund mit Kugeln zu durchbohren ...

Nach solchen Spuren liegt es auf der Hand, welches menschliche Machtzentrum den Anschlag organisiert haben könnte. Aber auch diese Hypothese dringt nicht bis zur letzten Ursache durch. Wir müssen laut die volle Wahrheit zu verkünden wagen: Weder der türkische Killer, noch die unbekannten Männer im Hintergrund, sondern „der Feind hat es getan!"

Der Urheber dieses und dieser Verbrechen kann kein anderer sein als „der Menschenmörder von Anfang an", der Satan heißt. Er überfällt jetzt das Gottesreich mit allen Kräften und Anhängern, die ihm zur Verfügung stehen. Diese sind zahlreicher, als wir vermuten, nachdem jahrzehntelang alles getan wurde, um Gottes Gebote zu unterwandern, oder sie als sinnlos, lächerlich, ja sogar schädlich für das Menschengeschlecht hinzustellen. Die jüngsten gesetzgeberischen Maßnahmen in einer Reihe christlicher Länder haben nicht Gottes Wort, sondern die Weisheit dieser Welt zur obersten Richtschnur des menschlichen Handelns erhoben. Die Folge ist unter anderem der straflose Mord am ungeborenen Leben. Es ist kein Wunder, daß die Erde bebt. Aber es ist auch kein Wunder, daß Satan freies Spiel hat, nachdem es ihm mit Hilfe blinder Theologen gelungen ist, seine Anwesenheit in der Schöpfung zu tarnen.

Jahrhundertelang hat die Heilige Kirche jeden Abend ihre Kinder gewarnt: „Der Teufel streift umher wie ein brüllender Löwe und sucht, wen er verschlingen kann; ihm widersteht standhaft im Glauben!“ (1 Petr. 5,8). Unzählbar sind die Schriftstellen, die seine Existenz und seine furchtbare Macht so deutlich bestätigen, daß jeder „Abschied vom Teufel“ ohne den geringsten Zweifel als Häresie entlarvt werden kann.

Richtlinie sei uns Paulus mit seinem Brief an die Epheser. Der Apostel liegt gefesselt in einem römischen Gefängnis. Seine Überlebenschancen sind gering – so gering wie jene von Papst Johannes Paul II., denn der Feind wird von neuem zuschlagen –, aber er denkt nicht an sich selbst. Er denkt an seine geistlichen Kinder im fernen Ephesus, so wie unser Papst an all seine geistlichen Kinder in der weiten Welt denkt. Ein schwerer Kampf steht ihnen bevor. Werden sie treu bleiben? Sind sie nicht in Gefahr, irregeführt und betrogen zu werden, nachzugeben, zu kapitulieren? Und dann schreibt Paulus den beschwörenden Aufruf (Eph. 6,10–20), den ich euch dringend zum Lesen empfehle, und aus dem ich einige Sätze zitiere: „Legt die Waffenrüstung Gottes an, auf daß ihr standhalten könnt gegen die Ränke des Teufels. Denn unser Kampf geht nicht gegen Blut und Fleisch, sondern gegen die Mächte, gegen die bösen Geister in den Himmelshöhen. Darum greift zur Waffenrüstung Gottes, damit ihr am bösen Tag Widerstand leisten und, wenn ihr alles überwunden habt, bestehen könnt.“

Wir wollen uns fragen, was das für jeden von uns bedeutet, und welcher Anteil des Widerstandes am bösen Tag von uns persönlich verlangt wird, um sieghaft aus dem Kampf hervorzugehen. Von neuem steht der böse Tag bevor. Schon wurde das Blut zahlloser Blutzeugen – auch das von Johannes Paul II. – durch den Feind vergossen!

Es ist dies ein ernster Brief, dem viele widersprechen werden. Vielleicht gibt es unter euch solche, die mich für einen Panikmacher halten und mir in der schwierigen Finanzlage, in der sich unser Werk befindet, ihre Unterstützung entziehen werden. Die Muttergottes wird mir helfen! Aber schweigen kann ich nicht, da es jetzt für euch und für mich darum geht, unsere christliche Berufung ernst zu nehmen, dem Papst betend beizustehen und die Macht des Satans zu brechen.

P. Werenfried van Straaten in seiner Zeitschrift der Ostpriesterhilfe (Kirche in Not) „Echo der Liebe" (Juli 1981)

Und wir in Deutschland?

Es ist geschichtlich nicht richtig, Rußland allein für den Kommunismus verantwortlich zu machen. Das Kommunistische Manifest von 1848 ist im Westen entstanden als grundlegendes Dokument des Sozialismus wie des Kommunismus, als politische Flugschrift im Auftrag des Bundes der Kommunisten in London von Karl Marx und Friedrich Engels verfaßt, und hat von hier aus seinen Siegeszug angetreten. Es hätte sich jedoch nicht in Rußland durchsetzen können, wenn nicht im Fatimajahr 1917 sich etwas anderes ereignet hätte. Die deutsche Reichsregierung wollte 1917 unter allen Umständen den Frieden durch eine Entlastung der Ostfront erzwingen. Zu diesem Zweck sollten die revolutionären Bestrebungen in Rußland verstärkt werden, und zwar dadurch, daß die bolschewistischen Führer unter Lenin aus der Schweiz, wo sie sich aufhielten, insgeheim durch Deutschland nach Schweden gebracht würden, von wo aus sie dann in ihre russische Heimat einreisen konnten. Der Plan, der keineswegs allseitige Zustimmung fand, war klug ausgedacht, aber bar jeder moralischen Ausrichtung. Es kann also nicht in Abrede gestellt werden, daß Deutschland mitschuldig ist an der bolschewistischen Revolution im Oktober/November 1917. Und nun überlege man einmal die Daten. Am 4. April 1917 reisen die russischen Revolutionäre in einem Sonderwagen durch Deutschland. Am 16. April erreichen sie bereits Petrograd, und vom 25. Oktober bis 7. November ergreifen die Bolschewiki die Macht. Zwischen diesen beiden Terminen erfolgen vom 13. Mai bis 13. Oktober die Erscheinungen Mariens in Fatima. Das ist kein Zufall. Will der Himmel damit nicht zeigen, daß er gegen die antichristliche Macht im Osten eine Gegenmacht im äußersten Westen aufbaut, aber nicht um Moskau zu vernichten, sondern um es zur Bekehrung zu führen – wenn die Menschheit das tut, was Maria verlangt? Davon sind in erster Linie wir betroffen, denn bei uns sind die Entscheidungen gefallen, und wir hätten allen Grund, auf das einzugehen, was Maria in Fatima gefordert hat.

Bischof Rudolf Graber
in „Marienerscheinungen“,
Würzburg, 1984

Marie Julie Jahenny
1850–1941

Fatima ist und bleibt der große, einzigartige Erscheinungsort der Muttergottes. Maria sagte den kleinen Sehern alles, was sie an anderen Erscheinungsorten gleichsam nur wiederholte. Weil sie es mit immer größerer Dringlichkeit tat und tut, sollen auch die vielen anderen Muttergotteserscheinungen nicht unerwähnt bleiben.

Eindringlich ist die Klage Christi an die stigmatisierte Seherin Marie Julie Jahenny, die vom 12. Februar 1850 bis zum 4. März 1941 in dem Dorf Blain im Süden der Bretagne lebte. Am 15. März 1873 erschien die Gottesmutter dem schwerkranken Mädchen und sagte:

„Mein liebes Kind, willst du die fünf Wunden meines göttlichen Sohnes annehmen?"

„Was sind das, die fünf Wunden?"

„Das sind die Male der Nägel, die seine Hände und Füße durchbohrt haben, und das ist die durch die Lanze zugefügte Wunde."

„Ja, von Herzen, wenn mein Jesus es will und mich dessen würdig findet."

„Willst du dein Leben lang leiden für die Bekehrung der Sünder?"

„Ja, meine gütigste Mutter, wenn dein göttlicher Sohn es wünscht."

„Mein liebes Kind, das ist deine Bestimmung."

Die Gottesmutter blickte zum Himmel und sprach: „Mein geliebtester Sohn, sie bietet sich an als Sühnopfer. Nimm sie als solches an." Am 21. März 1873 empfing das Mädchen die Wundmale durch Christus und erlitt am gleichen Tag zum ersten Mal die Passion.

Der prophetische Auftrag an sie lautete: „Triumph des Heiligen Vaters, Triumph des Vaterlandes, fehlendes Vertrauen zur Barmherzigkeit in den Tagen der Trübsal.“ Vor diesem Hintergrund haben wir die Mahnbotschaft Christi an Marie Julie von 1938 zu sehen:

„Die Menschen haben auf die Worte meiner heiligsten Mutter in Fatima nicht gehört. Wehe, wenn sie jetzt nicht auf meine Worte hören. Betet, betet, tuet Buße! Einst müssen alle Menschen bei mir Rechenschaft ablegen über die Gnaden, die ich ihnen gegeben und angeboten habe. Die Menschen sollen besonders beten und Buße tun für die Bekehrung der Sünder, damit ich möglichst viele Menschen retten kann. Die Menschen haben die Sprache des Krieges nicht verstanden. Es leben sehr viele Menschen in der Sünde, und täglich beleidigt man mich aufs neue, am meisten durch die Sünden der Unkeuschheit. Betet noch mehr für die Bekehrung der Sünder. Wehe den Menschen, die Unschuldige verführen!

Die Priester, die Lieblinge meines Herzens, sollen nicht durch Stolz und Unglauben vernichten, was die Liebe und Barmherzigkeit im Schoße der allerheiligsten Dreifaltigkeit zur Rettung der Menschen beschlossen hat.

Sie sollen prüfen in Geduld und heiliger Liebe, damit sie nicht dem Bösen Gelegenheit geben, seine Wut an meinen Begnadeten auszulassen. Eher werden sie selbst seine Werkzeuge werden, als daß meine erwählten Seelen in ihrer reinen Demut und ihrem kindlichen Vertrauen an mir irre werden könnten. Die Hauptsache sei, daß mein Gebot, die Liebe, nicht verletzt werde.

Die häufigen Erscheinungen meiner lieben Mutter Maria sind Werke meiner Barmherzigkeit! Ich sende sie, kraft Heiligen Geistes, als Mutter der Barmherzigkeit: die Menschen in letzter Stunde zu warnen, um zu retten, was zu retten ist. Ich muß dies alles über die Welt kommen lassen, damit noch viele Tausende Seelen gerettet werden, die sonst verlorengingen. Für alles Kreuz und Leid und was noch Furchtbares geschehen wird, sollt ihr nicht fluchen, sondern meinem himmlischen Vater danken! Es ist das Werk meiner Liebe. Ihr werdet es später erkennen.

Ich muß um meiner Gerechtigkeit, um meines Namens willen kommen, weil die Menschen die Zeit der Gnade nicht erkannt haben. Das Maß der Sünde ist voll! Aber meinen Getreuen, die ich kenne, wird kein Haar gekrümmt werden. Ich kenne die Meinen, und die Meinen kennen mich.

Ich komme mit furchtbarem Donnergebraus über die sündige Welt in einer Nacht der kalten Wintermonate. Heißer Südwind geht dem Unwetter voraus und schwere Schlossen werden die Erde zerwühlen. In brennendrote Volksmassen zucken verheerende Blitze, alles zündend und zu Asche verbrennend. Mit giftigen Gasen, mit Schwefel und tötendem Dampf erfüllt sich die Luft, die in wirbelnden Stürmen die Bauten der Kühnheit, des Wahnwitzes und Machtgefühls und die „Stätten der Nacht" hinwegreißen wird. Nun soll das Menschengeschlecht erkennen, daß ein Wille über ihm steht, der die himmelhohen Pläne ihres Ehrgeizes wie Kartenhäuser zusammenfallen läßt! Der Würgeengel des Zornes Gottes wird das Leben aller, die mein Reich verwüsten, austilgen für immer! Hütet euch, ihr gottesschänderischen Seelen, vor der Sünde wider den Geist! Wenn mein Todesengel das Unkraut mit dem scharfen Schwerte meiner Gerechtigkeit hinmäht, wird die Hölle sich mit Wut und Aufruhr auf die Gerechten stürzen und vor allem auch meine Opferseelen mit den furchtbarsten Schrecken vernichten wollen. Ich will euch schützen, meine Getreuen, will euch ein Zeichen geben, das euch den Beginn des Strafgerichtes anzeigen soll.

Wenn in kalter Winternacht Donner über die Erde rollen, daß die Berge zittern werden, dann schließet schleunigst die Fenster und Türen, verhängt den Ausblick ins Freie, denn eure Augen sollen das Furchtbare aller Geschehen nicht mit neugierigen Blicken entweihen! Heilig ist der Zorn Gottes, der die Erde reinigen wird für euch, die kleine treugebliebene Schar. Versammelt euch im Gebete vor meinem Kreuzbilde und ruft die Beschützer eurer Seelen an (Jesus, Maria, Josef, Sankt Michael, die Schutzengel ...). Stellt euch unter den Schutz meiner allerseligsten Mutter und seid unverzagt! Was immer ihr zu sehen oder zu hören bekommt, ist Blendwerk der Hölle, das euch nicht schaden kann. Kämpft im Vertrauen auf meine Liebe und laßt keine Zweifel an eurer Rettung in euch aufkommen.

Je fester und zuversichtlicher ihr meiner Liebe vertraut, desto undurchdringlicher ist der Wall, mit dem ich euch umgeben kann. Opfert eure Prüfungen, schweren Versuchungen, die sichtbaren und unsichtbaren Plagen auf zur Rettung der Seelen. Meine Liebe wird es euch lohnen. Brennt geweihte Kerzen und betet den Rosenkranz, das schärfste Schwert meiner Mutter. Harret aus: Tag und Nacht, Tag und Nacht und noch einen Tag! Die folgende Nacht wird die Schrecken zur Ruhe bringen.

Nach dem Grauen dieser langen Finsternis wird mit dem anbrechenden Morgen die Sonne wieder scheinen mit ihrem Licht und ihrer Wärme.

Es wird dann eine große Verwüstung sein. Ich, euer Gott, habe gesäubert! Die Überlebenden sollen der Allerheiligsten Dreifaltigkeit für den verliehenen Schutz danken! Herrlich wird mein Reich des Friedens werden. Und es wird mein Name angerufen und gepriesen werden vom Aufgang der Sonne bis zum Niedergang!

Betet, betet, betet, kehrt um und tuet Buße! Schlafet nicht, wie meine Jünger auf dem Ölberg geschlafen haben, denn ich bin sehr nahe!

Der Zorn des Vaters über dieses Menschengeschlecht ist übergroß! Wäre nicht das Rosenkranzgebet und die Aufopferung meines Blutes, so wäre schon längst namenloses Elend über die Erde gekommen. Aber meine Mutter bittet den Vater und mich und den Heiligen Geist immer wieder um Gnade. Darum läßt sich der dreimal heilige Gott immer wieder versöhnen!

Seid getrost, ihr meine Kinder! Seid getrost ihr alle, die ihr mein kostbares Blut verehrt: Es wird euch nichts geschehen! Das Nordlicht wurde gesichtet, stets ein Zeichen des nahenden Krieges.

Wenn es wieder in Kürze sichtbar wird, dann steht meine liebe Mutter vor der untergehenden Sonne, den Guten zur Mahnung, daß die Zeit da ist!

Die Bösen sehen ein furchtbares Tier und schreien entsetzlich und verzweifelnd, aber es ist dann zu spät! Ich werde retten, viele, viele retten!

Jetzt wird mein Stellvertreter, von mir erleuchtet, immer wieder besonders darauf hinweisen, nämlich auf die Aufopferung meines Blutes und die Verehrung meiner Mutter, auf Gebet, Buße und Umkehr. Betet viel mehr für die Lieblinge meines Herzens, für die Priester.

Man ist enttäuscht, weil manches noch nicht eingetroffen ist, was ich kundzutun befahl, um die Menschen zur Umkehr zu rufen. Man glaubt, erwählte Seelen schmähen zu können, weil ich ihretwegen und anderer Sühneseelen wegen und besonders um der immerwährenden Fürbitte meiner Mutter willen das furchtbare Geschehen aufgeschoben, nicht aufgehoben habe.

Wenn die Welt sich in Sicherheit wiegt, komme ich wie ein Dieb in der Nacht. In Blitzesschnelle bin ich da! Noch ist die Zeit meiner großen Barmherzigkeit, um den Reuigen Zeit zur Bekehrung zu schenken. Seid in Bereitschaft, im Stande der Gnade, dann werdet ihr in meinem und meiner Mutter sicherem Schutz sein. Höret auf den Ruf meiner Liebe, die Stimme meiner mich so innig liebenden Mutter!

Betet, tuet Buße, kehrt um und traget brennende Lampen in euren Händen, damit, wenn ich komme, ich euch wachend finde! Habet Vertrauen und seid in meiner Liebe!

Kirchlich anerkannte Marienerscheinungen in Frankreich und Belgien

Paris, Rue du Bac, 1830
O, Maria, ohne Sünde empfangen, bitte für uns, die wir zu dir unsere Zuflucht nehmen.
Pontmain, 1871
Unsere Liebe Frau von der Hoffnung
Pellevoisin, Bistum Bourges, 1876
Das Skapulier vom brennenden Herzen
Beauraing, Belgien, 1932
Am Vorabend der nationalsozialistischen Revolution
Banneux, Belgien, 1933
Von der Verfinsterung der Zukunft

Leonie van den Dyck

aus Onkerzele (Bistum Gent, Belgien)

Geboren am 18. Oktober 1875, wuchs Leonie van den Dyck in einer kinderreichen Arbeiterfamilie auf. Im Alter von sechzehn Jahren heiratete sie einen Arbeiter. Sie gebar dreizehn Kinder und lebte trotz harter Arbeit in drückender Armut. Seit ihrer Jugend führte sie ein duldsames Leben und war eine große Verehrerin der Gottesmutter. Im Alter von 58 Jahren schaute sie zwischen dem 4. August 1933 und dem 14. Oktober 1933 mehrmals die heilige Jungfrau.

Zur Seherin Leonie sprach Maria in Onkerzele: „Ich bin hierhergekommen, um die Sünder zu bekehren, damit die Gotteslästerungen aufhören. Ich bin die Magd der Armen. Komm alle Tage zweimal hierher, um zu beten! Bete für das Land, ich will es beschützen. Bete für die Sünder! Ich sehe hier so viele irregeführte Seelen. Es muß viel gebetet werden. Wenn nicht, werden die Strafen folgen. Wirst du viel beten?“ Die Gottesmutter segnete das Volk und Leonie.

Am 18. Dezember 1933, in schicksalsträchtiger Zeit, sahen sehr viele Menschen in Onkerzele das Sonnenwunder, so wie 16 Jahre früher in Fatima. Die Sonne vergrößerte sich, fing an, sich sehr schnell zu drehen und warf feurige, vielfarbige Strahlen in die Luft, mehr als eine Stunde lang.

Im Jahr 1940 bekam Leonie die Wundmale des gekreuzigten Heilands.

Nach dem Schrecklichen, das ihr in Schauungen offenbart wurde, hat sie nach 1945 die Menschheit immer wieder gewarnt: „Der Zweite Weltkrieg, der beendet ist, hat die Völker nichts gelehrt trotz der ungeheuren Menge Toter. Die Verwirrung ist noch nie so groß gewesen wie heute und wird immer noch größer werden. Wirkliche Ruhe kommt nicht mehr. Das Volk lebt wie im Rausch. Aber das Erwachen wird grausam sein. Was im Krieg 1939 bis 1945 geschah, gleicht einem Kinderspiel gegenüber dem, was uns erwartet. Ganze Völker sollen vernichtet werden."

In ihren letzten Lebensjahren sprach Leonie van den Dyck – sie starb im vierundsiebzigsten Lebensjahr am 23. Juni 1949 – sehr oft von grauenhaften Geschehnissen in der Zukunft: „Die Strafen Gottes für die Sünden der Menschen sind Strafen für die Entheiligung des Tages des Herrn, für Ehebruch, Unkeuschheit, Geldgier und Stolz. Die erste Katastrophe kommt von den Menschen selber und wird sehr hart sein. Dann werden die Roten kommen, und das Schicksal der Ostvölker wird das unsere. Wo die Horden hinkommen, verliert das Leben seinen Wert. Es ist dann nur noch Barbarei und wilder Terror, ein Chaos von Elend. Eine noch nie gekannte Sklaverei wird das Schicksal der Menschen. Wenn dies geschieht, wird die Kultur Europas hinweggefegt, wird jede Menschenwürde zertreten werden.

Die Gläubigen werden auf teuflische Weise verfolgt. Alles unterliegt der vollen Macht Satans. Das Schicksal der Völker des Ostens wird über uns kommen und mit unvorstellbaren Greueln an uns vollzogen. Kirche und Gläubige haben eine sehr harte Verfolgung zu erleiden. Viele Bischöfe und Priester werden zur Zwangsarbeit in Konzentrationslagern verurteilt. Wie Wild werden sie aufgejagt. Einzelne werden aus Angst den Glauben verleugnen und den Verfolgern Hilfe leisten.

Das Geld wird wertlos wie Papier, das herumfliegt auf der Straße. Alle Großstädte – besonders die Weltstädte – enden in Riesen-Schutthaufen. Diese Schutthaufen werden bestehen bleiben als Zeichen von Gottes Gerechtigkeit.

Das Meer überspült ganze Landstriche mit Flutmassen, in denen unzählige Menschen umkommen. Eine tödliche anstekkende Krankheit wird immer wieder ausbrechen. Gewaltige Erdbeben, Hungersnot und noch nie gesehene Katastrophen brechen herein. Erst nachdem ganze Völker vernichtet sind, kommt die Ruhe zurück.

Je näher dem Ende, je mehr Wunderzeichen soll es geben. Gott straft seine Kinder nicht, ohne vielfach zu warnen.

Ohne Eingreifen Gottes vergeht die Welt in Chaos und Elend. Unsere Rettung liegt in Gebet und Sühne. Beten, sühnen, zur Einkehr kommen und die Gebote Gottes halten: Dies ist es, was von uns verlangt wird."

Die Sarg-Öffnung auf dem Friedhof von Onkerzele

Leonie van den Dyck hatte vorausgesagt, zwanzig Jahre nach ihrem Tode werde man als Beweis für die Echtheit ihrer Schauungen feststellen, daß ihr Leichnam im Grab nicht in Verwesung übergegangen sei.

Am 9. Juni 1972, dreiundzwanzig Jahre nach ihrem Tod, war es dann soweit: Es ist zehn Uhr zehn, der Himmel ist verhangen, mit Regen drohend. In der schweren, nassen Lehmerde ist der Holzsarg auseinandergefallen. Der innere Sarg aus Zink mit dem Körper wird ohne viel Mühe nach oben geholt. Dieser Sarg ist im mittleren Drittel der Oberseite ineinandergedrückt. Unter dem Druck der schweren Erdlage sind die Lötstellen des Zinksarges aufgeplatzt. Der Ausgrabung auf dem Friedhof von Onkerzele wohnen das Belgische Fernsehen und viele bekannte Persönlichkeiten bei. Der Sarg aus Zink wird zunächst von außen mit Wasser gereinigt. Sodann wird sein Oberteil wie ein Deckel abgeschnitten. Als man den Deckel beiseite legt, gibt es die erste Überraschung: Bei näherer Betrachtung erkennt man am Kopfende des abgetrennten Sargdeckels deutlich ein lebensgroßes Kopfbildnis des grausamen Diktators Josef Stalin. Die Erklärung für diese sonderbare Erscheinung hat man später darin zu sehen geglaubt, daß Leonie viel für Stalin gebetet hatte, damit seine Seele für die Ewigkeit nicht verlorengehe. Wie bereits früher bekannt geworden war, hatte sich Stalin auf dem Sterbebett mit Hilfe eines katholischen Priesters bekehrt. Ob es durch Leonies Verdienst geschehen war, bleibe dahingestellt. Jedenfalls deutete man das überraschende Auftauchen dieses Bildnisses als Zeichen für Stalins Rettung. (Stalins glaubenslos erzogene Tochter Swetlana Allilujewna war nach dem Tod ihres Vaters – um auch das noch anzufügen – russisch-orthodox getauft worden und Jahre später zur römisch-katholischen Kirche konvertiert.)

Von der Sarg-Öffnung gab Franz Jacobs, Arzt aus Mecheln, einen umfassenden Bericht: „Nach der Entfernung des Dekkels zeigt sich der Leichnam, vom Kopf bis zu den Füßen in ein Leinentuch gewickelt. Was sofort auffällt, ist der gut bewahrte Zustand der Haut und der darunterliegenden Hautgewebe. Die Haut ist gelblich und ohne Runzeln. Kinn, Stirn, Backen sind mit einer kräftigen Haut bedeckt. Die Nase ist leicht eingefallen, die Augen noch mehr, aber Haut und Hautgewebe sind unverletzt. Der Kopf liegt rückwärts, der Mund steht weit offen, der rechte Eckzahn kommt unter der Oberlippe hervor. Die Zunge ist sichtbar, aber zurückgezogen. Alles zusammengenommen macht dieses Antlitz den Eindruck von jemandem, der laut ruft.

Der Geruch ist derselbe wie der an den ersten Tagen nach dem Absterben. Es bleibt zu bemerken, daß keine Spur von Ungeziefer, keine Reste von Insekten oder Würmern zu finden sind. Dies ist um so beachtlicher, als der Tod damals gerade im Sommer eintrat. Ferner ist zu beachten, daß der Sarg mit Wasser gefüllt war und daß im Fall einer solchen Feuchtigkeit, ja Durchtränktheit, die vom nassen Erdreich des Friedhofs herrührte, Haut und Hautgewebe binnen kurzer Zeit, längstens in zwei Jahren, hätten in Verwesung übergegangen sein müssen, daß aber Leonies Leichnam trotz der gemeldeten ungünstigen Umstände 23 Jahre der Verwesung widerstanden hat. Unterzeichneter bestätigt, daß der außergewöhnliche Zustand des Leichnams der Leonie van den Dyck wissenschaftlich nicht zu erklären ist."

Gez. Franz Jacobs, Arzt

Bericht über die Muttergottes-Erscheinung des Sehers Adam in Würzburg

(15. August 1949)

Am 25. September 1949 berichtet Bruder Adam im engsten Kreise seiner Brüder vom Deutschen Marien-Ritter-Orden, die am 24. September, dem Feste der allerseligsten Jungfrau Maria von der Erlösung der Gefangenen, zu einer Aussprache in Augsburg zusammengekommen sind, auf ihr drängendes Bitten über seine Muttergottes-Erscheinung:

Es war am Himmelfahrtstag Mariens, in der Benediktinerkirche in Würzburg. Plötzlich wurde es licht und klar um die Muttergottesstatue, da war ich in „gehobenem Zustand", und es erschien die Muttergottes, aber nicht aus Fleisch und Blut. Sie trug auch kein Kleid, sondern war nur wie in Licht getaucht. Die Krone war blankes Licht. Wenn sie dagegen körperlich erscheint, hat sie ein Kleid an und ist in einen Mantel gehüllt. (Es handelte sich um eine visionäre Erscheinung der Gottesmutter – als ätheriche Lichtgestalt – im Gegensatz zur stofflichen Erscheinung in ihrer menschlichen Natur. Mit ihrem menschlichen Körper können nur Christus selbst und seine heiligste Mutter erscheinen; denn sie allein sind nach ihrem Tode auferstanden und mit verklärtem Leib in die himmlische Herrlichkeit eingegangen.) Dann sprach sie zu mir:

„Heute ist der Festtag meiner Himmelfahrt und heute fahre ich zum Himmel auf. Meine Mission auf Erden ist beendet. Ich habe die Menschheit zu Gott Vater zurückführen wollen. Ich habe sie ermahnt, sich zu bekehren, aber die Menschheit wollte sich nicht bekehren. Nun muß ich im Himmel verkünden, daß die Menscheit sich nicht zu Gott hinwenden will. Und jetzt kommt das, was ich verhindern wollte: Das große

Geschehen wird sich bald, sehr bald erfüllen; es wird furchtbar sein. Bayern wird als Kriegsschauplatz verschont bleiben. Aber wenn Bayern sich nicht bekehrt, wird es von gewaltigen Naturkatastrophen heimgesucht werden. Der Krieg wird im Südosten ausbrechen, aber es ist nur eine List. Dadurch soll der Feind irregeführt werden; Rußland hat seinen Angriffsplan längst vorbereitet. Jeder russische Offizier hat den Marschbefehl schon in der Tasche und wartet nur noch auf das Stichwort. Der Hauptstoß erfolgt zuerst gegen Schweden und richtet sich dann gegen Norwegen und Dänemark. Das soll die Vergeltung dafür sein, wodurch Schweden und die übrigen protestantischen Länder sich im Dreißigjährigen Krieg an Deutschland versündigt haben. Gleichzeitig werden Teile des russischen Heeres durch Westpreußen, Sachsen und Thüringen zum Niederrhein vorstoßen, um schließlich von Calais aus die Kanalküste zu beherrschen.

Im Süden wird die sowjetische Armee zur jugoslawischen stoßen. Ihre Armeen werden sich verbünden, um gemeinsam in Griechenland und in Italien einzufallen. *Der Heilige Vater muß fliehen.* Er muß schnell flüchten, um dem Blutbad zu entgehen, dem Kardinäle und Bischöfe zum Opfer fallen werden. Alsdann werden sie versuchen, durch Spanien und Frankreich zur Atlantikküste vorzudringen, um sich mit der im Norden kämpfenden Armee zu vereinigen und die militärische Einkreisung des europäischen Festlandes zu vollenden.

Die dritte russische Armee, der die Aufgabe gestellt ist, die ausgesparten Gebiete (Österreich und süddeutsche Länder) zu besetzen und den Inlandskommunismus zu festigen – Hauptsitz der kommunistischen Weltregierung soll nicht Moskau, sondern Bamberg sein – wird nicht mehr zum Einsatz kommen, weil die Armee im Süden infolge der Revolutionen, die in diesen Ländern ausbrechen, in ihrem Vormarsch gehindert und in rascher Auflösung begriffen ist, *während der von Gott bestimmte große Monarch* die im Norden am Niederrhein stehende Armee angreifen und mit modernsten Waffen, wie sie kein anderer Staat besitzt, niederkämpfen wird. In Sachsen, wo die zurückflutende Armee sich noch einmal zur Schlacht stellt, wird sie vernichtend geschlagen werden. Damit ist der Krieg in Deutschland beendet. Die Reste der geschlagenen Armee werden bis tief in das innere Rußlands hinein verfolgt und aufgerieben werden.

Das Reich des göttlichen Willens auf Erden wird erstehen. Von apostolischem Geist und heiliger Nüchternheit erfüllte Männer werden treue Mitarbeiter am Werk des sozialen Friedens und der sozialen Gerechtigkeit sein. Der Heilige Vater wird, vom Heiligen Geist geleitet und getrieben, ein Dekret erlassen, demzufolge Priester nach dem Herzen Jesu, die nur die reine Lehre des Evangeliums in sich aufnehmen sollen, schon nach einem Jahr ausgebildet sein können. Diese Herz-Jesu-Priester wird der Heilige Vater aussenden in alle Welt, um sie für Christus zu erobern. In dieser Zeit der Blüte und des Glanzes seiner heiligen Kirche wird das Angesicht der Erde erneuert und die Menschheit zu *einem* Glauben und in *einer* Liebe vereint werden."

Garabandal

1961–1965

Das Bergdorf San Sebastian de Garabandal war bis 1961 eines der vergessensten und armseligsten Dörfer in den Bergen Nordspaniens. Es liegt ungefähr 90 km südwestlich der Hafenstadt Santandér in einer Höhe von 600 m und zählte damals um 250 Einwohner. Zu Beginn der Erscheinungen bei vier etwa elfjährigen Mädchen gab es dort noch keine Elektrizität, keinen mit Personenautos befahrbaren Weg.

Die Ereignisse begannen am 18. Juni 1961 mit der Erscheinung eines Engels, des heiligen Erzengels Michael, wie sich später ergab, der die vier auf die Erscheinungen der „Jungfrau vom Karmel!“ (ab 2. Juli) vorbereitete. Sie verkündeten am 18. Oktober 1961 eine erste Botschaft im Namen der Gottesmutter Maria:

„Wir sollen viele Opfer bringen und viel Buße tun. Wir sollen das heiligste Altarsakrament oft besuchen. Vor allem aber sollen wir gut sein.

Wenn wir das nicht tun, wird ein Strafgericht über uns hereinbrechen. Der Kelch ist bereits daran, sich zu füllen. Wenn wir uns nicht bessern, wird uns eine sehr große Strafe treffen.“

Im Laufe der Ereignisse wurde das älteste der vier Mädchen, Conchita González (geboren 8. September 1949) zur zentralen Person.

Conchita verkündet: „Es wird eine große Katastrophe über die Menschheit hereinbrechen, eine Strafe, wenn man sich nicht bessert. Zuvor wird Gott eine auf der ganzen Welt auftretende Warnung und dann ein großes Wunder in Garabandal wirken, um der Menschheit eine letzte Mahnung zur Umkehr zu geben.“

„Als Reinigung vor dem Wunder wird uns eine schreckliche Warnung erreichen." Dies erfuhr Conchita von Unserer Lieben Frau am 1. Januar 1965. „Die Warnung soll bewirken, daß Gott weniger beleidigt werde; sie soll die Guten Gott näherbringen und die anderen zur Umkehr ermahnen.

Kein Mensch auf Erden, gleich, wo er sich befindet, wird sich der Warnung entziehen können. Diese wird etwas äußerst Furchterregendes sein. Das Phänomen wird wie Feuer sein, das das Fleisch nicht verbrennt, aber körperlich und seelisch spürbar ist."

„Wenn wir wissen würden, wie sie ist, wären wir entsetzt!", äußerte sich Conchita. „Wer im Stand der Gnade ist, wird die Warnung gelassener ertragen. Sie selbst verursache keinen Tod. Jeder werde seine Seele so sehen, wie der gerechte Gott sie sieht: Vielen Sündern wird ihre Seele in so abstoßender, entsetzlicher Häßlichkeit vor Augen treten, daß sie vor Schrecken sterben. Selbst die Ungläubigen werden von Gottesfurcht ergriffen werden.

Die Warnung wird auf der ganzen Welt sichtbar sein, nur einige Minuten dauern, und unmittelbar von Gott kommen!"

Schon im ersten Erscheinungsjahr sagte Conchita ein *großes Wunder* voraus, das bald nach der Warnung „in Garabandal und auf den umliegenden Höhen zu sehen sein wird".

Bis zum Tag seiner Verwirklichung bleibt die Natur des Wunders ein Geheimnis, und bis acht Tage zuvor – der Zeitpunkt, an dem die Seherin nach dem Willen der seligsten Jungfrau das Datum des Wunders bekanntgeben darf – weiß niemand, wann es geschieht, außer Conchita selbst, die es im Jahre 1963 erfuhr, Papst Paul VI. und Kardinal Ottaviani, denen sie es bei ihrer Romreise im Februar 1966 im Gehorsam preisgab, weshalb Conchita im Februar 1968 in zweites Mal zu einer Befragung nach Rom gerufen worden war. (Irmgard Hausmann: Die Ereignisse von Garabandal, 1972)

„Das große Wunder wird", sagte die Seherin, „an einem Donnerstag um 8.30 Uhr abends stattfinden, zur Stunde, in der der Erzengel Michael zum erstenmal erschienen ist. Es wird ungefähr eine Viertelstunde dauern. Der Tag des Wunders wird mit einem wichtigen, glücklichen Ereignis für die Kirche zusammenfallen (ein solches Ereignis sei schon vorgekommen, aber nicht zu ihren Lebzeiten). Auch wird das Wunder am Tag eines Heiligen, in dessen Leben die Eucharistie eine besondere Rolle spielte, geschehen."

„Die Kranken (die zum Wunder kommen) werden geheilt und die Ungläubigen gläubig werden! Es wird das größte Wunder sein, das Jesus bis jetzt für die Welt gewirkt hat.

Bei den Pinien wird für immer ein Zeichen zurückbleiben: man wird es filmen und durch das Fernsehen übertragen, aber nicht berühren können.

Der Bischof von Santandér wird zuvor die Genehmigungspflicht für Priester und Ordensleute (Garabandal besuchen zu dürfen) aufheben, damit auch diese dorthin kommen können. Es ist gewiß, daß das vor der Warnung geschehen wird, hernach hätte es keinen Wert mehr."

Im Juni 1962 (nicht zufällig), am Vorabend des Festes der heiligen Eucharistie, deren Mißachtung wir heute so erschrekkend erleben, wurde das zu erwartende Strafgericht den Seherkindern gezeigt. Marie Loli sagte: „Es wird direkt von Gott kommen. In einem gegebenen Augenblick wird kein Motor und keine Maschine mehr funktionieren. Es wird eine furchtbar große Hitze herrschen und die Menschen werden brennenden Durst leiden ..."

Rosenkranzgebet, Verehrung der heiligen Eucharistie und bußfertiges Leben könnten diese Katastrophe abwenden!

„Die angekündigte Strafe wird nach dem Wunder kommen. Ihr Kommen hängt davon ab, ob die Menschen den Botschaften der Jungfrau und dem Wunder Beachtung schenken und sich bessern. Ich (Conchita) habe die Strafe gesehen und muß versichern, daß das Strafgericht durch das unmittelbare Eingreifen Gottes schlimmer sein wird als alles, was man sich ausdenken kann. Die Strafe, wenn wir uns nicht ändern, wird schrecklich sein, wie wir sie verdienen.

Jesus hat mir in einem Gespräch gesagt, daß Rußland sich bekehren wird" (laut vielen Prophezeiungen erst nach dem Zusammenbruch im Dritten Weltkrieg, den Gott durch eine dreitägige Finsternis abbricht, worauf der Triumph der Kirche folgen wird). Conchita sagt, daß auf Paul VI. noch zwei Päpste folgen werden, „vor dem Ende der Zeit, das nicht das Ende der Welt sein wird".

Mit der „letzten Botschaft" vom 18. Juni 1965 fanden die Ereignisse in Garabandal, beziehungsweise die Aufgaben der vier Sehermädchen ihren Abschluß. Sie haben die Botschaft des Himmels den Menschen mitgeteilt, vor allem drei zukünftige Ereignisse angekündigt (Warnung, Wunder, Strafe) und haben nun keine weitere Aufgabe mehr in diesem Zusammenhang (außer Conchita González, die noch die eine Mission zu erfüllen hat: das Datum des Wunders acht Tage vorher bekanntzugeben!).

Letzte Botschaft vom 18. Juni 1965:

„Da man meine Botschaft vom 18. Oktober (1961) an die Welt nicht erfüllt und nicht genügend bekanntmacht, teile ich (Maria) euch mit, daß dies die letzte (hier) ist. Bis jetzt füllte sich der Kelch, doch jetzt läuft er über. Viele Priester gehen den Weg des Verderbens und ziehen viele Seelen mit sich. Der Eucharistie schenkt man immer weniger Beachtung. Ihr müßt alles unternehmen, um den Zorn Gottes durch ernste Anstrengung von euch abzuwenden. Wenn ihr Ihn ehrlich um Verzeihung bittet, wird Er euch vergeben. Ich, eure Mutter, sage euch durch den heiligen Erzengel Michael, daß ihr euch bessern sollt. Es sind das schon die letzten Warnungen. Ich liebe euch sehr und will nicht, daß ihr verdammt werdet. Ihr müßt mehr Opfer bringen! Betrachtet das Leiden Jesu!"

Das Urteil des damaligen Bischofs von Santander, das die Aufhebung der Genehmigungspflicht bedeuten könnte: „... Wir stellen fest, daß wir keinen Grund gefunden haben, der eine kirchliche Verurteilung bedingt, weder in der Lehre noch für die geistlichen Fürbitten, die man anläßlich der Ereignisse von Garabandal verbreitet und an treue Christen gerichtet hat, um so mehr noch, als sie eine Aufforderung zum Gebet, Opfer, zur eucharistischen Anbetung, zur Marienverehrung unter traditionsgemäß lobenswerten Formen und zur heiligen Furcht Gottes, der durch unsere Sünden beleidigt wurde, enthalten. Sie erinnern an die allgemeine Lehre der Kirche. Wir anerkennen den guten Glauben und den religiösen Eifer der Personen, die nach San Sebastian de Garabandal gehen und tiefste Achtung verdienen ..."

De Santander, 8. Juli 1965
Eugenio, Bischof Adm. Apost. v. Santander
(K. Allesch)

Die Warnung von Garabandal

Franz Speckbacher schreibt in seinem Buch: „Garabandal, Donnerstag, 20.30 Uhr" (1979) über Gespräche mit Conchita:
13. September 1965

Conchita sagte zu einem jungen Mädchen namens Angelita: „Wenn ich nicht auch die nächste Strafe kennen würde, so würde ich sagen, daß es keine ärgere Strafe als die Warnung geben kann. Alle Menschen werden Angst haben, aber die Katholiken werden es mit mehr Ergebung tragen als die anderen. Es wird nur von ganz kurzer Dauer sein."

22. Oktober 1965

Conchita hatte ein langes Gespräch mit einer spanischen Frau: „Conchita, es nähert sich ein Komet der Erde. Könnte dies die Warnung sein?"

„– Ich weiß nicht, was ein Komet ist. Wenn es etwas ist, das aus dem Willen der Menschen entstanden ist, antworte ich: ‚Nein.' Wenn es etwas ist, das Gott macht, ist es wohl möglich."

Die Frau erzählt weiter: „Wir gehen zur Kirche hin und Conchita ergreift meinen Arm. – Conchita, bete für mich, ich habe solche Angst. – Oh, ja, die Warnung wird schrecklich sein! Viel, viel schrecklicher als ein Erdbeben.

Sie erblaßt. – Welcher Art wird dieses Phänomen sein?

– Es wird wie ein Feuer sein. Alle Nationen und alle Menschen werden es gleich spüren. Niemand kann ihm entgehen. Und die Ungläubigen selbst werden die Angst vor Gott spüren. Selbst, wenn du dich in dein Zimmer einschließt und die Fensterflügel schließt, kannst du ihm nicht entgehen, du wirst es trotzdem sehen und spüren. Ja, das ist wahr. Die Gottesmutter hat mir den Namen dieses Phänomens gesagt. Dieses Wort existiert in den (spanischen) Wörterbüchern. Es beginnt mit einem ‚A'. Aber sie hat mir weder den Auftrag gegeben, es zu sagen, noch es zu verschweigen.

– Conchita, ich habe solche Angst!

Liebevoll lächelnd drückt Conchita den Arm der Freundin.

– Oh, nach dieser Warnung aber wirst du Gott noch viel mehr lieben.

– Und das Wunder?

– Das Wunder wird sicherlich kommen."

März 1966

Anfang März erhielt ich von Dr. Bonance (P. Laffineur) folgenden Brief: „Conchita hat mich gebeten, Ihnen zu schreiben, daß Sie fortfahren sollten, mehr denn je, und aus dringlicheren Gründen als in der Vergangenheit, die Botschaft zu verbreiten. Sie hat mich auch gebeten, Ihnen zu schreiben, daß wir alle vom Kommen der Warnung und des darauffolgenden Wunders überzeugt sein mögen. ‚Die Warnung' wird wie etwas Furchtbares sein, das sich am Himmel abspielt. Die heilige Gottesmutter hat mir das Ereignis mit einem Wort angekündigt, das im Spanischen mit einem ‚A' beginnt. Vergessen Sie diese Botschaft nicht, die mir Conchita aufgetragen hat, Ihnen zu berichten."

Ergänzende Informationen zu dieser Warnung:

Conchita wendet sich an einen ihrer Vertrauten: „Wir werden eines Tages ein schreckliches Unglück erleben müssen. Überall auf der Erde. Niemand wird ihm entkommen. Die Guten, um Gott näherzukommen, die anderen, um sich zu bessern. Es ist besser zu sterben, als fünf Minuten das zu erleben, was uns erwartet" (muy poco, sehr kurze Zeit!). „– Es kann uns bei Tag oder bei Nacht erreichen, ob wir nun im Bett sind oder nicht. Wenn wir dabei sterben, so wird es aus Angst sein. Ich glaube, das beste wäre es, wenn wir in diesem Moment in einer Kirche in der Nähe des Allerheiligsten sein könnten. Jesus würde uns die Kraft geben, es besser zu ertragen."

Hier greift der Gesprächspartner ein: – Wenn wir es auf uns zukommen sehen, werden wir alle in die Kirche gehen.

„– Ich glaube, daß dies in der Tat das beste sein wird; aber vielleicht wird alles in Dunkelheit versinken, und wir werden uns nicht mehr hinbegeben können." (Diese Worte beziehen sich nicht auf die „Tage der Dunkelheit", von denen man öfter spricht.) „– Es wird so fürchterlich sein, daß es keine Steigerung gibt! Wenn ich es Ihnen nur so schildern könnte, wie es mir die heilige Gottesmutter gesagt hat! Aber die Züchtigung wird noch viel ärger sein. Man wird erkennen, daß uns die Warnung deshalb erreicht, weil wir zuviel gesündigt haben. Sie kann jederzeit kommen, ich erwarte sie tagtäglich. Wenn wir wüßten, worum es sich handelt, wären wir furchtbar erschrocken und entsetzt."

Ein Nachwort

Wie einfach leben die Leute auch heute noch in Garabandal! Sandstraßen, Feldwege, Natursteinmauern, Lehm- und Schilfdächer. Bei uns dieser Überfluß, diese Wegwerfgesinnung, dieser Konsum, diese Abfallhalden, diese Perfektion, überall Beton und Asphalt, Elektrizität, Maschinen und Gift. Ich glaube, daß einfach lebende Menschen die kommende Katastrophe leichter überstehen werden. Baut doch endlich keine Autobahnen mehr, diese „Kleeblätter" und Beton-Orgien, baut keine Autos, keine Atomkraftwerke, keine Großflughäfen, keine Hochspannungsmasten, keine Hochhäuser mehr! Das alles wird untergehen – und die Menschen mit! Nur wer eingebettet in die Natur bleibt und sich im Ernstfall mit einer Höhle und Kräutern begnügen kann, wird überstehen.

Veronika von Bayside

Veronika Lüken (nach amerikanischer Schreibweise „Lueken"), die Seherin von New York, ist im Stadtteil Bayside geboren. Sie ist verheiratet und Mutter von fünf Kindern. Ihr Gatte, ein Bauingenieur, ist deutscher Abstammung (sein Vater sprach noch deutsch). Mystische Erlebnisse hat sie früher in ihrem Leben als amerikanische Hausfrau nicht gekannt. Um aufkommenden Zweifeln zu begegnen, die andere gegenüber ihrem Auftreten als „Sprachrohr des Himmels" hegten, unterzog sie sich eingehenden Untersuchungen durch Berufspsychologen. Es wurden ihr ein normales Gefühlsleben, Ausgeglichenheit und Weltoffenheit bescheinigt; die Fachleute wiesen jede Möglichkeit hysterischer Zustände zurück.

Der heutige Erscheinungsort und Vigilienplatz liegt im Freien, aber in der Abgeschlossenheit einer Parkanlage; es ist die Stelle, wo in den Jahren 1964/65 anläßlich einer Weltausstellung der „Vatikan-Pavillon" stand. Eine in den Boden eingelassene Erinnerungstafel und eine steinerne Balustrade erinneren daran. Hier, in der Nähe der Stelle, wo heute zu den Vigilien die Marienstatue aufgestellt wird, hat Papst Paul VI. bei seinem Aufenthalt in der Neuen Welt im Jahre 1965 das heilige Meßopfer dargebracht.

Die empfangenen Botschaften werden von Veronika, die an der Statue kniet oder (krankheitshalber) sitzt, im ekstatischen Zustand Wort für Wort wiederholt und auf Tonband aufgenommen. In gleicher Weise werden auch die Visionen Veronikas festgehalten, die sie mit ihren eigenen Worten beschreibt.

Es gibt Warnungen, die vorausgehen, zu dem großen Himmelsgeschehen überleiten und es vorbereiten. Eine Zusammenschau der stufenweisen Reinigung hat der Heiland am 1. Februar 1972 selbst gegeben: „Bald wird ein Schwert über die Welt kommen, die Bestrafung einer reuelosen Generation. Die Strafe wird in Stufen gegeben: 1. Von innen, durch des Menschen eigene Schöpfungen. 2. Von den Elementen. 3. Von den Sternen, von dem, was auf euch fallen wird, indem ihr vom Planeten, der Kugel der Erlösung, getroffen werdet."

Die erste Andeutung über das Feuer vom Himmel findet man in der Botschaft vom 1. Juli 1971: „Solltet ihr jetzt nicht auf uns hören, werdet ihr in einer Feuertaufe gereinigt werden." Damit beginnt die Kette der schmerzvollen Beschwörungen einer Mutter, deren Herz blutet, und die doch nichts mehr verschweigen darf.

Chronologie der Strafen

1. Feburar 1972 Jesus: Seid gewarnt, daß Häuser fortgeweht werden im Sturm und die Haut an den Knochen vertrocknet und fortgeblasen wird, in einer Weise, wie es noch niemals für möglich gehalten wurde; beeilt euch, merkt auf und hört zu, ihr erhaltet eine der letzten Warnungen, die der Welt vor dem großen Kataklysmus (Flut, Erdumwälzung, Umsturz) gegeben werden, der über euch kommt. Meine Worte werden überallhin auf eure Erde gelangt sein. Alle, die fallen, werden auf Grund ihrer eigenen freien Wahl gefallen sein, da sie die Gegenstände der Vergnügungen der Erde mehr liebten als die ewige Herrlichkeit Meines Königreiches.

24. März 1972 Ich habe von der Kugel der Erlösung zu euch gesprochen, was viele Seelen verwirrt hat. Ich will nun erklären, wie dies geschehen wird. Die Kugel wird von der Atmosphäre eurer Erde kommen, sie wird vom Weltraum

herabkommen, sie wird ein Stück vom Universum sein. Ihr werdet von einem Planeten getroffen werden. Wir hier im Reiche suchen dies zurückzuhalten, jedoch die Seiten müssen umgeblättert werden.

(Die folgenden Sätze Mariens offenbaren ein Geheimnis, das uns gegenwärtig verschlossen ist, und doch erhielt Veronika den Auftrag, sie weiterzugeben.) Wenn die Blumen in Blüte stehen und das Heidekraut auf dem Hügel, dann sammelt den spanischen Flieder ein und bringt ihn zum Schrein. Der Hügel auf der Weise ist ein heiliger Ort. „C" wird dort sein mit dem heiligen Licht. (Dieses Licht sah Veronika als flammendes Kreuz in einer schwertartigen Form.)

10. April 1972 Maria: Selig sind jene, die das Licht in dieser Finsternis suchen, denn ihre Herzen werden sich der Wahrheit öffnen. Meine Kinder, wenn ihr jetzt nicht hört, werdet ihr wie Vieh in einer Herde leben.

30. Mai 1972 Eure Welt schreit: Friede, Friede, wo kein Friede ist. Ihr tut euch mit Teufeln zusammen; das Wort eines Atheisten ist nicht bindend, die Versprechen eines Atheisten sind nicht wahr. Ihr fallt auf den Plan herein wie Schafe zur Abschlachtung. Eure Stadt des Bösen wird in Staub zerfallen. Eure Weltführer, die gottlose Mörder sind, werden dem Schwert anheimfallen. Kehret um, Römer, solange noch Zeit ist. Wenn das Böse seine Grenzen erreicht hat, werdet ihr vom Planeten getroffen werden. Während dieser Züchtigung zur Reinigung werden nur wenige gerettet werden. Ich bin hierher in eure Stadt gekommen in der Hoffnung, hier eine Oase zu errichten. Denkt an das Schicksal Sodomas. Als die Mutter Jesu verspreche ich, euch nicht zu verlassen; Ich lasse euch nicht allein, und ich werde bei euch sein bei euerm Eintritt in das Königreich. Sendet eine Kette von Rosenkränzen durch euer Land. Alles, was Wir euch zu allen Zeiten zu euerm

Schutz gegeben haben, will euch Satan nehmen; er arbeitet darauf hin, daß ihr ohne Verteidigung seid. Öffnet eure Herzen und kommt im Glauben zu uns. Laßt Satan nicht den Schutz Unserer Engel von euch nehmen. Eure Kinder kennen die Engel nicht; sprecht ihnen von den Engeln.

7. September 1972 Mein Sohn wird bei euch sein, und Er fleht um eure Einsicht, daß ihr in den dunklen Tagen, die kommen, nicht den leichten Weg geht und Seinen Leib entweiht. Die dunklen Tage, die vor euch liegen, werden für alle eine Prüfung sein. Es wird wie das Einlegen des Eisens in das Feuer sein, und wie die Scheidung der Schafe von den Böcken.

28. September 1972 Veronika: „Unsere Frau zeigt auf zwei Karten am Himmel, die eine ist von Afrika, und sagt: ‚Es wird viel Streit in den Dunkelländern geben.' Und dann eine Karte mit dem Stiefel: Flammen erheben sich vom Stiefel. ‚Große Revolution, Trauer im Herzen des ganzen Himmels!'"

30. Dezember 1972 Veronika fiel fast in Ohnmacht beim Anblick der ankommenden Kugel der Erlösung. Es folgt eine Zusammenfassung ihrer visionären Schau: Gebäude, die einstürzen – Stimmen, die kreischen – große sengende Hitze – Feuerblitz, dann Finsternis – die Welt scheint stillzustehen, die Erde sich nicht mehr zu drehen – Leute, die hin und herrennen ziellos im Dunkel. – Da ist ein Haus, in dem eine Kerze brennt – wie Tiere klammern sich die Menschen an die Eingänge, die Türen, um hineinzukommen – ein anderes Haus hat brettervernagelte Fenster – auch darin brennt eine Kerze – keine Tür wird geöffnet – Staub und Felsbrocken beginnen auf die Leute zu fallen – überall Blut – Schreie um Barmherzigkeit – in einer Versenkung ein Mann, er hält ein Kreuz heraus – eine Stimme schreit: drei Tage, drei Tage.

10. Februar 1973 Unsere Frau zeigt Veronika einen

Globus und weist auf die Gebiete Asiens – Ägypten – Afrika hin. Ein fürchterlicher Krieg ist im Gange, viele sterben, viele unvorbereitete Seelen sind darunter. Dann wird die Aufmerksamkeit Veronikas auf die andere Seite des Globus gelenkt; da schwebt eine gewaltige Himmelskugel, wie eine glühende Sonne, über dem Land, sie zieht hinter sich einen Feuerschweif, wirbelt über den Himmel und der Erde zu, unerträgliche Hitze verbreitend. Städte beginnen in loderndem Feuer zu brennen, Menschen rennen um ihr Leben, stürzen hin, die Luft ist erstickend, überall Mangel an Sauerstoff. Die Kugel dreht sich in rasender Schnelligkeit, speit riesige Staubwolken aus (Veronika fällt in erstickende Hustenkrämpfe), der Staub senkt sich herab, Felsbrocken fallen, die Leute laufen nach allen Richtungen, es gibt keinen Ort, wohin man sich retten kann. Es erheben sich Wellen in einem Gestade, riesenhoch, überfluten das Land, New York.

18. März 1973 Maria: Es wird über die Erde eine große Finsternis kommen, die Luft wird zum Ersticken sein. Es wird kein Licht geben, nur wenige Kerzen werden brennen. Ihr werdet vor dem Nahen des Strafgerichts gewarnt werden, eine Zeit vorher. Dann wird die Buße für viele zu spät kommen: der Vater hat die Kugel auf den Weg zu euch gesandt.

14. April 1973 Jesus: Wir beabsichtigen nicht, die Erde völlig zu vernichten wie in der Vergangenheit; wir werden die Erde aber schrittweise reinigen. Das Leiden wird euer Läuterungsmittel sein. Der Mensch hat den Dämonen erlaubt, sein Tun zu lenken. Das Zeichen des Menschensohnes wird vor dem großen Strafgericht erscheinen. Die Mächte des Bösen sammeln sich, Mein Kind, um das Werk aufzuhalten.

9. Dezember 1973 Veronika: Was ich sehe, gleicht dem Wildwest. Ich sehe Leute, die in der Erde graben und Kartoffeln oder etwas Ähnliches pflanzen. Ich sehe sie, und

das ist das Eigenartige daran, daß sie im Erdschmutz harken und doch ganz elegant gekleidet sind. Und einer von ihnen kommandiert; er zeigt, wie der Bohrer eingesenkt werden muß, in den Boden hinein. Sie reden von Wasser, von Wasser. Nun blicke ich um mich und sehe Häuser von ganz seltener Art. Sie scheinen aus Holz gemacht und aus Reisern, mit Stücken von Tuch darüber. Es ist ganz seltsam, alles sieht so aus, als gäbe es kaum etwas im ganzen Umkreis, es sieht hier aus wie eine Wüste. Und nun gruppieren sich die Leute, sie treten zusammen, und sie knien nieder. Und ein Mann nimmt jetzt ein Kruzifix – er macht ein Kruzifix, aus zwei Stücken Holz und etwas Stoff zum Binden; und sie knien alle nieder, und sie beten. Es ist ganz eigenartig, weil es so aussieht, als ob es da weit und breit nicht viele Menschen gäbe.

13. April 1974 Veronika: Ich blicke in die Straßen einer großen Stadt. Die Leute zeigen zum Himmel hinauf, sie sind von großem Leid gezeichnet, sie laufen und sie schreien; die Mütter mit ihren Kindern am Arm rennen mit vielen anderen aus der Stadt ins Land hinaus, und während sie zurückschauen, höre ich eine gewaltige Stimme: Schaut nicht zurück, nehmt eure Habe und flieht. Oh – ich schaue hin und sehe, die Leiber brennen, sie werden ganz schwarz, wie sie brennen! Und da ist eine Ebene, aus ihr erhebt sich Rauch, das sieht da einer Fläche ähnlich, wo einmal eine Stadt gewesen sein muß. Sie ist zusammengefallen, eingesunken wie ein Kartenhaus. Jetzt sehe ich nur eine Wüste, nichts ist mehr da, alles ist still, wo die große Stadt gewesen ist – nichts.

18. Juni 1974 Maria: Ja, mein Kind, es wird einen großen Krieg geben und ein großes Wunder und dann die große Reinigung. Die große Reinigung wird eine große Feuertaufe sein. In deinem Land, mein Kind, gibt es Gebiete, die in die größte Katastrophe fallen werden.

Veronika: O may, oh, ich sehe große Wellen, sie schlagen an die Strände überall entlang der Küstenlinie. Es gibt da wunderschöne Häuser an der Küste, wohlhabend und kostspielig, groß und weiß, wie Landsitze, sie sind alle auf einen Hügel gebaut. Und ich sehe, du meine Güte, das Land gleitet in das Wasser hinein und die Häuser gehen alle unter! Und ich kann Leute laufen sehen, sie versuchen, von dem Boden weg zu kommen, der beginnt, sich zu spalten und der im Wasser versinkt. Oh nein, ich sehe.. ich weiß jetzt wo es ist, es ist Kalifornien. Jetzt kommt unsere Frau heran und sagt: „Mein Kind, das ist nicht das einzige Gebiet, das großer Zerstörung entgegengeht." Unsere Frau zeigt auf die andere Seite hinüber; es ist, als würde man auf eine Landkarte blicken, und da ist eine andere Küstenlinie, die ich selbst kenne, die Ostküste, ich erkenne New York und Long Island, die zum Wasser hin sich erstrecken. Oh, ich sehe einen großen Blitz, einen Ausbruch von Feuer, und das Wasser erhebt sich riesenhoch, und auch diese Küste löst sich auf und versinkt im Wasser. Unsere Liebe Frau zeigt nach oben, da zeigt sich ein riesengroßer Ball, er kommt mit großer Schnelligkeit über den Himmel, man sieht seinen ganzen Umfang, er ist orangefarben und glühend und sehr heiß.

29. März 1975 Veronika: Jetzt sehe ich die Gottesmutter auf etwas zeigen, das wie eine Landkarte aussieht. Ich kann darauf Jerusalem sehen, Ägypten, Arabien und Französisch-Marokko. Eine sehr dichte Finsternis scheint sich über diese Länder auszubreiten, und Maria sagt: „Der Beginn des Dritten Weltkriegs, mein Kind. Ihr müßt euch beeilen, Meine Botschaft überall in die Welt hinauszusenden. Du wirst nicht von deinem Werk entfernt, bis der Ewige Vater es für nötig hält" (Veronika antwortet: „Ja").

5. April 1975 Maria: Es wäre nie so weit gekommen,

wenn sich Satan nicht die Verbreitungsmittel eurer Zeit zunutze gemacht hätte. Der Dritte Weltkrieg wird bald beginnen. Mein Kind, er wird viele Leben fordern. Viele Länder werden vom Angesicht der Erde verschwinden. Kriege sind Strafen für die Sünden der Menschen. Der Vater züchtigt jene, die Er liebt. Betet, betet viel, bringt Opfer. Viele Eltern werden bittere Tränen weinen, aber zu spät. Wisse, daß niemand der Kugel der Erlösung entrinnen wird.

8. September 1975 Tränen fallen vom Himmel, Mein Kind. Wir sehen eine Verschwörung gegen Unseren geliebten Vikar. Wir sehen einen inneren Feind mit dem Plan, ihn zu entfernen. Mein Kind, Seine Hände sind gebunden. Nun müßt ihr beständig im Gebete wachen, denn solange ihr euch nicht mit Gebeten an den Ewigen Vater wendet, sind eure Aussichten, der Dunkelheit zu entgehen, gering. Die Zeit der Zeiten ist gekommen. Die Hölle ist offen; der Kampf um die Seelen geht weiter, die gewaltige Schlacht, viel größer, als die Welt je eine gesehen hat, noch sehen wird, denn ihr nähert euch der Feuertaufe. Habt ihr eure Seelen und die Seelen derer, die ihr liebt, vorbereitet? Viele jener, die getauft, gewaschen und gereinigt im Glauben waren, haben die Zerstörung gewählt.

20. November 1975 Die ewige Stadt wird bald ein Blutbad erleben, Mein Kind. Die Welt wird im Feuer geläutert werden. Viele werden vor dieser großen Katastrophe hinweggenommen werden.

27. Dezember 1975 Jesus: Ihr, Meine Kinder der Gnade, die ihr auf die Warnungen des Himmels gehört und danach gehandelt habt, fahrt mit Beharrlichkeit fort. Ihr müßt Barmherzigkeit üben und für jene beten, die ohne eure Gebete für den Abgrund bestimmt wären. Wir erwarten von euch nicht, daß ihr richtet. Wir stimmen keinem Unrecht zu, der Ewige Vater ist immer der letzte Richter. Ihr habt in der

Vergangenheit viele Warnungen erhalten, doch sind sie nicht als vom Ewigen Vater kommend angesehen worden. Die Warnungen, die jetzt kommen, werden anerkannt werden. Denn es werden Katastrophen sein, wie sie noch nie auf Erden wahrgenommen wurden: Kälte in Gebieten eures Landes, die nie Kälte erfahren haben; Hitzeausbrüche in Gegenden, die niemals solche Hitze kannten. Der Tod wird über viele kommen. Die Annäherung der Kugel der Erlösung wird für die Menschheit klimatische Veränderungen mit sich bringen. Alle, die nahe bei Meiner Mutter bleiben, wird es nicht unvorbereitet treffen. Das ist eine große Gnade für viele – der Rosenkranz Meiner Mutter ist wahrhaftig mächtig für die Menschheit. Ich rate euch, oft eure Engel anzurufen, denn ihr werdet die kommende Schlacht ohne sie nicht überleben.

17. April 1976 Maria: Die Welt wird durch einen Schmelztiegel der Leiden gehen. Alles, was ich dich in der Vergangenheit sehen ließ, hat seinen bestimmten Grund. Die Kugel der Erlösung schwebt näher auf eure Erde zu; sie ist kein gewöhnlicher Himmelsstern, Mein Kind, sie ist eine übernatürliche Offenbarung des Vaters.

Jesus: Die Verschwörung des Bösen streckt wie ein Polyp die Arme aus, um Meine Kirche zu zerstören. Ich aber sage euch: Ich bin das Fundament. Es gibt viele Judasse in Meinem Hause. Ich habe den Engel Exterminatus über euch befohlen. Alle, die guten Geistes sind, werden durch diese Heimsuchungen hindurchgelangen, denn sie kennen die Ursachen dieser Prüfung. Ihr könnt und dürft Sünde nicht entschuldigen und verharmlosen, bis sie schließlich zur Lebensgewohnheit geworden ist. Meine Kinder, wollt ihr die Züchtigung? Wollt ihr euer ewiges Sein bei Uns vernichten, nur um dieser kurzen Jahre willen, die ihr alle auf eurer Erde verbringt? Wenn ihr euren Leib verlasset, werdet ihr – zu spät – begreifen, was ihr versäumt habt, da wird die Zeit des Heulens und Zähneknirschens sein. Nur dank der Barmherzigkeit eines Ewigen Vaters habt ihr die Kugel noch nicht empfangen, aber sie ist im Kommen. Die Gebete der Getreuen haben euch mehrere Gnadenfristen erwirkt, aber die Waage sinkt schwer nach links.

12. Juni 1976 Maria: Meine Kinder, ich werde niemals müde werden, immerdar wird Meine Stimme die Menschen erreichen bis zur großen Feuertaufe. Alle erhalten eine gerechte Warnung, und dann kommt das Schwert. Wie der Tag der Nacht folgt, wird die Warnung bald eintreten. Schaut nicht auf zum Himmel, hütet euch vor dem Aufblitzen. Schließt eure Fenster, zieht die Vorhänge vor, bleibt im Hause. Wenn ihr euch vor eure Türen hinauswagt, werdet ihr nicht mehr zurückkehren. Betet. Werft euch auf den Boden nieder, betet mit ausgebreiteten Armen und bittet euren Vater um Barmherzigkeit.

24. Juli 1976 Jesus: Es wird der größte Krieg kommen, ein Krieg von solchen Ausmaßen, daß noch kein Mensch den Terror und die zerstörerische Wirkung einer solchen Macht erfahren hat. Der Weg zum Königtum Gottes ist ein schmaler Weg, man kann ihm nur in Buße folgen: ein Weg ist es, auf den Ich euch einlade: Komm! Folge Mir nach. Aber der Weg ist voll von Dornen und schweren Kreuzen.

6. Oktober 1976 Maria: Die Macht des Gebetes ist groß. Dort können die Dämonen nicht bleiben, wo wie in Kaskaden der Klang von Gebeten niederfällt und widerhallt in den Lüften. Es wird viele Zeichen vom Himmel geben, um den Menschen aufzuwecken vor dem Kommen des Balles der Erlösung. Herzen werden in Furcht erschaudern, Menschen werden vor Schreck hinsinken, so groß wird die Überraschung sein.

7. Dezember 1976 Jesus: Es ist eine traurige Tatsache, daß zwei Bußen auf die Welt herabkommen, eine Geißel des Krieges und der Ball der Erlösung. Ihr fragt, wie bald? Es kommt unvermutet.

6. Oktober 1977 Maria: Kinder stehen gegen ihre Eltern auf und schlagen sie tot. Mörder werden in euren Straßen toben.

31. Dezember 1977 Jesus: Bereitet die Seelen eurer Kinder vor; viele werden hinweggenommen, um sie zu retten. Satan, der Meister der Täuschung, der Verderber der Seelen, schweift nun auf Erden umher. Ich wiederhole, was euch Meine Mutter sagte: Luzifer war gefesselt, aber jetzt ist er losgelassen. Ihr könnt den Plan seit Beginn eurer Existenz nicht begreifen. Alles muß geschehen, die Seiten eurer Bibel müssen umgewendet werden. Aber sie wenden sich schnell, weil der Mensch nichts tut, um es aufzuhalten.

18. März 1978 Eine schrittweise Reinigung durch Heimsuchungen kommt über die Menschheit. Die Elemente werden große Veränderungen auf die Erde bringen – Fluten sollen toben als Vorhut, Meine Kinder. Die Atmosphäre wird brennen in dieser nahen Zukunft, weil sich der Mensch über die Sterne erhoben hat.

30. Juni 1985 Maria: Ich bin an vielen Orten überall auf der Welt erschienen ... Ich bin die Mutter aller Botschaften, aller Seher ... Kein Seher ist größer als der andere, keine Botschaft größer als die andere ...

1. Juli 1985 Maria: Es gibt nichts zu fürchten, Mein Kind. Ich habe euch die Richtung angegeben. Betet den Rosenkranz täglich. Meine Kinder, Glied für Glied, Perle für Perle, die ganze Welt hindurch. Denn ich wiederhole: Eure Zeit ist nahezu abgelaufen.

Während die Welt ruft: Frieden, Frieden und Heil, sehen sie

nicht in die richtige Richtung. Sie verlassen sich auf die Wissenschaftler der Welt, die immer suchen und niemals zur Wahrheit kommen. Diese Wissenschaftler haben nun Arsenale von Munition, Sprengköpfen und Raketen geschaffen, mit denen sie die Herrschaft über die Welt zu erlangen suchen.

Und, Meine Kinder, es braucht nicht viel Wissen und Bildung, um zu verstehen, daß der Himmel euch nun warnt.

Mein Kind, ich weine Tränen großen Mitleids für euch ... Schaut nicht zurück, Meine Kinder, wenn ihr die Leiber findet, schwarz – tote Körper – die auf euren Straßen herumliegen. Berührt sie nicht, oder ihr werdet ebenfalls sterben ...

Die Feinde Gottes, mit Rußland an der Spitze, suchen das Wissen vom Ewigen Vater in der Dreieinigkeit zu zerstören. Sie suchen, meinen Sohn aus der Geschichte herauszunehmen, und sie versuchen, ihn für ihren eigenen Vorteil zu verleumden.

Siehe, Mein Kind, was niedergeschrieben wurde. Von woher und wodurch hat diese Urkunde ihren Ursprung, unterzeichnet von vielen Kardinälen? Oh, Mein Kind, Mein Herz blutet. Das Urkundenpapier enthält die Worte, die einen Vertrag zwischen dem Vatikan und Rußland bilden. Dieser Vertrag muß für nichtig erklärt werden. Es gibt noch, Mein Kind, drei Lebende ... drei Lebende auf Erden, die an der Abfassung dieses Vertrages mitwirkten.

(Anmerkung: Der Name des damaligen Kardinalstaatssekretärs Jean Villot steht in der 1979 veröffentlichten Liste der eingetragenen Freimaurer im Vatikan. Danach trat Jean Villot am 6. August 1966 in Zürich unter der Matrikel-Nr. 041/3 in eine Freimaurerloge ein.)

Nachdem die Gottesmutter den geheimen Vertrag zwischen Freimaurer-Kardinälen im Vatikan und den kommunistischen

Führern in Moskau enthüllt hatte, sprach Christus zur Seherein:

„Meine Kinder der Erde, wie glücklich bin ich, zu wissen, daß unter euch solche sind, die willens sind, ihr Leben zu weihen und zu opfern für den Eintritt in den Himmel durch die Rettung vieler Seelen auf Erden.

Und ich sage dies zu euch, einstmals unbescholtene Jungfrauen in den Klöstern der Welt, die ihr es vorgezogen habt, eure Gelübde und euren Treueeid gegenüber eurem Gott zu verwerfen, um ein angenehmeres Leben auf Erden zu suchen, ohne eure Ordenskleidung, ohne euer Kloster, und das Leben einer weltlichen Person zu führen: Alle diejenigen, die gültig heilige Weihen empfangen haben, werden für das Verwerfen ihrer Gelübde zur Rechenschaft gezogen, viele auch wegen der Mißverständnisse, die sie von den gütigen Päpsten Johannes und Paul ausgehen ließen ...

Mein Kind und Meine Kinder, die Morde an den Ungeborenen werden eine schwere Züchtigung über die Vereinigten Staaten, Kanada und die Nationen der Welt bringen, die jetzt nicht nur zu den Verbrechen eurer Kinder und der Kinder der Welt beitragen, sondern den Mord entschuldigen. Kein Mensch wird in die Hölle fallen, wofern er es nicht selbst will, wofern sein Herz nicht verhärtet und seine Augen nicht erblindet sind, wofern er für die Freuden der Welt nicht seine ewige Seele preisgibt."

*

(Bayside gibt auch manche Auskunft über Kriegsschiffe, U-Boote, Raketenverstecke und über Zustände in der Kirche, besonders über den Seelenzustand einiger namentlich genannter Kardinäle. Diese Stellen wurden in der deutschen Übersetzung weitgehend ausgelassen.)

Porto Santo Stefano
Italien

(Hafenstadt einer kleinen Halbinsel im Tyrrhenischen Meer auf halbem Weg zwischen Livorno und Rom)

Botschaften an den Arbeiter Enzo Alocci
(Auszüge)

Kehrt um, solange es Zeit ist!

Botschaft der heiligen Jungfrau Maria – 1. Januar 1974

Überlaßt euch nicht dem Unheil; werft euch ihm nicht selber vor! Ich bitte euch, daß ihr euch besinnt; denn bald schon werdet ihr einhalten müssen: ihr werdet nicht mehr laufen können. Die Autos, die Flugzeuge und die anderen Verkehrsmaschinen werden eines Tages nur noch ein Schrotthaufen sein; sie werden sich nicht mehr vom Boden erheben.

Nicht Änderung, sondern Gebet und Ganzhingabe!

Botschaft Jesu – 22. Mai 1974

Klein ist die Zahl derer, die dem Vater Opfer bringen für die Rettung der Seelen, für den Frieden in den Familien und für die Rückkehr der Menschen zum Gebet. All dies ist im Schwinden, weil es gilt, modern zu sein, und weil meine Priester von Veränderung predigen und von Belustigung, aber nicht vom Gebet. Dabei behaupten sie noch, all dies komme von Gott.

Hätten sie nicht die Tore meiner Kirche dem Bösen geöffnet, so wäre alles nicht so weit gekommen. Es ist dies weder in meinem Willen noch im Willen des Vaters im Himmel; des Menschen Wille ist es, der solches hervorbringt.

Mir geht es nicht um Änderung, sondern um das Gebet, um die Buße und die Ganzhingabe.

Ich erwarte, daß jeder seine Pflicht als wahres Kind des Vaters erfüllt: Opfert, betet für die Lebenden und Verstorbenen.

Empfangt mich mit großer Liebe in der heiligen Eucharistie; geht zu den Sakramenten mit wahrem Verlangen und der ganzen Kraft eures Herzens. Berührt meinen sakramentalen Leib niemals mit euren eigenen Händen. Nur mein Priester soll beim Eucharistischen Opfermahl den Gläubigen die Kommunion reichen. Wenn ihr aber gezwungen werdet, die Kommunion in die Hand zu nehmen, dann gehorcht! Leistet meinen Priestern immer Gehorsam und dankt dem Vater in herzlichem Gebet für den Empfang des Sakramentes.

Nun ist es Zeit! Bleibe zuversichtlich und bete jeden Tag für meine Priester!

Wirklich eine zersprengte Herde

Botschaft Jesu – 12. Juni 1974

Betet, denn ein furchtbares Strafgericht wird in kurzer Zeit über die Welt kommen. Die Welt wird regiert von den Dämonen Satans, der den Menschen Unheilvolles eingibt. Wo kein Gebet ist, da hat das Tier die Macht. Betet, um das Kommende hinauszuzögern, das sich bald entfesselt. Revolutionen, Kriege, Krankheiten, Hungersnot und Teuerung stehen bereits vor der Tür, und sehr bald bricht der Sturm los. Was wird aus euch werden, meine Kinder, wenn ihr nicht betet, sondern euch vergnügt, singt und lärmt?

... meine geliebten gottgeweihten Schwestern!

Botschaft der heiligen Jungfrau Maria – 10. August 1975

An diesem Morgen gebe ich dir eine Anweisung für meine geliebten gottgeweihten Schwestern:

Ihr Töchter, meine Töchter! Ich bitte euch: Seid aus innerer Hingabe, die aus dem Gebet kommt, mütterlicher zu euren

Mitmenschen! Entfernt jede Sünde, die sich bei euch in allen religiösen Bereichen einnistet. Laßt das Fernsehen; denn dieses führt euch, Gottgeweihte, in den Untergang!

Meine Töchter! Möget ihr wachsen an der Liebe zu Jesus Christus! Beseitigt alles, was euch schädlich ist und in der Seele zerstört. Kehrt euch ab von der Sünde des Fernsehens. Macht eure Unordnung dadurch wieder gut, daß ihr wieder mehr den Rosenkranz in die Hand nehmt und das Gebet zum Kostbarsten Blut meines Sohnes pflegt.

Legt nicht ab euer geweihtes Ordenskleid! Geht nicht in Hosen und anderen unanständigen Kleidern!

Er ist Christus auf Erden

Botschaft Jesu – 22. September 1975

Hört auf mich, meine Priester! Hört auf mein Wort; denn es ist richtungweisend für die Kirche und für die gesamte Menschheit.

Ihr seid getrieben von zweifelhaftem Verlangen nach Irdischem. Wann denkt ihr daran, euch vom Materialismus abzukehren und in wahrer Gläubigkeit zu leben! ...

Ich segne dich, mein Sohn. Gib dieses Wort meinen Priestern! Bete und laß beten!

Botschaft Mariens – 14. November 1982

Erbarmen, meine Kinder! Habt Erbarmen mit eurem Gott, der euch über die Maßen liebt und euch immer lieben wird bis zum Ende. Ich werde nie aufhören, euch zu bitten: Kehrt zurück, meine Kinder, ins Vaterhaus, dorthin, wo ihr eure Zuflucht und euer Heil finden werdet.

Frieden, meine Kinder, Frieden und Gebet! Und ich verspreche euch, daß großer Frieden herrschen wird auf der ganzen Welt, wenn ihr meinen Wunsch erfüllt. Wenn ihr aber gegen meine Erwartung handelt, wird großer Schmerz mein armes Herz bedrängen.

Rußland ist dabei, Vorbereitungen zu treffen, um die ganze Erde zu vernichten. Viele werden vor Hunger und an qualvollen Entbehrungen sterben. Grausame Vernichtung und Tod werden herrschen. Der Krieg wird unheilbare Krankheiten hervorbringen; die gesamte Welt wird umgewälzt werden.

Meine armen Kinder, wenn ihr nicht auf mich hört, dann werde ich euch nicht helfen können. Betet doch, damit ich euch helfen kann!

Botschaft Mariens – 19. Dezember 1982 – 11 Uhr

Dieses Treiben ist unsinnig. Wo die Liebe und das Gebet fehlen, da fehlt auch Gott! Meine Kinder, sühnet für die Todsünden; denn die Welt ist angefüllt mit schweren Sünden: Abtreibungen und Rachemorden, die im Herzen meines Sohnes nach Vergeltung schreien.

Verdorbenes Geschlecht! Was erwartet ihr von eurem Gott? Meint ihr, daß er euch belohnt? Keinesfalls aus Barmherzigkeit!

Kehrt zurück zum Gebet, ehe es zu spät ist! Erlangt wahre Gottesliebe, tretet ein in das große Zwiegespräch des Gebetes zur Rettung der ganzen Menschheit!

Wenn ihr meine Wünsche nicht erfüllt, wird es für euch zu spät sein. In nicht allzuferner Zeit werden die Ozeane überschäumen und die Erde umwälzen. Vorher aber noch werdet ihr mit Kriegen, mit Hunger und unheilbaren Krankheiten heimgesucht werden; es wird wie das Ende sein!

Don Stefano Gobbi

Der katholische Priester Stefano Gobbi lebt in Mailand. Er gründete die Marianische Priesterbewegung, der inzwischen dreihundert Bischöfe beigetreten sind, und gab Botschaften der „Muttergottes an ihre vielgeliebten Priester“ heraus. Gobbi empfängt bis herauf in die Gegenwart Botschaften der Muttergottes, die immer dringlicher werden. In Don Stefano Gobbis Mitteilung vom 18. Oktober 1975 sagte die Gottesmutter:

Mein Gegner wird vollkommenen Sieg über die Welt, über die Kirche, über die Seelen ausposaunen. Erst dann werde ich eingreifen, furchtbar und siegreich, damit der Sieg um so größer sei, je mehr er sich in der Gewißheit glaubt, für immer gesiegt zu haben.

Was sich vorbereitet, ist dermaßen groß, wie es seit Erschaffung der Welt nie stattgefunden hat. Darüber ist schon alles in der Heiligen Schrift vorausgesagt. Dort ist schon der furchtbare Kampf angesagt zwischen mir, der Frau mit der Sonne umkleidet, und dem roten Drachen (Offb 12), dem es gelingt, alle zu verführen durch den gottlosen Marxismus. Dort ist schon berichtet vom Kampf der Engel und meiner Söhne gegen die Anhänger des Drachens, die von den aufrührerischen Engeln angeführt werden. Vor allem ist dort mein vollständiger Sieg deutlich angekündigt.

Es ist gut, daß mein Feind den Eindruck gewinnt, als hätte er schon alles erobert und in seinen Händen. Aus diesem Grund wird es ihm erlaubt sein, bis ins Innerste der Kirche einzudringen, und es wird ihm gelingen, das Heiligtum Gottes gänzlich zu verdunkeln. Unter den Dienern des Heiligtums wird er die meisten Opfer (Apostaten) ernten. Dies ist der Augenblick des größten Abfalls meiner Priester. Einen Teil wird der Teufel durch den Stolz zu Fall bringen, andere durch die Fleischeslust, andere durch Zweifel, andere durch Unglauben, wieder andere durch Mutlosigkeit und Vereinsamung. Wie viele werden an meinem Sohn und an mir zweifeln und glauben, daß dies das Ende meiner Kirche sei.

Geliebte, die erste Waffe, die ihr gebrauchen sollt, ist das Vertrauen auf mich und eure vollständige Hingabe. Überwindet die Versuchung der Furcht, der Entmutigung, der Traurigkeit. Dieses Mißtrauen lähmt eure Wirksamkeit, und das nützt meinem Geger. Seid frohen Mutes! Verharrt in der Freude! Es ist nicht das Ende meiner Kirche. Dies ist die Vorbereitung ihrer vollständigen und wunderbaren Erneuerung.

Auch wenn ihr gefallen seid, auch wenn ihr gezweifelt habt, auch wenn ihr in gewissen Augenblicken Verrat geübt habt, lasset euch nicht entmutigen, denn ich liebe euch! Steht wieder auf! Je mehr mein Gegner euch bedrängen wird, um so größer wird meine Liebe zu euch sein und euch helfen. Ich bin Mutter, und ich liebe euch.

Ich werde aus euch lebendige Abbilder meines Sohnes Jesu gestalten. Deshalb seid froh, seid voll Vertrauen, seid mir ganz übergeben, seid in ständigem Gebet mit mir. Die Waffe, die ich gebrauchen werde, meine Kinder, um diesen Kampf zu kämpfen und zu siegen, das wird euer Gebet und euer Leiden sein. Dann werdet auch ihr, wie mein Sohn Jesus, am Kreuze zusammen mit eurer Mutter sein.

Aus der Botschaft der Gottesmutter an ihre vielgeliebten Priester vom 3. Juli 1987 in Valdragone bei Mailand, am 30. September 1987 von Don Stefano Gobbi veröffentlicht, hier mit unwesentlichen Kürzungen mitgeteilt:

Kehrt um, kehrt bald um zu eurem Gott der Rettung und des Friedens. Die Zeit, die euch zu eurer Umkehr gewährt ist, ist fast abgelaufen. Die Tage sind gezählt. Kehrt bald um, geht auf die Straße der Rückkehr zu Gott, wenn ihr gerettet werden wollt.

Vielgeliebte Söhne, ich brauche Stimmen, die meine Stimme verbreiten, Hände, die helfen, Füße, die auf allen Straßen der Welt gehen. Ich möchte, daß diese meine Botschaft bald alle Teile der Erde ereicht. Ihr seid meine Boten.

Bosheit bedeckt die ganze Erde. Die Kirche ist wie verdunkelt durch den Abfall von Gott und durch die sich vermehrenden Sünden. Der Herr muß euch reinigen für den Triumph seiner Barmherzigkeit durch seine Gerechtigkeit und Liebe. Für euch bereiten sich schmerzliche und blutige Stunden vor, die näher sind, als ihr es euch vorstellen könnt.

Darum führt alle meine Kinder in den Zufluchtsort meines Unbefleckten Herzens. Ruft sie, faßt sie bei der Hand, vergeßt keinen.

Vielgeliebte Söhne, achtet auf euren weiten Wegen auf die Kleinen, die Armen, auf die, die am Rande stehen, auf die Verfolgten, die Sünder, die Drogensüchtigen, auf jene, die Opfer teuflischer Verführung geworden sind. Ich will alle meine Kinder retten, ich brauche euch, ich möchte sie durch euch retten.

In der Zeit des Strafgerichts müßt ihr sie beschützen, verteidigen, ihnen helfen und sie trösten. Warum wollt ihr meinen flehentlichen Aufruf nicht unterstützen, überallhin zu gehen, um die Schwächsten, die Kleinsten, die Zerbrechlichsten, die Leidenden, die Entferntesten, die Verlorenen zu sammeln; bringt sie alle, alle. Ich will sie alle im sicheren Zufluchtsort meines Unbefleckten Herzens. Dies ist meine Zeit, die Zeit der großen Umkehr.

Ja, nach dem großen Schmerz kommt die Zeit der großen Wiedergeburt. Die Menschheit wird umkehren in einen neuen

Garten des Lebens und der Schönheit, die Kirche wird wie eine Familie sein, erleuchtet von der Wahrheit, ernährt durch die Gnade, getröstet von der Gegenwart des Geistes.

Die große Barmherzigkeit wird wie ein brennendes Feuer der Liebe zu euch kommen und wird vom Geist der Liebe ausgehen, den euch der Vater und der Sohn geschenkt haben ...

Der Heilige Geist wird wie ein Feuer herabkommen, aber auf andere Art als beim ersten Pfingstfest. Es ist ein Feuer das brennt, das reinigt, das verwandelt, das heiligt, das die Erde von Grund auf erneuert. Es öffnet die Herzen für das wirkliche Leben und führt die Seelen zu einer Fülle der Heiligkeit und der Gnade. Ihr werdet eine so große Liebe und eine so vollkommene Heiligkeit kennenlernen, wir ihr sie bisher nicht gekannt habt ...

Marienerscheinung in Kairo

Meine Brieffreundin Inas Fakhry, Kairo, schreibt mir in ihrem Brief vom 16. Juni 1986 folgende Zeilen:

„Ich weiß nicht, ob Du gehört hast, daß die heilige Maria zur Zeit regelmäßig in einer Kirche in Kairo erscheint. Die Kirche ist in einem sehr armen Stadtteil und ist selber sehr klein. Sie (die heilige Maria) erscheint dort regelmäßig seit dem 25. März innerhalb und außerhalb der Kirche. Ich bin vor ungefähr einer Woche dort(hin) gegangen und habe sie gesehen. Ich war an zwei Tagen dort, und an jedem Tag erschien sie. Das erste Mal erschien sie mit den Händen geöffnet (wie man die Heilige Maria auf manchen Bildern darstellt). Das dauerte ungefähr 20 Minuten, und Licht ging durch die Kirche. Am zweiten Tag (nach der heiligen Messe) erschien ein Kreuz aus Licht auf einem Bild Jesu, und das dauerte drei Stunden. Dann erschien Maria auf der Schulter Jesu und sie trug das kleine Christkind. Tausende von Menschen besuchen die Kirche täglich, und viele Wunder sind geschehen. Die Atmosphäre in der Kirche ist unbeschreibbar."

Soweit der Augenzeugenbericht aus Kairo.

Martin S., München

Über Fortschritt und Stagnation in der Forschung

Goethe und Eckermann unterhielten sich über Fortschritt und Stagnation in Forschung und Aufklärung. Eckermann brachte das Gespräch auf Professoren, die immer noch überholte Lehren vortragen, obwohl diese längst durch neue Forschungsergebnisse widerlegt wurden. „Das ist nicht zu verwundern", sagte Goethe, „solche Leute gehen im Irrtum fort, weil sie ihm ihre Existenz verdanken; sie müßten umlernen, und das wäre eine sehr unangenehme Sache." – „Aber", sagte Eckermann, „wie können ihre Erkenntnisse die Wahrheit beweisen, da der Grund ihrer Lehre falsch ist?" – „Sie beweisen auch die Wahrheit nicht", sagte Goethe, „und das ist auch keineswegs ihre Absicht, sondern es liegt ihnen bloß daran, ihre Meinung zu beweisen. Deshalb verbergen sie auch alle solche Experimente, wodurch die Wahrheit an den Tag kommen und die Unhaltbarkeit ihrer Lehre sich darlegen könnte." Goethe fuhr fort: „Man muß das Wahre immer wiederholen, weil auch der Irrtum um uns her immer wieder gepredigt wird, und zwar nicht nur von einzelnen, sondern von der Masse, in Zeitungen und Enzyklopädien, auf Schulen und Universitäten."

Viele der neueren und neuesten Marienerscheinungen

sind kirchlich noch nicht anerkannt, so die bereits ausführlich dargestellten Botschaften von Garabandal, Bayside und andere, aber auch folgende kurz aufgeführte Erscheinungsorte:

Heede, Emsland, Bistum Osnabrück, 1937–1940

Pfaffenhofen an der Roth, Bayerisch-Schwaben, 1946
Botschaft von Marienfried.
Hier erschien die Gottesmutter der damals 21jährigen Bärbel Rueß am 25. April 1946 im nahen Wald, als der Platz für eine im Kriegsjahr 1944 von der Dorfgemeinde gelobte Marienkapelle gerodet wurde. Bei der zweiten Erscheinung am 25. Mai, am Abend des Dreifaltigkeitsfestes, ereignete sich ein für viele Menschen sichtbares Sonnenwunder. Maria gab Botschaften von erschütternder Eindringlichkeit. Sie sagte: „Ich bitte euch, seid bereit zum Kreuztragen. Die heutige Welt muß den göttlichen Zornesbecher bis zur Neige trinken. Der Teufel wird solche Macht nach außen bekommen, daß alle, die nicht fest im Glauben sind, sich täuschen lassen. Der Teufel wird die Menschen so blenden, daß er auch die Besten zu täuschen und auf seine Seite zu ziehen vermag." Und immer wieder beteuerte sie: „Ich bin die große Gnadenvermittlerin. An euch liegt es, die Tage der Dunkelheit abzukürzen. Euer Beten und Opfern wird das Bild des Tieres zertrümmern. Dann kann ich mich aller Welt offenbaren zur Ehre des Allmächtigen." Was aber Marienfried einen besonderen Platz unter allen Erscheinungsorten einräumt, ist dies: Die Botschaft schloß am 25.

Juni 1946 mit einem Engelshymnus auf die Allerheiligste Dreifaltigkeit, einem Preisgesang von unvergleichlicher und unbegreiflicher Schönheit.

Tre Fontane bei Rom (Latium), 1947
Bruno Cornacchiola

Marpingen (Saar), 1876/77 und 1982
Bistum Trier
Die Erscheinungen in Marpingen vor den drei Kindern Susanne Leist, Katharina Hubertus und Margaretha Kunz fielen in die Zeit des Kulturkampfes. Die katholische Kirche wurde von einer Welle des Hasses überspült, veranlaßt von einer dem Kanzler Bismarck ergebenen liberalen Presse. Mit dem rücksichtslosen Einsatz staatlicher Mittel sollten die deutschen Katholiken zur Annahme der protestantischen „Wahrheit" gezwungen werden. Aufgrund der „Maigesetze" saßen viele Priester im Gefängnis; in der Diözese Trier waren 200 Pfarrgemeinden ohne Seelsorger, der Bischof von Trier verließ das Gefängnis nach neun Monaten als gebrochener Mann. Als die Muttergottes, wie sie angekündigt hatte, „in schwer bedrängter Zeit", nach über hundert Jahren, am Peter- und Paulstag 1982, wieder erschien, sagte sie: „Wundert euch nicht, wenn die Katastrophe über Nacht kommt ... Vor den Toren Deutschlands stehe ich weinend, wie Christus über Jerusalem geweint hat. Euer Leben ist kein christliches mehr, sondern das Leben des neuen Heidentums! Die christliche Fahne wird nach außen gezeigt, aber das eigentliche Leben wird ohne Glauben und Gebet gelebt. Nur noch Laster, Haß, Unfriede, Zank, Habgier, freie Liebe, die Genußsucht des Fleisches triumphieren. Wie oft habe ich euch durch meine Offenbarungen gemahnt! In keiner Zeit der Menschheit habe

ich so viele Offenbarungen von der Allmacht Gottes erbeten wie gerade in der heutigen Zeit. Aber der Fürst dieser Welt, der Widersacher Gottes, hat euch für Gottes Gebote und Offenbarungen blind gemacht."

Kérizinen (Bretagn[illegible]/49 und 1954/65

Der Weiler besteht [illegible] Häusern. Jeanne-Louise Ramonet, geboren 1910, w[illegible] mit 17 Jahren ohne Angehörige und tat die Arbeit eine[illegible]n auf ihrem kleinen Hof. Am 15. September 1938 beim [illegible] ihrer zwei Kühe erlebte sie die erste von 24 Erscheinun[illegible]serer Lieben Frau. Eine zweite Reihe von 47 Erscheinun[illegible]zte im Marianischen Jahr 1954 ein und schloß am 1. Okt[illegible]965 ab. Erst Ende 1943 begann Jeanne-Louise auf Anrate[illegible]s Beichtvaters mit der Aufzeichnung der Botschaften [illegible]ottesmutter und des heiligsten Herzens Jesu. Christus [illegible]t sprach zu ihr: „Ich liebe es, das Schwache zu erwählen, un[illegible] Starke zu beschämen." Den Eintritt Rußlands in den Kr[illegible]nd das Ende des Zweiten Weltkriegs kündigte Maria an. [illegible] 27. Dezember 1947 sagte die Gottesmutter: „Während d[illegible]laubensabfall in der Welt fortschreitet, gibt es drüben in R[illegible]and eine Rückkehrbewegung zum Christentum, es gibt [illegible]ehrungen." Am 29. Mai 1948 sagte sie: „Es wird einen ne[illegible], folgenschweren Krieg geben. Frankreich muß damit rech[illegible]n, von einer russischen Armee überfallen und besetzt zu we[illegible]en. Die Guten werden dann von den Gottlosen verfolgt wer[illegible]n ... Nach einiger Zeit werde ich Frankreich einen ... Köni[illegible] geben."

Amsterdam (Holland), 1945/59

Eine junge Frau von dreißig Jahren (Ida Peerdeman) sah erstmals am 25. März 1945 im Kreis der Familie in Amsterdam „Die Frau aller Völker, die einst Maria war." Im Verlauf von 15

Jahren, oft mit großen Zeitabständen, setzten sich die Erscheinungen fort. Die Botschaften und Visionen von Amsterdam sind die umfangreichsten nach dem Zweiten Weltkrieg. Die „Frau aller Völker“ gibt nicht nur religiöse Botschaften, sondern zeigt der Seherin in Bildern verschlüsselt und unverhüllt Ereignisse der Zukunft. Die Botschaften von Amsterdam sind weltumfassend. Im Mittelpunkt stehen das Kreuz und das Altarsakrament. Aus den Botschaften: „England wird mich wiederfinden. Auch Amerika. Deutschland muß anfangen, wieder die Einheit zurückzuerlangen, jeder für sich im eigenen Haus. Die Kinder müssen wieder eins sein mit Vater und Mutter. Sie sollen doch wieder zusammen knien und den Rosenkranz beten.“ Den Tod Papst Pius' XII. sagte Maria am 10. Februar 1958 voraus: „Dieser Heilige Vater Papst Pius XII. wird Anfang Oktober dieses Jahres bei den Unseren aufgenommen.“

Heroldsbach bei Forchheim, Bistum Bamberg, Bayern, 1949/52
Am Rosenkranzfest, dem 9. Oktober 1949, hatten neun Schulmädchen das erste Erscheinungserlebnis. Die Kinder waren 11 und 10 Jahre alt. Rührend anzusehen sind sie, wie sie auf einem zeitgenössischen Lichtbild mit gefalteten Händen vor brennenden Kerzen stehen. Am 8. Dezember 1949 erlebten etwa zehntausend Menschen die Schrecken des Lichtphänomens eines Sonnenwunders. Die Vorgänge wiederholten sich mit Unterbrechungen bis zum 31. Oktober 1952. Die Namen der Kinder: Kuni Schleicher, Grete Gügel, Erika Müller, Marie Heilmann, Hildegard Lang, Betty Büttner, Irma Mehl, Antonie Sam und Rosa Bradel. Die vom Erzbischof Dr. Kolb veranlaßte und als Folge einer gezielt falschen Information von Rom verfügte Zerstörung der Wallfahrt Heroldsbach wird heute von Eingeweihten als Tragödie der neueren

Kirchengeschichte bezeichnet. Heroldsbach sollte, nach einer Botschaft der Gottesmutter, die Fortsetzung von Fatima sein, sollte, nachdem der Zweite Weltkrieg nicht verhindert worden war, den Dritten („durch Bomben der gefährlichsten Art, die es je gegeben hat, [wodurch] Millionen von Seelen auf einmal zugrunde gehen.“) abwenden.

Am 5. Februar: „Wenn so weitergebetet wird, kann ich vielleicht das Unheil aufhalten.“ Sie werde dann auch das Frankenland und Bayern schützen. Am 17. Februar: „Wenn ihr so weiterbetet, kann ich das Unheil abwenden.“ Die Gebete wurden verstärkt. Zwei Mädchen bekamen die Art des Unheils als Geheimnis anvertraut.

Die Kinder sahen die Hölle und den Himmel. Am 27. April lehrte die Erscheinung die Kinder ein kleines Jesuslied und sang es ihnen vor. Am 4. Mai beklagte die Erscheinung: „Das Volk hat nicht das getan, um was ich gebeten habe. Sie sollten Buße tun und haben es nicht getan.“ Zwei Tage später: „Einer nur ist, der es aufhalten kann, das ist der Heiland Jesus Christus, er hat die Möglichkeit dazu. Er wird die Katastrophe abwenden, wenn der größte Teil der Gläubigen auch wirklich Buße tut und Besserung verspricht.“ Am 16. Mai: „Es wird das Unheil kommen und eine große Hungersnot.“

Am 16. Juni versprach Christus den Kindern ein Zeichen, wenn die Gläubigen beten und Buße tun. Am 24. Juni erschien Maria mit Tränen in den Augen, auch einen Tag danach: Ihre Tränen fielen wie silberne Sterne zur Erde, ihre Füße waren mit Dornen umgeben. Auf die Frage, warum sie weine, antwortete sie erst am 26. Juni: „Weil sie meinen Sohn und mich verstoßen.“ Am 25. Juni war überraschend der Korea-Krieg ausgebrochen.

Am 9. Oktober 1950, dem Jahrestag der ersten Erscheinung, verlas Domkapitular Dr. Mann auf dem Berg das erste

Dekret des Heiligen Offiziums vom 28. September, das sich auf das negative Urteil der Erzbischöflichen Kommission stützte: „Die Übernatürlichkeit der Tatsachen steht nicht fest." Gebete, Andachten und Prozessionen wurden verboten. Um Prälat Mann und seinen Begleiter zu „schützen", war ein Aufgebot von hundert Polizeibeamten erschienen. Das nächste Mal erschien die Muttergottes an der Lourdesgrotte der Pfarrkirche, später wieder auf dem Berg. In der Nacht vom 31. Oktober zum 1. November 1950 (Tag der Dogmen-Verkündigung) sahen mehr als hundert Erwachsene die Gottesmutter hinter dem Waldkreuz.

Die Vision von der Atombombe und der radioaktiven Strahlung

Im Mai 1950 erlebte Frau M. W. aus München an der gleichen Stelle im Wald eine Vision von der Atombombe und der nuklearen Strahlung, deren Bedeutung erst nach der Reaktor-Katastrophe von Tschernobyl richtig beurteilt werden kann: Sie sah in der Mitte eines symbolischen Spinnennetzes, das die ganze Erde umspannte, die „Spinne" in Form einer Bombe. Die Erscheinung erklärte ihr, daß es sich um die Atombombe handele. Die Fäden des Netzes seien die Strahlungen, die auf der Erde und im Weltall zur Katastrophe führen können. Die nukleare Strahlung wirke auf alles, auf Wind, Wolken, Wasser, auf Menschen, Flugzeuge, Fahrzeuge. Wenn die „Spinne" – Atombombe – sich bewege (explodiere), entstehe ein „furchtbares Getöse", die Häuser versänken in Erdspalten. Die Seherin hörte das Geschrei der Menschen, die „in der aufgewühlten Erde" verschwanden. Sie sah die Straßen mit Toten bedeckt, die Überlebenden bei Kerzenlicht, denn überall war Dunkelheit. Das Meer trat haushoch über die Ufer und überschwemmte weite Gebiete. Es gab keine Nahrung mehr, die Speisen waren vergiftet, und die Menschen, die sie aßen, starben unter Krämpfen: Wenn die Menschen die Atombomben einsetzen würden, kämen sie im „selbstgewollten Gericht“ um.

*

Die Erscheinungen in Heroldsbach gingen weiter. Am 9. Oktober 1952 kündigte Maria das Ende ihres Kommens an. Ab 27. Oktober wurde den Kindern einzeln mitgeteilt, daß die Erscheinungen am 31. Oktober 1952 enden würden. An diesem Tag sagte Maria, die mit dem Jesuskind erschienen war: „Wir sind nicht gekommen, um Wunder zu wirken, sondern um hier zu Gebet und Buße aufzurufen. Betet weiter auf dem Berg, auch wenn wir nicht mehr erscheinen.“ Das Christuskind sagte: „Ich freue mich über das Gebet der Pilger, das sie aus ganzem Herzen hier verrichten.“

Die Erscheinungen waren von Engeln umgeben. Gleichzeitig erschienen über dem Birkenwald die Schutzheiligen der Kinder: Theresia vom Kinde Jesu, Bernadette, Maria Goretti, Aloysius, Gema Galgani, Elisabeth von Thüringen, Nepomuk und Antonius von Padua. Engel spielten die Melodie des Liedes „Ihr Freunde Gottes allzugleich“, die Kinder und die Pilger sangen mit. Um elf Uhr nachts sagte die Gottesmutter: „Der Sieg wird unser sein!“ Und mit traurigem Gesicht fügte sie hinzu: „Man hat nicht auf meine Worte und auf die meines geliebten Sohnes gehört und auf das, was wir zur Rettung aller gefordert haben. Jetzt ist es zu spät. Betet viel für die Priester, daß sie sich auf die Knie werfen und mit euch beten.“

Den Kindern wurde vorausgesagt, daß sie auf der Erde niemals glücklich würden. Sie sollten besonders Maria Goretti, die „Gesandte der Keuschheit“, verehren und den heiligen Aloysius, wenn die Gefahr einer Sünde drohe. Die

Gottesmutter dankte den Eltern und denen, die für Heroldsbach gekämpft hatten.

Am 15. Mai 1953 zerstörte auf Antrag des Ordinariates Bamberg ein Arbeitskommando des Landratsamtes Forchheim die Gnadenstätte. Laut Zeitungsbericht wurde sie „dem Erdboden gleichgemacht". Die Madonnenfigur zerbrach, der Kopf der Statue rollte über die Steinplatten. Die meisten der Beteiligten wurden exkommuniziert und sind es heute noch. Das Ordinariat Bamberg gab eine Broschüre heraus, in der eine Vision der Kinder verspottet wurde. An einer Stelle heißt es: „Wenn das alles echt wäre, würde Heroldsbach ein Gnadenort sein, der an Gunsterweisen des Himmels alles übertrifft, was sämtliche Wallfahrtsorte der Welt je ausgezeichnet hat."

Der Geographie an Bayerns Grenzen („um den Gegner aufzuhalten") kommt Bedeutung zu. Am 13. Juni 1986 scheint in Heroldsbach eine Wende eingetreten zu sein. Seitdem finden dort wieder täglich Prozessionen statt.

Turzovka (Slowakei), 1958

Das Dorf Turzovka im Bistum Nitra liegt im Norden der Slowakei nahe der mährischen und polnischen Grenze in einer armen Gebirgsgegend. In der kommunistisch beherrschten CSSR erschien hier die Gottesmutter drei Männern, die trotz ständiger Verfolgung und Unterdrückung bei ihrer Aussage blieben. Von der Kirche noch nicht anerkannt, scheint sich Turzovka zu einem Lourdes hinter dem Eisernen Vorhang zu entwickeln. Die erste Erscheinung erlebte der Waldaufseher Matousch Laschut (geboren 10. April 1916), dessen Gesichte von Franz Grufik (Prag) aufgeschrieben wurden. Matousch (Matthäus) sah auf einer Karte die Weltteile und Meere scharf umgrenzt. Blau erschienen die Gewässer, grün die Gegenden, wo gute Menschen wohnten, gelb die Gegenden, die mehr von bösen Menschen besiedelt waren, denen zeitliches und ewiges Verderben drohte. Die gelbe Farbe begann sich wellenförmig auszubreiten, die grüne wich zurück. Und immer wieder erschien eine Tafel mit der Aufschrift, „Tut Buße!". Die gelbe Farbe, das Böse, nahm überhand. Ein feuriger Regen verwischte die Konturen der Weltteile. Am Schluß war die ganze Welt gelb geworden. Explosionen blitzten auf, ein Feuerregen fiel, bald stand die Welt in Flammen. Der Seher verglich später die drei Stunden seiner Vision mit der dreistündigen Todesangst Jesu Christi am Kreuz. Auch hier gab es Mitteilungen für die Menschen und solche für den Papst. Es wurden die Folgen der Sünde gezeigt: Ganze Länder verbrennen. Vernichtung und Verwüstung ist überall. Maria verlangt: Täglich den Rosenkranz zu beten, für Priester und Ordensleute zu beten, Buße zu tun. Laschut wurde in eine Anstalt für Geisteskranke gesteckt. Ohne Modell und ohne Vorlage schnitzte er die Statue der Muttergottes von Turzovka.

Am Ende des dritten Haftjahres wurde er in eine große Anstalt für Geisteskranke nach Prag gebracht, später in eine Anstalt nach Bunzlau. Dort kamen vom Abend bis zum Morgen an die tausend Menschen zu seinem Bett, beteten mit ihm und empfingen Hinweise von ihm, wie sie ihr künftiges Leben führen sollten. Die Kommunisten schickten hohe Offiziere zur Untersuchung, die jedoch nicht herausfinden konnten, wie alle diese Menschen ungehindert zu Matousch Laschut gekommen waren.

Rom, seit 1973

Marienerscheinungen sind bezeugt bei Elena Leonardi in Rom: Umfangreiche Botschaften seit dem 9. Mai 1973 durch viele Jahre. „Rußland wird über alle Völker Europas hereinbrechen und seine Fahne auf der Kuppel von St. Peter hissen ... Wenn man nicht betet, wird Rußland Europa überrennen und es einnehmen, ... zuerst Italien; es wird ein großes Blutbad anrichten und vieles in Trümmer legen ... Ein großer Teil von Rußland wird verbrannt werden, auch andere Nationen werden von der Fläche des Erdbodens verschwinden ..." 2. April 1976: „... Kardinäle und Bischöfe werden sich dem Papst widersetzen; er wird angeklagt werden, und man wird ihm schaden ..." 26. März 1979: Schau der apokalyptischen Reiter, Vision des Menschensohnes inmitten von sieben Leuchtern.

San Damiano (Oberitalien), 1961
Der Ort liegt südlich von Mailand, von der Bischofsstadt Piacenza zwanzig Kilometer entfernt. Die Marienerscheinungen der Bäuerin Rosa Quattrini, Mutter von drei Kindern, setzten am 16. Oktober 1961 ein.

Aichstetten (Allgäu) Bayern, seit 1887
Die am 18. November 1871 geborene Seherin Anna Henle empfing im Alter von 16 Jahren die Wundmale Christi. Bemerkenswert sind mehrere vom Heiland und seiner Mutter erhaltene Botschaften, die sie in einem erschütternden Aufruf zusammenfaßte:

„Drei Tage, das heißt es wird Nacht sein, werden noch kommen. Wenn dann die Irrlehren und Sekten verschwinden, wenn sie mit der Geißel der Strafrute geläutert werden und verstummen, dann wird es herrlich und Friede werden. Die Strafe trifft die ganze Welt. Die drei Tage der Finsternis sind zu vergleichen mit den drei Stunden Jesu am Kreuze – und sie kommen schnell. Es wird plötzlich Nacht werden und die Erde wird zittern und beben wie noch nie.

Ich habe die große mächtige Umwälzung geschaut, es ist entsetzlich!

Es pocht der Finger Gottes an die Weltkugel! O wollen wir alles tragen, alles dulden, alles leiden, daß wir Ernte halten können, wenn die Tage des Ernstes kommen. Wie werden wir dann für die Stunden der Leiden, der Nachtwachen, für die Stunden des Kampfes nach den Verdiensten haschen und suchen.

O, wie glücklich sind wir, wenn wir wissen, in welcher Zeit wir stehen und was uns bevorsteht!

Deine Worte sind es, Deine Worte bleiben es und Deine Worte werden es kundtun, was Du so lange geplant hast: *ein* Hirt und *eine* Herde! Das neue Reich des Friedens, den herrlichen Sieg der Zukunft!"

Eisenberg, 1956
am Dreiländereck Österreich, Ungarn, Jugoslawien.

Im Jahr 1956 hat die schwer leidende Bäuerin Aloisia Lex (gestorben am 28. Dezember 1984), Mutter von 11 Kindern, den Auftrag des Himmels erhalten, die Kirche und die Menschheit vor drohenden Strafgerichten zu warnen. Als sichtbares Zeichen hat der Himmel das geheimnisvolle Rasenkreuz auf ihrem Boden eingeprägt. Untersuchungen von Fachleuten der Universitäten Wien und Graz bezeichneten das Phänomen, das auf keine Weise nachgeahmt werden konnte, als unerklärlich. Es besteht schon über dreißig Jahre (1988).

Bereits 1956 hat die Gottesmutter in einer Vision Mutter Lex versprochen, sie werde ihr, unmittelbar bevor die Ereignisse eintreten, nochmals erscheinen, um es anzukündigen.

„Es ist ungefähr fünf Uhr morgens", schildert Mutter Lex einer kleinen Gruppe von Rasenkreuzpilgern, die nach dem

Weihnachtsfest 1982 in Eisenberg eingetroffen ist, und fährt fort: „... es war am vergangenen 22. Dezember. Ich bin wach im Bett. Plötzlich sehe ich im dunklen Zimmer das Rasenkreuz und darüber, bekleidet wie in Fatima, die Gottesmutter. Sie spricht, ohne daß ich ein Wort verstehe. Kasten und Wand sind verschwunden, und ich sehe wie durch eine Öffnung auf das etwa zwanzig Meter vom Haus entfernte Rasenkreuz, von wo die allerseligste Jungfrau auf mich zukommt. Sie ist übermenschlich groß mit einer Krone, die beinahe die Decke berührt. Sie bleibt am Rande meines Bettes stehen und sagt, mein aufgewühltes Innere mit mildem Blick beruhigend: Hab keine Angst. Ich bin gekommen, das Versprechen einzulösen, das ich vor über zwanzig Jahren gab, dir anzukündigen, wenn es Zeit ist – und jetzt ist es höchste Zeit! – Die Welt steht vor der Katastrophe.

Die Mächte rüsten wie noch nie! Die große Übermacht des gottlosen Weltkommunismus wird unerwartet über die noch freien Länder einbrechen, denn er kennt keine Grenzen. Das wird die große Weltkatastrophe auslösen! Ich spreche die gleiche Sprache wie in Fatima.

... *Das Gericht könnte höchstens noch abgewendet oder gemildert werden, wenn sich Bischöfe und Priester an die Spitze eines Gebetssturmes stellen würden.* Beeile dich! Es muß so schnell wie möglich geschehen!"

Ohlau, 1984
bei Breslau, Niederschlesien.
Hier empfängt der polnische Seher Kazimierz Domanski seit 1984 Botschaften der Muttergottes.

5. April 1985 (Karfreitag): „Die Muttergottes mahnt wieder, daß auf der ganzen Welt die heilige Kommunion auf den Knien empfangen werden sollte."

Der Lösepreis

Friede über Dächern liegt
Sanft und leis der Wind sich wiegt
Knospen sprießen an dem Strauch
Falter treibt im Frühlingshauch.

Glocke lädt zum Ave-Gruß
Pfad zur Kirch' nimmt leichter Fuß
Und voll Ehrfurcht tret ich ein
Zu des Großen Gottes Schrein.

Friede in den Wänden wohnt
Tausendfach bin ich belohnt
Mutter lächelt von dem Bild
War mir immer Schutz und Schild.

Ich verneige mich vor Ihr
Viele Rosen gab Sie mir
Meine Stirn den Boden streift
Dankbarkeit das Herz ergreift.

Mutter, ruf ganz traurig ich
Treue Mutter, höre mich!
Mutter, soll es wirklich sein
Menschheit trinkt Kalvaria-Wein?

Gnade birgt das Kirchenzelt
Sinn entgleitet dieser Welt
Zukunft vor dem Auge liegt
Geist sich Engel fest anschmiegt.

Engel weiset mit der Hand
Auf ein Wasser, Küstenland:
Sieh der Flotten feindlich Heer
Sieh das unheilvolle Meer.

Sieh die Kampfestruppen dort
Wo des Gottes Kindheit Hort
Sieh, wie rachezürnt sie sind
Schalomgruß verweht im Wind.

Hier beginnt der Große Krieg
Niemand trägt davon den Sieg
Rußland nimmt Stadt Belgrad ein
Frankreich, Rom zieht mit hinein.

Blitzschnell schlägt der Roten Heer
Deutsches Land, vor Schreck ohn' Wehr
Panik lähmt der Freunde Macht
Es umfängt sie Todesnacht.

Frommer Herrscher sich dann fängt
Schlacht am seidenen Faden hängt
Mut und Stütze er erhält
von der betend Christenwelt.

Todesstreifen legt der West
Von dem Schwarzmeer bis zur Küst
Halb so breit wie Bayernland
Alles Leben dort entschwand.

Sofia, Prag und Hansestadt
Gottes Hand geschlagen hat
Gelber Staub nach Osten weht
Tod der Seuchen mit ihm geht.

Engel zeigt mit Seiner Hand
Auf die Wüste, die entstand
Wassermangel, größte Not
Bild des Grauens sich mir bot.

Halte ein! Ich sage hier
Not zerreißt das Herz in mir!
Engel, muß dies alles sein
Gibt's kein Mittel von der Pein?

Mit dem Engel kehr zurück
Ich zur Kirch' voll Fried' und Glück
Ave, Ave sprech ich leis
Ave – ist der Lösepreis!

Alles Grauen schwand dahin
Mit des Ave heiligem Sinn
Ave ist das Losungswort!
Menschheit führt zur Friedenspfort'.

Unbekannter Verfasser

Medugorje, seit 1981

Anstelle einer Beschreibung der Ereignisse von Medugorje sei hier ein Augenzeugenbericht eingerückt, dem wir entnehmen können, daß die Gottesmutter nicht nur in Fatima, nicht nur in Onkerzele, Heroldsbach und Marienfried, sondern auch in Medugorje und vielleicht noch an anderen Orten (Ohlau) ein Sonnenwunder bewirkte.

(Auf dem „Umweg" über Naturerscheinungen und Lichtwirkungen, auch über die sich häufenden Fälle Tränen oder Blut weinender Madonnenstatuen – die chemische Zusammensetzung der Flüssigkeit hielt immer wissenschaftlichen Prüfungen stand –, offenbart sich, wie es den Anschein hat, Überirdisches einer nicht prädestinierten Öffentlichkeit.)

Eindrücke von unserer Pilgerreise nach Medugorje/Jugoslawien vom 7. bis 10. Oktober 1987

Seit 1981 erscheint die Muttergottes (Gospa) in Medugorje den Seherkindern Vicka, Jakov, Mirjana, Ivanka, Marija und Ivan (heute nur mehr Vicka, Jakov, Marija und Ivan) jeden Tag: Die ersten Male auf dem Erscheinungsberg, später im Pfarrhof, heute auf der Empore der Kirche. Seit 1984 gibt die Muttergottes die sogenannten Donnerstagbotschaften heraus, worin sie die Christen auffordert zu beten, zu fasten und umzukehren, sich mit der Bekehrung zu beeilen! Auf unserer Pilgerreise Anfang Oktober 1987 haben meine Frau und ich tiefe Eindrücke gewonnen von der Gläubigkeit und Wandlungsbereitschaft der Menschen in Medugorje!

Am Freitag, den 9. Oktober 1987, erleben meine Frau und ich mit Tausenden Pilgern aus aller Welt ein Sonnenwunder! Wir stehen inmitten der Menge gegen 15 Uhr nachmittags auf dem Kirchvorplatz. Plötzlich sagt meine Frau zu mir: „Schau zur Sonne! Da geschieht etwas Unbegreifliches!" Wir sind alle ergriffen, zum Teil auch bestürzt. Leute stammeln, weinen, beten ... Die Sonne hebt sich plastisch vom Himmel ab, dreht sich beängstigend schnell. Mir wird schwindelig, ich kann für Momente nicht mehr zur Sonne schauen. Die Sonne leuchtet im Wechselspiel der Farben Rot, Blau, Gelb, Orange, Violett ...

Am Vortag pilgerten wir mit den Gläubigen, den Kreuzweg betend, den steinigen Weg hinauf. An jeder der vierzehn Kreuzwegstationen wird einige Zeit im Gebet verharrt. Jeden Tag ist am Abend in der Kirche eine Kreuzwegandacht.

In Medugorje weist die Gottesmutter immer wieder ausdrücklich darauf hin, daß wir das tun sollen, was ihr Sohn will! Sie sei nur eine Mittlerin und Fürsprecherin bei ihrem Sohn. In Medugorje steht bei den Gottesdienstfeiern immer die Eucharistie im Mittelpunkt.

Alfred Bauer, Erding

Seredne (Ukraine), 1954/1962

Die Zeitschrift der Ostpriesterhilfe berichtete im August 1962 über eine Marienerscheinung in dem karpatisch-ukrainischen Dorf Seredne, nahe der Stadt Kalusch im katholischen Gebiet der Sowjetunion. Der besagte Artikel berichtet von zwanzig Erscheinungen, die erste vor einer jungen Bäuerin, die weiteren vor einer wachsenden Zahl Menschen, die in immer größeren Mengen von weit her zuströmen. Die Gläubigen erzählen, Maria sei ganz weiß gekleidet gewesen und habe einen blauen Gürtel getragen. Zum erstenmal erschien die Himmelskönigin am 22. Dezember 1954, hundert Jahre nach der dogmatischen Definition von der Unbefleckten Empfängnis. In der ukrainischen Kirche, die dem Julianischen Kalender folgt, feiert man am 22. Dezember das Fest der Unbefleckten Empfängnis. An diesem Tag ging für die ukrainische Kirche das von Papst Pius XII. ausgerufene Marianische Jahr zu Ende, das an das Dogma erinnern sollte. Die Muttergottes beklagte sich in Seredne, daß nicht mehr zu ihr gebetet werde. Sie kündigte an, daß ein riesiges Feuer die ganze Erde erfassen werde, ohne Ausnahme eines einzigen Ortes – wenn die Menschen ihrer Aufforderung zum Gebet nicht folgen würden. Wie in Turzovka versuchten die kommunistischen Behörden alles, um die Nachricht von den Erscheinungen zu unterdrücken. Es gelang ihnen nicht. Der Zustrom der Pilger hat seither ständig zugenommen.

In den letzten Monaten häufen sich Muttergotteserscheinungen gerade im Ostblock und besonders in der Sowjetunion, wo es auffallende Anzeichen für eine religiöse Erneuerung gibt. Erscheinungen der Himmelskönigin sind hier als Unterstützung eines Jahrhundertvorgangs einzuschätzen. Und immer mehr (nicht nur in Bayside) verdichtet sich der Eindruck, daß dem Dritten Weltgeschehen eine kosmische Katastrophe vorausgehen oder folgen wird.

Hruschiw bei Lemberg, 1987

Am Weißen Sonntag, dem 26. April 1987, ging das elfjährige Mädchen Marina Kischin an der Kirche des Dorfes Hruschiw bei Lemberg vorbei. Das kleine Holzkirchlein, das einst der ukrainisch-katholischen Kirche gehört hatte, war vor fast dreißig Jahren von den Behörden geschlossen worden. Als das Mädchen zum Giebel (Kuppel) der Kirche blickte, sah sie die Erscheinung der Gottesmutter. Sie rief ihre Mutter, diese wieder, eine fromme Frau, verständigte etliche Nachbarn. Alle sahen die Gottesmutter in tiefschwarzer Kleidung (der 26. April war der Jahrestag des furchtbaren Reaktorunglücks in der Ukraine).

Die Erscheinung wiederholte sich mehrere Tage jeweils vor

Sonnenuntergang. Die Kunde davon sprach sich in Windeseile herum. Zuerst kamen Hunderte, dann Tausende, schließlich Zehntausende von Menschen tagtäglich in das Dorf: Gläubige der verbotenen ukrainisch-katholischen Kirche, Katholiken aus den Baltischen Ländern (Litauen, Lettland, Estland) und orthodoxe Christen. Nach der „Chronik der Ukrainischen Kirche" kamen täglich bis zu 80000 Menschen nach Hruschiw. Am 15. Mai schrieb die Lemberger Partei-Zeitung voll Ärger: „Jeden Tag kommt eine riesige Menschenmenge nach Hruschiw ... Alle kommen, um Mariens Bild zu sehen." Auch die Jugendzeitung „Leninska Molod" berichtete, daß ungewöhnlich viele Jugendliche unter den Pilgern seien, sogar eine Studentengruppe aus dem fast tausend Kilometer entfernten Dnjepropetrowsk. Die lokalen Zeitungen veröffentlichten polemische Artikel gegen die Vorgänge in Hruschiw. Das „Bulletin der christlichen Gemeinschaft" gab die Berichte mehrerer Gläubiger wieder, die versicherten, sie hätten die Erscheinung der Muttergottes im Giebelfeld der Kirche gesehen.

Erscheinung im russischen Fernsehen

Am 13. Mai 1987, dem 70. Jahrestag der Erscheinung der Gottesmutter in Fatima, brachte das sowjetische Fernsehen eine kritisch-ablehnende Sendung über die Vorgänge in Hruschiw. Fernsehzuschauer berichteten ganz unabhängig voneinander, sie hätten auf dem Bildschirm die Gestalt und das Antlitz der Muttergottes gesehen.

Nach neueren Berichten der Sowjetpresse pilgern tagtäglich rund 45000 Menschen nach Hruschiw. Gleich nach der ersten Erscheinung der Muttergottes (es ist anzunehmen, daß sie in einem oder mehreren Fenstern der turmartigen Kuppel erschien), ließen die Behörden die Fenster der Kapelle mit

Brettern zunageln und machten den Zugang zur Kirche unmöglich, indem sie die unmittelbare Umgebung zum Sperrgebiet erklärten. Das Areal wurde mit einem Stacheldrahtverhau abgesichert. Die Erscheinung setzte sich außen fort (Anmerkung: Entweder außerhalb der Fenster oder außerhalb der Barrikaden). Am Himmelfahrtstag 1987 (28. Mai) bewegte sich das Erscheinungsbild der Muttergottes mit dem Jesuskind auf dem Arm langsam gegen den Himmel. Anfang Juni hatte es fast die Wolken erreicht, war aber trotzdem noch gut sichtbar.

Schon früher hatte es in Hruschiw (darauf machten die älteren Dorfbewohner aufmerksam) Marien-Erscheinungen gegeben. Die letzte Erscheinung war im Jahre 1949 gesehen worden. Ein orthodoxer Geistlicher berichtet: „Als sie damals (1958) die Kirche absperrten, wollte ein Soldat in die Fenster, in denen sich die heilige Jungfrau gespiegelt hatte, schießen. In dem Augenblick, da er das Gewehr anlegte, fiel er tot um."

Der Pilgerstrom nach Hruschiw wurde bisher von den Sowjetbehörden nicht unterbunden, es werden jedoch Kontrollen vorgenommen und die Besucher verschiedenen Schikanen ausgesetzt. In den Medien gelten dic Erscheinungen als „Halluzinationen". Es wird von einer „anti-sowjetischen Provokation" der (verbotenen) ukrainisch-katholischen Kirche geschrieben. Die Parteizeitung „Literaturnaja Gaseta" hingegen kritisierte das Vorgehen der Polizei öffentlich. Die Spendengelder der Besucher des Erscheinungsortes seien „gesetzwidrig" beschlagnahmt worden.

Lemberg, 1985

Zu Ostern 1985 erschien die Muttergottes am Fenster der Paraskeva-Kirche in der ostgalizischen Hauptstadt Lemberg. Die Behörden verfügten die Schließung des Gotteshauses und ließen die Fenster zumauern. Als daraufhin das Bild der Muttergottes an der Kirchenwand erschien, entfernte man den Verputz und besprühte die Wände mit Chemikalien. Dennoch zeigte sich an der Wand wiederum das Bild der Gottesmutter.

Bilitschi, 1987

Die Dorfkirche in Bilitschi, die von den ukrainischen Katholiken als Gottesdienststätte benützt wurde, sollte auf Veranlassung der sowjetischen Behörden abgerissen werden. Milizbeamte wurden abkommandiert, um die Kirche in der Nacht vor dem geplanten Abriß zu bewachen, da man heftige Proteste der Gläubigen befürchtete. Die Milizangehörigen sahen ein Mädchen, das ihnen sagte: „Ich wohne in dieser Kirche." Das Mädchen war den Milizbeamten, die seit Jahren in dem genannten Dorf ihren Dienst versahen und alle Bewohner persönlich kennen, unbekannt. Sie berichteten ihren Vorgesetzten von dem geheimnisvollen Vorfall, worauf diese sie zu strengem Schweigen verpflichteten. Die Milizbeamten waren jedoch durch das Erlebnis so verwirrt, daß sie trotz des Verbots den Dorfbewohnern davon erzählten. Die Kirche ist nun zwar gesperrt, wurde aber bis jetzt nicht abgerissen.

Tarnopol und Pidissja, 1986

Im Oktober und November 1986 hatte die Kiewer atheistische Zeitung „Mensch und Welt" von angeblichen Marienerscheinungen berichtet, die sich nicht nur in der Lemberger Kirche, sondern auch in einem Dorf bei Tarnopol und in dem Dorf Pidissja bei Lemberg ereignet haben sollen. Einzelheiten enthielten diese Berichte aber nicht.

Von Bedeutung mag es sein, daß die Muttergottes in Rußland an vielen Orten erscheint. Sie bringt die Kommunisten in Verwirrung; zugleich tröstet sie das gläubige russische Volk, das nach der Revolution im Oktober 1917 nun siebzig Jahre in religiöser Unterdrückung lebt. Diese vielfachen Erscheinungen sind ein sicheres Anzeichen dafür, daß bald in ganz Rußland die Osterglocken läuten werden. Möge die Prophezeiung des heiligen Maximilian Kolbe in Erfüllung gehen: „Eines Tages werdet ihr die Statue der Unbefleckten im Zentrum Moskaus, auf der höchsten Zinne des Kreml sehen."

Quellen: idu 33/1987; Frankfurter Allgemeine Zeitung v. 21.8.87; Die Welt v. 3.8.87; Neues Volksblatt (Linz) v. 16.8.87; Stimme des Glaubens, 19/87; Loreto-Bote, Nov. 1987.

Der Engelshymnus von Marienfried/Bayern

Heil Dir, ewiger Herrscher, lebendiger Gott,
allzeit Gewesener, furchtbar gerechter Richter,
immer gütiger, barmherziger Vater!
Dir werde neu und allezeit Anbetung,
Lobpreis, Ehre und Herrlichkeit
durch Deine sonnengehüllte Tochter,
unsere wunderbare Mutter! Amen.

Heil Dir, geopferter Gottmensch, blutendes Lamm,
König des Friedens, Baum des Lebens,
Du unser Haupt, Tor zum Herzen des Vaters,
ewig aus dem Lebenden Geborener,
in Ewigkeit mit dem Seienden herrschend.
Dir werde neu und allezeit Macht und Herrlichkeit und Größe,
Anbetung und Sühne und Preis
durch Deine makellose Gebärerin,
unsere wunderbare Mutter! Amen!

Heil Dir, Geist des Ewigen, allzeit Heiligkeit Strömender,
seit Ewigkeit wirkend in Gott!
Du ewige Feuerflut vom Vater zum Sohn,
Du brausender Sturm, der Du wehest Kraft und Licht
und Glut in die Glieder des ewigen Lebens.
Du ewiger Liebesbrand, gestaltender Gottesgeist
in den Lebenden,
Du roter Feuerstrom vom Immerlebenden zu den Sterblichen!
Dir werde neu und in alle Ewigkeit
Macht und Herrlichkeit und Schönheit
durch Deine sternengekrönte Braut,
unsere wunderbare Mutter! Amen!

Seher, die eine dreitägige Finsternis ankündigen

Nach den meisten weltlichen und religiösen Vorhersagen ist die immer wieder erwähnte dreitägige Finsternis nicht auf den Menschen, sondern auf Gottes Eingreifen zurückzuführen. Durch dieses „große Abräumen" soll der Dritte Weltkrieg abgebrochen werden. Das Ereignis, in dessen Verlauf sich die Mächte der Finsternis ihre Opfer holen, soll mitten im Krieg eintreten und den totalen Atomkrieg zwischen den Supermächten verhindern.

Verzeichnis von Hellsehern außerhalb Bayerns, die eine dreitägige Finsternis ankündigen:

Hepidanus von St. Gallen (1081)
Anna Maria Taigi (Rom) (1837)
Heiliger Gaspar von Bufalo (ca. 1837)
Mélanie Calvat (La Salette) (1846)
Bernhard Clausi (Italien) (ca. 1849)
Palma von Oria (Tarent, Italien) (ca. 1872)
Marie Baourdi (Schwester vom Gekreuzigten Jesus) (Pau, Frankreich) (bis 1878)
Franz Kugelbeer (Lochau am Bodensee) (1922)
Franziska Maria Beliante (Savoyen) (starb an der Geburt ihres 6. Kindes im Alter von fünfunddreißig Jahren) (1923)
Marie Julie Jahenny (Bretagne) (1938)
Helena Aiello (Süditalien) (1954)
Pater Pio von Pietrelcina (Rotondo) (1965)
Veronica Lueken (Bayside, New York) (1972)
Elena Leonardi (Rom) (1973/83)
Wladyslaw Biernacki (Polen) (1983/84)

Seher aus Bayern, die eine dreitägige Finsternis ankündigen:

Franz Sales Handwercher (Oberschneiding bei Straubing) (1830)
Lied der Linde (Staffelstein) (ca. 1850)
Anna Henle (Aichstetten, Allgäu) (ca. 1890)
Alois Irlmaier (Freilassing) (1947)
Josef Stockert (München) (1948)
Kuni Schleicher, Grete Gügel, Erika Müller, Marie Heilmann (Heroldsbach) (1949)

Der slawische Papst

Prophetisches Gedicht des polnischen Dichters
Juliusz Slowacki
(1809–1849)

Inmitten der Zwistigkeiten läßt Gott
die große Glocke ertönen:
Er öffnet einem slawischen Papst den
Zutritt zum Thron der Throne.
Er wird nicht fliehen vor dem Schwert
wie diese Italiener!
Jener, kühn wie Gott, wird dem
Schwerte von vorne trotzen!
– Die Welt ist Staub! –
Die Volksmengen vergrößern sich und
folgen ihm zum Lichte, in welchem
Gott wohnt!
Er wird die Wunden der Welt von
ihrem Eiter und jeglichem Ungeziefer
befreien.
Er wird das Heiligtum der Kirche
reinigen und die Schwelle fegen.
Er wird Gott offenbaren so klar wie
der Tag.
Es bedarf der Kraft, um Gott eine
Welt zu bereiten, die Sein ist.
Siehe, da kommt er, der slawische
Papst, der Bruder der Völker!

Wladyslaw Biernacki

Die prophetische Schau eines polnischen Sehers

Der in Polen lebende Wladyslaw Biernacki (gesprochen: Biernatzki) überreichte Papst Johannes Paul II. im Herbst 1984 die polnische Ausgabe seines Buches „Prophetien". (Kardinal Wojtyla, Erzbischof von Krakau, hatte sich bereits in den siebziger Jahren mit Offenbarungen befaßt, die seinem polnischen Landsmann von Christus und der Gottesmutter übermittelt worden waren. Der spätere Papst stand mit Biernacki sogar in regem Briefwechsel.)
Das Buch erschien zwei Jahre nach der polnischen Ausgabe, am 25. Juni 1986, bei Fraterity Publications, 9 Gloucester Court, London SE 1 DQ, in englischer Sprache. Es enthält eine Gesamtschau der durch zahlreiche Einzelbotschaften bekannt gewordenen Strafgerichte, die auf die Menscheit zukommen, wenn sie sich nicht bekehrt. Niemals zuvor sind mögliche künftige Ereignisse so zusammenhängend und umfassend dargestellt worden. Wahrscheinlich geschah es im Hinblick auf Biernackis Visionen, daß der Papst, als er nach seinen großen Pilgerreisen gefragt wurde, einem Vertrauten sagte: „Ich habe nicht mehr viel Zeit!"

Wenn auch offiziell nichts darüber verlautet, ist Biernacki für den polnischen Episkopat kein Unbekannter. Als 1979 Kardinalprimas Stefan Wyszynski starb, schickten polnische Bischöfe eine Abordnung zu dem Seher. Sie zeigten ihm eine Liste mit sieben Namen möglicher Nachfolger. Biernacki deutete auf den letzten und sagte: „Dieser Mann ist nicht perfekt, aber er ist der beste von allen." Es war Bischof Dr. Josef Glemp, der wenige Tage später Erzbischof von Warschau wurde.

Biernackis handgeschriebenes Manuskript ist von Pfarrer Fr. Eugene Cusko und sechs in London lebenden polnischen Katholiken für den Druck eingerichtet und wohl auch, soweit notwendig, bearbeitet worden. Am Sinn und Inhalt selbst dürfte, nachdem Biernacki die polnische und die spätere englische Ausgabe autorisierte, nichts geändert worden sein. Ob allerdings der private Wissensstand Biernackis und seine persönlichen Ansichten an manchen Stellen miteingeflossen sein könnten, soll in einem anschließenden Kommentar untersucht werden.

Dem Verfasser liegt die englische Fassung der in London erschienenen „Prophecies“ vor. Als Übersetzer zeichnet Henryk Szewcyk. Vorangegangen war eine Reise Biernackis, des „anspruchslosen polnischen Bauern“, zu allen großen Städten Englands, wo er mit seinem Vortrag ein Dutzend katholischer Kirchen füllte. Die Einladung war von dem erwähnten Pfarrer Cusko und jenen sechs in England lebenden polnischen Katholiken ausgegangen, deren Namen in der Einleitung zur englischen Ausgabe erwähnt werden: Stanislaw Barganski, Stanislawa Brejczak, Zofia First, Henryk Jaskolski, Janina Wieczorek und Halina Zakrzewska.

Über Biernacki selbst heißt es in der englischen Ausgabe, er führe ein Leben von beispielhafter Armut, Demut und Entsagung, faste häufig, bete fast ständig und strahle Güte, gesunden Menschenverstand und einen von ihm selbst ein wenig mißbilligten bäuerlichen Humor aus. Er trage meist Kleidungsstücke aus zweiter Hand, besitze kein Auto, reise überallhin mit Omnibus oder Eisenbahn und führe seinen geringfügigen persönlichen Besitz in einem dünnen Plastik-Tragbeutel mit sich. Seit den späten siebziger Jahren fahre Biernacki von Pfarrei zu Pfarrei durch ganz Polen, mahne größere Liebe zu Gott und zur Jungfrau Maria an und heile in den Kirchen, oft vom frühen Morgen bis in die Nacht hinein, Kranke. Die überraschend hohe Gesundungsrate, wird berichtet, reiche von Epilepsie und angeborener Blindheit oder Taubheit bis zu Diabetes, Herzleiden und sogar Krebs. Zu den von Biernacki Geheilten gehöre sein eigener Oberhirte, Bischof Jan Nowak von Tschenstochau.

Knapp ein halbes Jahr nach der englischen Übersetzung, am 18. Dezember 1986, veröffentlichte der „Schwarze Brief", Lippstadt, eine erste, namentlich nicht gezeichnete, Übertragung ins Deutsche. Da sie, wie ein gewissenhafter Vergleich ergab, Wort für Wort mit dem englischen Text übereinstimmt, wurde auf sie, von manchen Verbesserungen im Ausdruck, grammatikalischen Änderungen und Präzisierungen abgesehen, zurückgegriffen. (Was übrigens bereits in dem 1987 von Anton Angerer veröffentlichten Büchlein „Feuerrad Apokalypse" in allzu abgekürzter und unvollständiger Form geschehen war.)

Über die Zukunft der Menschheit befragt, meinte der polnische Seher: „Die Welt wird durch eine Reihe noch nie dagewesener Naturkatastrophen verwüstet werden: durch riesige Überschwemmungen, Erdbeben und Hungersnot. *Es wird kein Stück Land irgendwo auf der Erde geben, das davon unberührt bleiben wird.* Gleichzeitig wird es einen weltweiten politischen und militärischen Umbruch geben, der seinen Höhepunkt in einem Dritten Weltkrieg haben wird – mit begrenztem Einsatz von Nuklearwaffen an bestimmten Orten. Am Ende all dessen (spätestens im Jahre 1994 wird alles vorbei sein) wird die Weltbevölkerung auf ein Viertel ihres jetzigen Standes reduziert sein."

Über Papst Johannes Paul II. befragt, sagte Biernacki: „Es hat nie zuvor einen Papst wie ihn gegeben. Er ist der auserwählte Sohn Mariens, und unter diesem Papst wird sich der große Sieg der Kirche vollziehen. Aber wir müssen eindringlich für ihn beten, denn er hat ein äußerst schwieriges Pontifikat – das schwierigste, das ein Papst jemals hatte.

Im Vatikan ist Papst Johannes Paul II. von Geistlichen (darunter sogar Kardinälen) umgeben, die in Wahrheit Feinde Christi sind und versuchen, die Herrlichkeit der heiligen katholischen Kirche zu zerstören, die die einzig wahre Kirche ist, begründet von Jesus Christus selbst. Viele dieser Verräter sind tatsächlich Freimaurer, obwohl die Mitgliedschaft in diesem Geheimbund seit der Zeit seiner Gründung, 1717, von allen bisherigen Päpsten immer strikt verboten worden ist.

Mir wurde prophezeit, daß Johannes Paul II. als Papst ganze sechzehn Jahre regieren (er wurde im Oktober 1978 gewählt) und dann friedlich sterben wird. Es wurde verfügt, daß er sein Blut für die Kirche vergießen solle. Wie wir wissen, hat er dies bereits getan. Im ganzen werden sechs Angriffe auf sein Leben unternommen, aber er wird nicht wieder verletzt werden."

Über Michail Gorbatschow, Generalsekretär des ZK der KPdSU, sagte Biernacki: „Er ist jung. *Er wird bald sterben.* Ich werde manchmal gefragt, ob mir igend etwas gesagt worden ist in bezug auf Präsident Reagan von den Vereinigten Staaten oder Margaret Thatcher von Großbritannien. Die Antwort ist ‚Nein'. Nun zu Königign Elisabeth II. von England. Sie ist das Oberhaupt der gotteslästerlichen anglikanischen Kirche, gegründet von dem Ehebrecher und Gattenmörder Heinrich VIII. Jesus wünscht, daß die anglikanische Kirche bekehrt wird und sich wieder der Autorität des Papstes unterwirft, der der Stellvertreter Christi hier auf Erden ist und Nachfolger des heiligen Petrus, so daß es schließlich wieder ‚eine Herde und einen Hirten' gibt. Als Zeichen ihres Gehorsams und ihrer Demut bittet Gott die englische Königsfamilie, den römisch-katholischen Glauben anzunehmen.

Jesus Christus hat mir eine besondere Mission für England übertragen. Warum, weiß ich nicht, es sei denn, weil das Volk der Engländer eine lange Wanderung weg von Gott hinter sich gebracht hat. Es war 1976, als ER mir zum ersten Mal auftrug, nach England zu gehen. Und ER wiederholte seinen Auftrag immer wieder, bis ich 1985 endlich für einige Monate dorthin ging. In naher Zukunft wird England von Gezeitenwellen überschwemmt werden, und die kleinen Inseln vor der Küste Englands werden für immer untergehen. Ich hatte eine Vision von London und sah, wie es von Erdbeben und Feuer verschlungen wurde. Nach diesen Katastrophen wird die Bevölkerung Englands nur noch ein Viertel der heutigen Zahl ausmachen.

Es gibt noch andere Länder, die wie England in nächster Zukunft durch Naturkatastrophen zerstört werden, so zerstört, daß sie buchstäblich von der Landkarte gelöscht werden. Es sind dies Dänemark, Holland und Portugal. All diese Länder zu besuchen, hat mich Jesus aufgefordert, um zu versuchen, die Strafe, die ihnen bevorsteht, zu mildern. Sie alle sind Länder, die infolge ihrer Eroberungen einst Leiden über andere Nationen gebracht haben; nun ist es an ihnen zu leiden."

Über den Verlauf des Dritten Weltkriegs befragt, sagte der Seher aus Polen: „Es wird die Hölle auf Erden sein. Und seine schrecklichste Phase wird dreieinhalb Monate dauern. Der Dritte Weltkrieg wird", so sagte der Seher, „in Italien beginnen. Dort wird eine blutige Revolution ausbrechen, die in der Vatikanstadt selbst ihren Anfang nehmen wird. Eine kommunistische Regierung wird eingesetzt werden. Die Kommunisten werden die Priester quälen, verfolgen und umbringen. Inmitten dieses Aufruhrs und umgeben von einer Gruppe seiner treuen Kardinäle wird Johannes Paul II. von seinem Heiligen Stuhl nach Frankreich fliehen und später nach Polen. Er wird in Polen bleiben – in Tschenstochau und anderswo – bis nach Kriegsende. Während dieser Periode wird er weitgehend ‚unsichtbar' sein – vielleicht in einem Versteck?"

Zusammenfassend sagte der Seher: „Papst Johannes Paul II. wird dreieinhalb Jahre im Exil bleiben. In dieser Zeit werden die Kommunisten den Heiligen Stuhl verspotten und verwüsten. Es wird eine große Bestrafung der Kirche erfolgen als Buße für die persönlichen Versäumnisse gewisser Päpste in der Vergangenheit. Es ist möglich, daß in dieser Zeit eine überraschende sowjetische Militärinvasion in Südeuropa erfolgt. Sicher ist, daß die Revolution von Italien nach Frankreich und Spanien hineingetragen wird, und in diesen beiden Ländern kommunistische Regierungen etabliert werden. Allerdings werden sie nur vierzig bis sechsundvierzig Tage überdauern und ganz schnell zusammenbrechen.

Westdeutschland empfindet die schreckliche Bedrohung, die von dieser Entwicklung ausgeht, aber es sieht eine Gelegenheit, sich wieder mit Ostdeutschland zu vereinen und die Divisionen der Roten Armee, die dort stationiert sind, einzukreisen. So wird die südlichste Division der westdeutschen Armee plötzlich in die Tschechoslowakei eindringen. Die Invasionstruppen werden von der einheimischen Zivilbevölkerung wie auch von Teilen der tschechischen Armee freudig begrüßt. Aber die slowakischen Militärverbände werden versuchen, den deutschen Vormarsch aufzuhalten. Von der Tschechoslowakei aus werden die westdeutschen Truppen tief nach Polen vordringen – bis nach Walbrzych (Waldenburg), Klodzko, Zlotow Stok. Das Land rund um diese Orte wird während der Kampfhandlungen verwüstet. An der anderen Flanke – im Norden – werden deutsche

Truppen Polen sowohl von der See als auch aus der Luft bei Kolberg (Kolobrezg) besetzen. Ich habe gesehen, daß Kolberg völlig zerstört ist. Die Zerstörung wird von demselben Ausmaß sein, wie sie schon im Zweiten Weltkrieg erlitten wurde. Es wird eine große Zahl von Opfern geben. Schließlich werden die Deutschen Kolberg nehmen und acht Tage halten. Am neunten Tag werden die polnisch-sowjetischen Verbände die deutschen Stellungen zurückgewinnen; die Überlebenden werden in Gefangenschaft genommen.

Danach wird der Konflikt im Norden an Heftigkeit zunehmen; das schwer umkämpfte Gebiet wird sich entlang der Ostsee erstrecken, in einem 50 km breiten Gürtel, der sich von Klaipeda nach Stettin erstreckt. Einzelne Städte und Dörfer werden von der Küste her angegriffen, wo sich ein NATO-Befehlsquartier etabliert haben wird. An einigen Stellen wird die Rote Armee zeitweise zurückgedrängt werden. Auf ihrem Rückzug wird sie die Städte Danzig und Elblag verheeren.

Im Innern Polens werden unterdessen keine Kampfhandlungen stattfinden. Das heißt jedoch nicht, daß dort gar nichts zerstört würde. Denn diese inneren Provinzen werden (wie überall in der Welt) von Erdbeben, Stürmen, Unwettern, Hungersnot und anderen Katastrophen getroffen werden, die sich über die ganze Erdkugel ausbreiten. Sobald Kolberg zurückerobert und gesichert ist, werden die Warschauer-Pakt-Truppen weiter vorankommen und in Westdeutschland eindringen. Beim ersten russischen Gegenstoß werden die deutschen Divisionen vom Süden Polens nach Prag zurückgedrängt. Dort wird eine ungeheure militärische Aufstockung betrieben, und die Kämpfe werden so verbissen sein, daß die Straßen knöcheltief vom Blut der Soldaten und der Zivilbevölkerung erfüllt sein werden und all die ruhmreichen

Bauten in Schutt und Asche sinken. Diese Katastrophe wird die Tschechen als Folge ihres Abfallens von Christus treffen. Prag wird nie wieder aufgebaut werden.

Den nächsten Schlag wird die Rote Armee gegen Westdeutschland führen, genau bis zur Grenze nach Frankreich. Am Ende ihres Vorstoßes wird sie drei Viertel westdeutschen Gebietes besetzt haben. Die Rote Armee wird in ihren Angriffen von der tschechoslowakischen Armee unterstützt (obwohl einige tschechische Verbände, wie ich schon sagte, sich den Deutschen angeschlossen haben). Dies ist das Ende der erste Phase des Dritten Weltkrieges.

In der zweiten Kriegsphase wird die deutsche Armee einen Gegenangriff beginnen und die Warschauer-Pakt-Truppen allmählich zurückdrängen. Am dritten Tag nach dem deutschen Gegenschlag wird die *chinesische Armee* überraschend die Sowjetunion im Rücken angreifen. Und am sechsten Tag wird in Rußland eine anti-kommunistische Revolution ausbrechen.

Die chinesische Armee wird siegreich in Rußland vordringen, etwa zweihundert Kilometer pro Tag. Ihre Soldaten werden sich bestialisch aufführen, weitaus schlimmer als dies Hitlers Nazis je getan haben. Es werden keine Gefangenen gemacht, so daß die sowjetischen Truppen in Panik vor den Chinesen fliehen. Einige sowjetische Generale werden in der allgemeinen Unordnung ihr eigenes Land verraten und zu den Chinesen überlaufen. Etwa zur gleichen Zeit wird sich Ostdeutschland vom Warschauer Pakt trennen. Die Rote Armee wird in der Folge an allen Fronten zusammenbrechen.

Sobald die sowjetische Führung dieses Geschehen begreift, wird sie alle Verbände des Warschauer Pakts anweisen, sich aus Deutschland in die Tschechoslowakei zurückzuziehen; als Racheakt werden sie einen atomaren Bombenteppich über

Deutschland abwerfen. Dies wird sich um zwei Uhr morgens ereignen. Zu diesem Zeitpunkt der Auseinandersetzungen befinden sich große Munitionsvorräte in allen Teilen Deutschlands. In der sengenden Hitzewelle der atomaren Schläge explodieren alle diese Lager gleichzeitig, und nahezu alle Deutschen werden sterben. Diejenigen, die überleben, werden ertrinken. Nur der Teil um Brandenburg, der an Stettin angrenzt, wird unberührt bleiben. Zwölf Stunden später, nach dem atomaren Holocaust in Deutschland, wird die Ruinenstadt Danzig ein Erdbeben erleben, es wird aber keine Menschenleben fordern.

In der dritten Phase des Dritten Weltkrieges wird der Kampf in Mittel- und Osteuropa am schwersten sein. Unter den Augen des Großteils der Warschauer-Pakt-Truppen, die jetzt in der Tschechoslowakei stehen, wird unerwartet in Polen eine Revolution ausbrechen. Sie wird genau fünf Tage dauern. Die ehemaligen Schüler der Kommunisten werden sich gegen ihre früheren Lehrherren erheben – mit äußerster Grausamkeit. Bitten um Gnade werden auf taube Ohren stoßen.

Zwei Tage später wird ein gottesfürchtiger Mann aus Krakau, Laienbruder eines religiösen Ordens, sich an das polnische Volk wenden und den Frieden wiederherstellen. Jedermann wird ihm gehorchen, und er wird fast wie ein neuer Messias aufgenommen. Er wird auf Polens Thron gesetzt und zum Oberbefehlshaber der polnischen Streitkräfte ernannt.

In der Zwischenzeit gibt es in Rußland ein unvorstellbares Chaos unter der Zivilbevölkerung. Sechzig Prozent der Bevölkerung werden von den eigenen Landsleuten umgebracht; es wird ein Gemetzel sein, das jedes andere, das sich in Rußland in der Vergangenheit ereignete, übertreffen wird.

Vater wird gegen Sohn kämpfen und Sohn gegen Vater. Sechs Wochen nach Wiederherstellung der Ordnung in Polen wird das große sowjetische Imperium erloschen sein.

Die Divisionen der Roten Armee, die zu diesem Zeitpunkt in der Tschechoslowakei steckengeblieben sind, werden eine Zeitlang die ansässige Bevölkerung terrorisieren. Sie werden sich dann ostwärts nach Ungarn und in die Ukraine zurückziehen. Alle patriotischen Kräfte und Splittergruppen der Ukraine werden sich zu diesem Zeitpunkt zusammengeschlossen haben, und alle werden eine unabhängige Ukraine zum gemeinsamen Ziel haben. Diese ukrainischen Nationalistengruppen werden versuchen, die Reste der russischen Armee zu vertreiben. Aber die Dinge werden sich für sie noch schlimmer entwickeln als für die Tschechen, denn die Russen werden eine Politik der ‚verbrannten Erde' betreiben. Alles und jedes, was ihnen über den Weg läuft, wird in Brand gesteckt oder auf andere Weise zerstört. Die Ukrainer, die sich am Abgrund ihrer Existenz als Nation sehen, werden den neuen polnischen Herrscher zu Hilfe rufen. Diese Hilfe wird ihnen sofort gewährt. Die polnischen Truppen werden in höchster Eile nach Osten marschieren. Bald wird die Frontlinie von Klaipeda bis zum Mittelmeer hinunter fest gegen die Russen stehen.

Die Armeen anderer Länder werden in den Kampf eintreten, alle auf polnischer Seite. Diese Länder sind im Norden Schweden, Norwegen und Finnland, im Süden Ungarn und Rumänien (die letztgenannten Länder werden dann schon ihre eigenen anti-kommunistischen Erhebungen gehabt haben, alle etwa zur gleichen Zeit wie Polen). Auch Frankreich wird seine wirtschaftliche und militärische Unterstützung für die polnische Sache anbieten, ebenso eine Reihe schwarz-afrikanischer Staaten.

Als Folge der hoffnungslosen Niederlage werden alle überlebenden russischen Einheiten kapitulieren. Die polnische Armee wird ihren Vormarsch fortsetzen, bis sie den Dnjepr erreicht – früher einmal die Ostgrenze des Königreichs Polen. Die Truppen werden hier haltmachen und einige Tage rasten."

Über die letzte und dramatischste Phase des Dritten Weltkrieges berichtete Biernacki: „Während all der eben beschriebenen Kriegshandlungen wird sich die chinesische Armee im Osten ständig über riesige Flächen der jetzt nicht mehr bestehenden Sowjetunion voranbewegt haben. Um zu verhindern, daß die Chinesen die ganze Welt erobern (es gibt Vermutungen, daß die Chinesen bereits heute detaillierte Pläne zur Erlangung dieses Ziels besitzen), werden die Vereinigten Staaten von Amerika (erst zu diesem Zeitpunkt!) die militärische Szene betreten. Ihnen schließen sich Kanada, Großbritannien, Australien, Indien, Indonesien und einige afrikanische Staaten an. Die alliierten Armeen der Freien Welt werden in Südostasien eingreifen und schnelle Erfolge über Vietnam, Kambodscha, Thailand und Nordkorea erzielen. Der Widerstand, den die kommunistischen Regierungen in jenen Ländern entgegensetzen, wird schnell zusammenbrechen.

Die Vereinigten Staaten und ihre Alliierten werden danach konzentriert auf chinesischem Boden landen. Die Chinesen sind auf eine militärische Invasion von der Pazifikseite her gänzlich unvorbereitet, so daß nach nur wenigen Wochen fast die Hälfte Chinas von den Amerikanern besetzt sein wird.

Gerade zu dieser Zeit wird es aber in den Vereinigten Staaten einen plötzlichen Zusammenbruch von Gesetz und Ordnung geben, der Erhebungen auslöst, die von den Kommunisten inszeniert werden. Die Nation wird gespalten. Bruder wird gegen Bruder kämpfen! Die Armen werden die reichen Farmer und Fabrikbesitzer überall ermorden, werden deren Eigentum plündern und niederbrennen. Infolge all dieser Ereignisse werden in Nordamerika Not und Hunger herrschen, Plagen und Epidemien werden unkontrolliert wüten. Natürlich wird das die amerikanischen Soldaten schwer demoralisieren, die gerade in China stark gebunden sind.

Kommunistische Aufstände werden zu gleicher Zeit in vielen anderen Ländern stattfinden, zum Beispiel auch in Kanada und Australien. Vor jeder solchen Revolte werden Agitation und Subversion von seiten der dortigen Kommunisten an der Tagesordnung sein.

In der Zwischenzeit wird an der Ostgrenze Europas die polnische Armee noch immer in der Nähe des Dnjepr stehen und den Vormarsch der Chinesen blockieren. Die Mehrheit der chinesischen Streitkräfte wird trotz der überraschenden Besetzung ihres Landes durch die Amerikaner tief in Rußland bleiben. Sie werden sich der Wolga nähern und nur tausend Kilometer vor Moskau stehen.

Jetzt wird der polnische Oberbefehlshaber die Chinesen an der Wolga binden. Die Schlacht dauert vier Tage. Im Verlauf des Gefechts werden einige der rückwärtigen polnischen Einheiten nach Norden abschwenken, um Moskau zu besetzen. Während des Kampfes an der Wolga werden die Polen schweren Grausamkeiten ausgesetzt sein und demzufolge wieder bis an den Dnjepr zurückfallen. Die chinesischen Verbände werden gegen die polnische Nordflanke einen erfolglosen Angriff unternehmen. Aber die Chinesen werden zu diesem Zeitpunkt der Kampfhandlungen so gründlich demoralisiert sein, daß sie sich in Auflösung zurückziehen. Panik bricht bei den chinesischen Truppen aus, sie werden quer über Rußland versprengt. In einem berechneten Racheakt werden die chinesischen Generale, die sich etwa siebzig Kilometer von der Wolga zurückgezogen haben, den Einsatz vernichtender Atomwaffen gegen die polnischen Stellungen befehlen. Aber der polnische Oberbefehlshaber wird mit Hilfe hochentwickelter elektronischer Ausrüstung die Atomraketen von ihrem Kurs ablenken und in den Rücken der chinesischen Einheiten zurückleiten. Das wird sich um 10.30 Uhr vormittags ereignen.

So geschieht es, daß die Chinesen durch ihre eigenen Waffen umkommen. Die gleichzeitige Druckwelle der atomaren Gefechtsköpfe der Chinesen wird von einem ungeheuren blendenden Blitzstrahl begleitet, der etwa vierzig Sekunden andauert und in der ganzen Welt gesehen wird. Die Kraft der Explosion wird so unvorstellbar sein, daß die Erdkugel aus ihrer Position im Weltall geschleudert wird und danach drei Tage und drei Nächte lang ziellos im Raum treibt. Sofort setzen Erdbeben und orkanartige Verwüstungen in der ganzen Welt ein. Ständig werden Blitze über den Himmel zucken und durch die Fensterscheiben der Häuser dringen, wobei sie das Glas schmelzen oder zerspringen lassen. So werden sie auch in die Räume der Menschen gelangen und manchmal ein oder zwei Leute töten, andere verfehlen. Jene Menschen, die Gott lieben und den Rosenkranz beten, werden verschont bleiben."

Über die schon von vielen Sehern angekündigte dreitägige Finsternis befragt, sagte Biernacki: „Die Erde wird ihre Anziehungskraft verlieren, so daß die Menschen nicht mehr aufrecht stehen können, aus Furcht, zu fallen. Es wird nur mehr möglich sein, zu liegen oder zu sitzen. Innerhalb weniger Stunden wird die Erde von immer stärker werdender Dunkelheit umgeben sein, bis zur totalen Finsternis. Viele Menschen, von Panik über das Geschehen ergriffen, werden glauben, dies sei das Ende der Welt, und werden aus Angst und

Verzweiflung sterben. Aber es wird nicht das Ende der Welt sein, nur eine noch nie dagewesene weltweite Katastrophe, die sich die Menschheit selbst zuzuschreiben hat. *Die Finsternis wird drei Tage währen,* wobei jedermann im Hause bleiben, den Rosenkranz beten und niemandem die Tür öffnen soll. Das einzige Licht, das in dieser Zeit zu sehen sein wird, wird von geweihten Kerzen kommen. Nach drei Tagen Dunkelheit wird der Krieg zu Ende sein und große Ruhe herrschen. Alle Übeltäter werden umkommen in diesen drei Tagen. Es wird jedoch beträchtliche Zeit dauern, bis wieder eine zivile Regierung eingesetzt wird.

Ganz Nordamerika wird wie ein Dorf sein, Florida verschwunden! Washington und New York werden von Erdbeben zerstört sein (dies wird sich um drei Uhr morgens ereignen, wenn die meisten Menschen schlafen). Die großen Ballungszentren werden gigantische Friedhöfe sein, alles liegt unter den Trümmern der Wolkenkratzer begraben. Die Städte Nordamerikas werden nie wieder erstehen.

Die einzelnen amerikanischen Staaten werden sich im allgemeinen Chaos voneinander gelöst haben und für zweieinhalb Jahre selbst regieren (bis zu dem Zeitpunkt, da wieder eine Zentralregierung eingesetzt wird). Die Hungersnot wird einige Erntezeiten über anhalten. Die Menschen werden feststellen, daß ihr Gold wertlos ist und nur dazu taugt, auf den Straßen mit Füßen getreten zu werden.

In Westeuropa werden ganze Landstriche an den Küsten im Meer versunken sein, andere aufgetaucht. Viele Städte werden von den Gezeitenwellen zerstört und von Gras überwachsen sein. In Frankreich wird ein großer frommer Herrscher erscheinen, der die Ordung wiederherstellt – *desgleichen in anderen Ländern.* Paris wird völlig zerstört sein, aber es wird wieder aufgebaut. Ebenso Rom und Madrid. In Großbritannien wird für etwa zwei Jahre überhaupt keine Regierung die Verwaltung führen. Aber die französische Armee wird einmarschieren und helfen, Recht, Ordnung und Frieden wiederherzustellen. Dann wird eine neue englische Regierung gebildet – mit Hilfe der Franzosen."

Zusammenfassend meinte der Seher: „Alles, was ich eben beschrieben habe, *wird sehr bald eintreten und genauso verlaufen, wie ich es hier ausgeführt habe.* Wenn genügend Reue aufkommt (und Gott ruft hier besonders *die Priester* auf, das Volk zu führen, es zu Bußgebeten anzuleiten), dann ist es möglich, daß die Härte der Bestrafung gemildert wird.

In diesen letzten Tagen, die wir durchleben, werden manche Länder von Gott besonders bevorzugt. Ungarn ist eines davon: abgesehen von der anti-kommunistischen Revolution, die im Laufe der Ereignisse dort stattfinden wird, wird es während der bevorstehenden Umstürze nicht allzusehr zu leiden haben. Andere Völker, die sich in diesen Zeiten des besonderen Schutzes des Allmächtigen erfreuen, sind Polen, Slowaken und Weißruthenen.

Was die Menschen aller anderen Länder betrifft, ist mein dringender Rat, daß sie von jetzt an näher an Gott und die Jungfrau Maria rücken und gläubig jeden Tag den Rosenkranz beten. Wenn sie das tun, einzeln oder in der Familie, haben sie persönlich nichts zu fürchten. Denn mit der Bestrafung, die uns in Kürze ereilen wird, werden alle Sünder von dieser Erde getilgt, nur die Guten werden bleiben. Alle Menschen, die die dreitägige Dunkelheit durchleben (einschließlich aller überlebenden Juden und Moslems), werden Christen werden. Und alle Christen werden sich demütig der Autorität des Heiligen Vaters beugen."

Nachbemerkungen

Einige Unwahrscheinlichkeiten, die mit dem privaten Wissensstand Biernackis und seinen persönlichen Ansichten zusammenhängen mögen, wohl auch mit seinem geographischen und geistigen Standort, sind unübersehbar. So etwa, wenn er von Deutschland nur den Polen benachbarten Teil, Preußen eben (namentlich das „an Stettin angrenzende Brandenburg“, nicht das 1945 polnisch gewordene Pommern), zu kennen scheint, allenfalls die weiter westlich gelegenen deutschsprachigen Gebiete einbezieht, aber keine Silbe von der Schweiz, von Württemberg, Bayern und Österreich verlauten läßt (sofern man sie nicht unter den von ihm summarisch genannten „anderen Ländern“ versteht). Auffällig und weniger spirituell als naiv nationalistisch erscheint auch seine stereotype Hervorhebung Polens, wobei noch die Behauptung, daß der Papst die Wirrnisse des Dritten Weltgeschehens in Polen – beim Heiligtum Tschenstochau – überdauern wird, am meisten Wahrscheinlichkeit für sich hat, weit weniger, daß Polen binnen kürzester Zeit mächtig genug sein wird, um die zwar halbierte und geschwächte, aber gleichwohl unermeßlich riesige chinesische Armee an Dnjepr und Wolga wochenlang zu binden, und auf technisch-elektronischem Gebiet so hochentwickelt, um imstande zu sein, das ganze Arsenal der heranbrausenden chinesischen Atomraketen auf einen Schlag umzuleiten und in den Reihen der Feinde zur Explosion zu bringen, ferner, daß nicht die Entladung der sowjetischen Atomraketen auf deutschem Boden samt der Detonation aller in Deutschland stationierten amerikanischen Atomwaffen, dieses als „Holocaust“ beschriebene Ereignis, die Erde aus ihrer Bahn werfen wird, sondern die von polnischen Truppen besorgte Umleitung chinesischer Atomsprengköpfe. Mehrfach drängt sich selbst einem Freunde Polens (wie der Verfasser einer ist, weil ihm die alten polnischen Beziehungen zu Landshut, München und Wien unvergessen sind) die fatale Erinnerung an den unduldsamen Text „Deutschland, Deutschland über alles" auf, der in Biernackis Visionen lediglich durch das Wort „Polen" abgewandelt zu sein scheint. Gewiß, Kosciuskos verzweifelter Ruf in verzweifelter Zeit: „Noch ist Polen nicht verloren!" bleibt begreiflich und erschütternd, hat er doch dieses uralte katholische Land in die geschichtliche Wirklichkeit zurückgeholt, aber es will dem Verfasser nicht in den Kopf, daß der von ihm adäquat geprägte Ruf „Noch ist Bayern nicht verloren!" in den Äußerungen der Muttergottes, der in Altötting ein uraltes Heiligtum geweiht wurde (das älteste wohl), das zugleich ein bayerisches und österreichisches, ein Reichs- und Weltheiligtum ist, nicht einmal sinngemäß vorkommt. Zu viel Säkulares, zu wenig Ewiges läßt Biernackis Muttergottes verlauten, um einem reichischen Bayern und Österreicher in allem und jedem glaub- und nicht eher fragwürdig zu sein. Der vor der Schwarzen Muttergottes von Altötting in dem agilolfingischen Oktogon kniende polnische Papst, der *nicht* nur das Heiligtum von Tschenstochau kennt, hat einiges zurechtgerückt. Daß der in Biernackis Visionen sich enthüllende Ablauf des Dritten Weltgeschehens auf weiten Strecken mit den Gesichten anderer Paragnosten übereinstimmt, reiht sie gleichwohl in die wichtigen Aussagen über die uns bevorstehenden Prüfungen ein. Mehr als anderswo wird hier deutlich, wie sich der Standort eines Sehers vor das Bild der übrigen Welt schieben kann, so daß der wahre Kern solcher Aussagen erst im Vergleichen der an verschiedenen Orten empfangenen Offenbarungen bloßzulegen ist. In einem Punkte treffen sich alle Weissagungen mit

Biernackis Prophetie: in der Forderung nach Reue und Umkehr. Im Grunde ist Mariens Botschaft nichts anderes als die Ankündigung eines gewaltigen, vom Privaten ins Allgemeine gehobenen Bußsakraments.

Aktion Vorsorge

Die Vereinigung Europäischer Bürgerinitiativen teilte Anfang 1976 in einem Faltblatt mögliche und nötige Maßnahmen bei kosmischer Einwirkung, bei Atomexplosionen und bei Erdbeben mit. Der Unterzeichner Wolfdietrich Grössler stellte allerdings die geistige Vorsorge und die Vorsorge durch Gebet deutlich allen anderen Maßnahmen voran und bezeichnete sie als Voraussetzung zum richtigen Verhalten im Ernstfall.

„Von dem Tag und der Stunde aber weiß niemand ... Denn wie es in den Tagen Noahs war, so wird auch sein das Kommen des Menschensohnes. Darum wachet!" (Matth. 24) „Selig, die da hören die Worte der Weissagung und behalten, was darin geschrieben ist; denn die Zeit ist nahe. Wer Ohren hat, der höre, was der Geist den Gemeinden sagt." (Off. 1/3)

Auch heute werden die Gläubigen wie zur Zeit Noahs rechtzeitig vor dem kommenden Strafgericht Gottes gewarnt und zu den erforderlichen Schutzmaßnahmen aufgefordert, zum Gespött und Hohn der Mitwelt. Zwar braucht sich der echte Christ nicht unnötig Sorgen um das „morgen" zu machen, doch darf er nicht verantwortungs- und tatenlos die Hände in den Schoß legen und jede Vorsorge unterlassen, wenn die Gefahr erkannt ist. Denn die Vorsorge betrifft weniger ihn selbst als vielmehr seine ihm anvertrauten Mitmenschen.

„Ora et labora" ist unser Leitspruch. Zuerst beten, dann aber anpacken und Vorsorge treffen, soweit es uns möglich ist. Der Hohn, ja Haß der Welt wird künftig unsere Begleitmusik sein. Das soll uns nicht verdrießen. Der HERR und wir sind immer „absolute Mehrheit"!

Die Weissagungen der Heiligen Schrift erfüllen sich zusehends. Die wenigen verantwortungsbewußten und sachkundigen Gläubigen in Politik, Wissenschaft, Wirtschaft und Kirche stimmen darin überein, daß einschneidende Ereignisse bevorstehen, die nicht nur große Not über die Menschen dieser Erde bringen werden, sondern auch nach den Worten der Schrift und den heutigen Gegebenheiten mit ungeheuren Menschenverlusten verbunden sein werden. Es ist darum unsere Pflicht, in Erkenntnis dieser Tatsachen Vorsorge zu treffen, daß für den grundlegend christlichen Wiederaufbau nach den Ereignissen gläubige Menschen zur Verfügung stehen, die entsprechend zubereitet sind. Denn die Lauen und Verleugner werden keine Vorsorge treffen wollen. Ob wir in der Vorsorge das Richtige und genau Zutreffende tun werden, müssen wir dem HERRN überlassen. Wir wollen unser Bestes tun.

Satan ist losgelassen, darum schützt euch, eure Familie und Mitmenschen durch die Herbeirufung des HEILIGEN GEISTES in Gottesdienst, Andacht, Gebet, Buße und Sühne. Warnt eure Verwandten, Freunde, Bekannten, Nachbarn, Arbeitskameraden und wen ihr nur erreichen könnt, vor dem teuflischen Zeitgeist und haltet euch im Glauben zusammen.

Bewahrt eure Familie und auch eure Mitmenschen vor Versuchungen aller Art durch Abwehr des Zeitgeistes auf allen Fronten. Ein Christ ist auch verantwortlich für seine „Nächsten", darum gebt ein offenes Bekenntnis zu Zucht und Moral und setzt euch auch praktisch für andere ein.

Meidet die Massenmedien (Fernsehen, Radio, Kino, Theater, Zeitschriften usw.), wenn sie religiöse Dinge verhöhnen, sexuelle Themen behandeln und entsprechende Bilder zeigen, wenn sie die Gewalttat verniedlichen und den Fortschritt preisen. Diese Medien stellen sich immer unverhohlener in den Dienst Satans, darum haltet sie vor allem auch von Kindern fern.

Duldet nicht schweigend die Sünde, sondern äußert offen Mißfallen über alle unzüchtigen Darstellungen bei Kinos, Geschäften, Zeitschriften und Werbungen. Damit macht ihr euren Nächsten Mut zu gleichem Bekenntnis und stärkt den Widerstand gegen das Böse.

Seid auf der Hut vor dem Zeitgeist, denn hinter der Maske des Fortschritts und des Modernen werden euch Verhaltensweisen aufgezwungen, die eines Christen unwürdig sind und Gott mißfallen. Redet den Leuten nicht nach dem Mund, sondern bekennt und nennt die Sünde beim Namen. Bekämpft die böse Tat mit allen erlaubten Mitteln, aber betet für den Täter um Einsicht; er ist ein Verführter und braucht Hilfe.

Übt Zucht und Ordnung und seid mäßig im Genuß aller Dinge. Bekämpft die Sucht; sie besteht überall da, wo man Dinge nicht freiwillig lassen kann. Bekämpft den Alkohol, das Rauchen, übermäßiges Essen und Trinken und zweifelhafte Vergnügungen. Seid anderen ein Vorbild, übt euch und eure Familie im Opfer und der Einschränkung, denn es stehen harte Zeiten bevor.

Verbindet euch mit Gleichgesinnten, ermuntert euch untereinander und macht euch Mut zum Durchhalten. Laßt keinen Pessimismus aufkommen, sondern überzeugt eure Umgebung davon, daß der HERR die Seinen bewahren und retten wird. Begegnet allen Weltuntergangsparolen, denn die Erde wird bestehen bleiben; wohl aber werden alle, die jetzt die Warnungen in den Wind schlagen und sich nicht christlich bemühen, dem Unheil ausgeliefert sein.

Literaturverzeichnis

Adler, Manfred: Die Söhne der Finsternis, 1. Teil: Die geplante Weltregierung. Jestetten, 1975

Adler, Manfred: Kirche und Loge. Jestetten, 1981

Adler, Manfred: Die antichristliche Revolution der Freimaurerei. Jestetten, 3/1983

Adler, Manfred: Die Freimaurer und der Vatikan. Lippstadt, 1985

Adlmaier, Conrad: Blick in die Zukunft. 2. Auflage 1957, 3. Auflage, Traunstein, 1961

Allgeier, Kurt: Morgen soll es Wahrheit werden. München, 1981

Angerer, Anton: Feuerrad Apokalypse. St. Andrä-Wördern, 1987

Backmund, P. Norbert: Hellseher schauen die Zukunft. 3. Auflage, Grafenau, 1974

Backmund, P. Norbert: Neues zur Mühlhiaslfrage. (Der Bayerwald, 1954, S. 18/21)

Bader, Meinrad: Der alte Fließer Pfarrer Alois Maaß. Innsbruck, 3. Auflage 1981

Becsi, Kurt: Aufmarsch zur Apokalypse. Wien, 1971

Beda, Anton: Spuk im Chiemgau. Wien, 1977

Bekh, Wolfgang Johannes: Die Herzogspitalgasse oder Nur die Vergangenheit hat Zukunft. Roman, 1. Auflage, Pfaffenhofen, 1975, S. 357–362, 2. Auflage 1985, S. 357–361

Bekh, Wolfgang Johannes: Bayerische Hellseher. Pfaffenhofen, 1976, 77, 78, 79, 80, 81, 84, 86

Bekh, Wolfgang Johannes: Das Dritte Weltgeschehen. Pfaffenhofen, 1980, 81, 83, 86

Bekh, Wolfgang Johannes: Das Dritte Weltgeschehen – Hellseher berichten. Knaur-Taschenbuch 4139, München 1985

Bender, Hans: Präkognition im qualitativen Experiment. Zeitschrift für Parapsychologie und Grenzgebiete der Psychologie, Bd. 1, 1/1957 (Es handelt sich um die Darstellung von Platz-Experimenten mit Gérard Croiset.)

Bender, Hans: Verborgene Wirklichkeit. Olten/Freiburg, 1973. (Darin: „Der Krieg im Spiegel okkulter Erlebnisse.")

Berthold, Fritz: Die Hirtin und ihr Paradies; Lebensbild einer Südtiroler Bergbauernfamilie. Wien–München, 1976

Bessières, Albert SJ: Anna Maria Taigi, Seherin und Prophetin. Stein a. Rhein, 2. Auflage 1980

Biernacki, Wladyslaw: Prophecies. London, 1986

Bossis, Gabriele: Geht meiner Liebe entgegen. Mainz, 1986

Brik, P. Hans Theodor: Die Vision der letzten Tage. Aschaffenburg, 1981

Bubalo, Janko: Ich schaute die Gottesmutter. Jestetten, 1986
Cardenal, Ernesto: Gedichte. Wuppertal, 1978
Carossa, Hans: Das Jahr der schönen Täuschungen. Sämtliche Werke, Bd. II, S. 438/439, Frankfurt a. M., 1962
Centurio, N. Alexander: Nostradamus, der Prophet der Weltgeschichte. Berlin, 1953
Clarus, Hans: Lebensgeschichte und Geschichte des ehrw. Bartholomäus Holzhauser nebst dessen Erklärung der Offenbarung des hl. Johannes. Regensburg. Zwei Bände, 1849
Clericus, Wilhelm: Das Buch der Wahr- und Weissagungen. 7 Auflagen, Regensburg, 1849–1923
Curique, Henri: Prophetische Stimmen (Voix prophétiques, Paris, 1872). Luxemburg, 1871
Deistler, Gerald: Visionen über die Zukunft der Menschheit. Wien, 1986
Ellerhorst, Winfried: Prophezeiungen über das Schicksal Europas. München, 1951
Emmerich, Anna Katharina: Visionen. Aus den Tagebüchern Clemens Brentanos, herausgegeben von P. Erhard Schmöger. 8. Auflage 1982
Erbstein, Max: Der blinde Jüngling. Eine böhmische Weissagung. München, 1981/82
Ernst, Robert: Lexikon der Marienerscheinungen. Walhorn, 1985
François: Wenn die Russen angreifen. Stuttgart, 1980
Fonseca: Maria spricht zur Welt – Fatima. Fribourg, 17/1977
Fontbrune, Jean-Charles de: Nostradamus, Historien et Prophète. Monaco, 1980
Friedl, Paul: Prophezeiungen aus dem bayerisch-böhmischen Raum. 1. Auflage, Rosenheim, 1974
Friedl, Paul: Die Stormberger-Prophezeiungen, Zwiesel, 1925 und 1930
Friedl, Paul: Der Waldprophet, Roman. 2. Auflage, Rosenheim, 1968
Gouin, Paul: Mélanie – die Hirtin von La Salette. Stein a. Rh., 1982
Graber, Rudolf: Marienerscheinungen. Würzburg, 1984
Grabinski, Bruno: Flammende Zeichen der Zeit. Gröbenzell, 1966
Grufik, Franz: Turzovka, das tschechosłowakische Lourdes. Stein a. Rh., 1971
Gruhl, Herbert: Ein Planet wird geplündert. Die Schreckensbilanz unserer Politik. Frankfurt a. M., 1975
Gunter, Max: Die Voraussagen des blinden Jünglings. München, 1950
Gustafsson, A.: Merkwürdige Gesichte! Die Zukunft der Völker, gesehen vom Eismeerfischer Anton Johansson aus Lebesby. Aufgezeichnet zur Erweckung und Errettung der Menschheit. Deutsche Übertragung aus dem Schwedischen, Stockholm, 1953
Haller, Reinhard: „Die Leut werden sich verlaufen ohne Hunger und Sterb." –

Die denkwürdige Prophezeiung eines Waldhirten namens Stormberger, Manuskript einer Sendung des Bayerischen Rundfunks (6. Jan. 1976)
Haller, Reinhard: Der Starnberger, Stormberger, Sturmberger. Propheten und Prophezeiungen im Bayerischen Wald. Grafenau, 1976
Hauser, Albert und Schallinger, Wilhelm (Hrsg.): Der Glaube ist mehr als Gehorsam; Heilandsworte an Prof. Drexel (Vergriffen). Olten, 1981
Hagl, Siegfried: Die Apokalypse als Hoffnung. Knaur-Taschenbuch 4118, München, 1984
Hausmann, Irmgard: Die Ereignisse von Garabandal. Gröbenzell, 1972/1981
Hermes, P. Gerhard: Die Chiffre des Himmels (Leitartikel), Der Fels. Regensburg, Jänner 1976
Hildegard von Bingen: Gesichte über das Ende der Zeiten. Wiesbaden, 1953
Hildegard von Bingen: Wisse die Wege (Scivias). Salzburg, 1965
Höcht, Johannes Maria: Die große Botschaft von La Salette. Stein a. Rh., 4. Auflage 1977
Holzhauser, Bartholomäus: Auslegung der Apokalypse und zehn Gesichte. Wien, 1972
Honert, Wilhelm: Prophetenstimmen. Die zukünftigen Schicksale der Kirche Christi im Lichte der Weissagungen. Regensburg, 1922
Hubensteiner, Benno: Vom Geist des Barock. S. 173–186. München, 1967
Hübscher, Arthur: Die große Weissagung. Geschichte der Prophezeiungen. München, 1952
Hübscher, Arthur: Das Rätsel des Waldpropheten (Unser Bayern, Beilage der Bayerischen Staatszeitung, Mai 1953 II, Nr. 5, S. 381
Huxley, Aldous: Dreißig Jahre danach oder Wiedersehen mit der wackeren neuen Welt. München, 1960
Kahir, M.: Nahe an zweitausend Jahre. Bietigheim, Turm-Verlag, 1960
Kaiser, Joachim: Von der Schwierigkeit, Rilke zu lieben. Feuilletonbeilage der Süddeutschen Zeitung, München, Samstag/Sonntag, 29./30. November 1975, Nr. 275, S. 79
Kiermayer, Anton: Die Prophezeiungen des Waldpropheten Mühlhiasl, auch Stormberger genannt. Passau, 1949
Konzionator, Alfons: Der kommende große Monarch und die unter ihm bevorstehende große Friedenszeit nach den Weissagungen hervorragender katholischer Seher und Seherinnen. Lingen, 1933
Künzli, Franz Josef: Die Erscheinung in Marienfried. Jestetten, 4/1976
Künzli, Franz Josef: Die Botschaften der Frau aller Völker. Jestetten, 1970
Kurfess, Alfons: Sibyllinische Weissagungen (Oracula Sibyllina); griech. Urtext und Übersetzung. München, 1951
Lama, Friedrich Ritter von: Prophetien über die Zukunft des Abendlandes. Wiesbaden, 1953
Landstorfer, Johann Evangelist: Ein Zukunftsseher aus Großväterzeiten. In:

Straubinger Tagblatt, 18. Februar 1923 sowie im Altöttinger Liebfrauenboten, Juni 1923
Laurentin, René und Rupčić, Ljudevit: Das Geschehen von Medugorje. Eine Untersuchung. Graz, Wien, Köln, 1985
Lindmayr, Maria Anna: Mein Verkehr mit Armen Seelen. Stein a. Rhein, 1974
Loerzer, Sven: Pater Pio – Bild eines gottesfürchtigen Menschen. Aschaffenburg, 1985
Maier, Wilhelm: Leben und Leiden der frommen Tertiarin Jungfrau Maria Beatrix Schuhmann. Passau, 1914
Meadows, Dennis: Die Grenzen des Wachstums. Stuttgart, 1972
Mußner, Franz: Was lehrt Jesus über das Ende der Welt. 3. Auflage. Freiburg, 1987
Mylius, Christine: Traumjournal. Ein Experiment mit der Zukunft. Deutsche Verlagsanstalt, 1973
Neuhäusler, Anton: Telepathie, Hellsehen, Präkognition (Dalp Taschenbücher, München, 1957)
Neumeyer, Hermann, in: Heimatglocken XI, 1959, 2. Julifolge
Ortner, Reinhold: Die Berge werden erbeben. Stein am Rhein, 1982
Peinkofer, Max: Mühlhiasl, der Waldprophet. (Süddeutsche Sonntagspost, 1949, Nr. 31)
Philberth Bernhard: Christliche Prophetie und Nuklearenergie. Stein am Rhein, 10. Auflage 1982
Portmann, Adolf: Der Mensch im Bereich der Planung. Sonderdruck einer am 12. Juli 1965 gehaltenen Rede vor der Bayer. Akademie der Schönen Künste, aus: Gestalt und Gedanke, Bd. 10, München, 1965
The Prophecies of St. Malachy and St. Columbkille, Gerrards Cross, Colin Smythe Ltd., 1969
Prachar, Peter: Der jüngste Tag; Voraussagen über das Ende der Welt. Wien, München, 1979
Putzien, Rudolf: Nostradamus, Weissagungen über den Atomkrieg. München, Engelberg, 2. Auflage 1968
Reinisch, Leonhard: Das Spiel mit der Apokalypse. Über die letzten Tage der Menschheit. Freiburg, 1984
Retlaw, Erich: Prophezeiungen über den Ausbruch und Verlauf des Dritten Weltkrieges. Murnau, 1961
Roberdel, Pierre: Marie Julie Jahenny – Mystikerin, Stigmatisierte, Prophetin. Hauteville, 1978
Rupčić, Ljudevit: Erscheinungen unserer Lieben Frau. Jestetten, 1984
Salotti-Schlegel: Der heilige Johannes (Don) Bosco. München, 1930
Sanchez, Benjamin Martin: Les derniers temps. Vouillé, 1985
Schönhammer, Adalbert: Psi und der Dritte Weltkrieg. Bietigheim, Rohm, 1978

Schopenhauer, Arthur: Parerga und Paralipomena. Erster Band. Darin „Versuch über das Geistersehen“, Berlin, 1851
Schrönghamer-Heimdahl, Franz: Der Waldprophet. (Bayerische Heimat, Beilage der Münchner Zeitung – später Münchner Merkur – 1931)
Schuster, Hans: Planetarische Schreckensvision (Leitartikel). Süddeutsche Zeitung, München, Silvester 1975/Neujahr 1976, Nr. 300, S. 4
Silver, Jules: Prophezeiungen bis zur Schwelle des 3. Jahrtausends. Genf, 1975
Speckbacher, Franz: Garabandal, Donnerstag, 20.30 Uhr. Wien, 1979
Speckbacher, Franz: Menschen werden numeriert. Kommt der Antichrist? Wien, 1985
Spirago, Franz: Die Malachias-Weissagung. Lingen, 1920
Steiner, Johannes: Visionen der Therese Neumann. München–Zürich, 1973
Stock Klemens SJ: Das letzte Wort hat Gott. Apokalypse als Frohbotschaft. Innsbruck, 1985
Stocker, Josef: Der Dritte Weltkrieg und was danach kommt. Wien, 1978
Stocker, Josef: Prophetenworte über die Zukunft der Menschheit; eine Textsammlung, Bd. 2. Wien, 1978
Stockert, Josef: Der mahnende Finger Gottes im Zeichen von Rauch und Feuerflammen. München, 1969
Strohm, Holger: Friedlich in die Katastrophe. Frankfurt, 1981
Tenhaeff, W. C. H.: In leiding tot de Parapsychologie. Utrecht, 1952
Timms, Moira: Zeiger der Apokalypse. München, 1979
Truelle: Das Buch der Wahr- und Weissagungen. Regensburg, 1850
Valtorta, Maria: Il Poema dell’huomo Dio, Editione Pisani, Hauteville, 1975
Weigl, A. M.: Blicke in die Zukunft von Segenspfarrer Handwercher. 7. Auflage, Altötting, 1973
Weinzierl, Hubert: Das große Sterben. Umweltnotstand, das Existenzproblem unseres Jahrhunderts. Goldmann-Taschenbuch 7005
Westermayer, Heribert, in: Bayerwald 1932, Seite 183
White, John Wesley: Der Dritte Weltkrieg. Das Ende wirft seine Schatten voraus. Wetzlar, 1977
Widler, Walter: Buch der Weissagungen. 9. Auflage, Gröbenzell, 1961
Zollner, Johann Nepomuk: Historische Notizen aus dem Bezirk Regen. Regen, 1879, S. 117
Zollner, Johann Nepomuk: Der Mühlhiasl von Apoig, ein vergessener niederbayerischer Prophet (Gäu und Wald, 1930, Nr. 4)

Buchtitel ohne Verfasserangabe

Bayside. Botschaft des Himmels, Marienerscheinungen in New-York (Vorort Bayside). Altötting, o. D. (1978?)

Bayside. Rufe aus Bayside. Die Visionen der Veronika Lueken. Altötting, 1985

Bayside, die neuesten Botschaften (in englischer Sprache) bei Our Lady of the Roses. Box 52, Bayside, N. Y. 11361-0052

Botschaften an den Seher Domanski. Altötting, 1987

Kérizinen. Erscheinungen und Botschaften, das Buch über die französische Seherin Jeanne-Louise Ramonet. Hauteville, 1983

Fatima. Schwester Lucia spricht über Fatima. Fatima, 1977

Marienfried. Muttergotteserscheinungen in Marienfried. Stein am Rhein, 1981

Die Erscheinung von Marienfried. Jestetten, 1982

Maria weint ein Meer von Tränen... im bayerischen Schwandorf und rund um die Welt. München, 1986

Maria wird triumphieren: Visionen der Elena Leonardi. Hauteville, 1983

Die Muttergottes an die Priester, ihre vielgeliebten Söhne (Marianische Priesterbewegung) (deutsch). Mailand 6/1983

Prophezeiung der Sibylle. Ohne Ortsangabe (1868)

Inhaltsverzeichnis des Buches Bayerische Hellseher

von Wolfgang Johannes Bekh

Inhaltsverzeichnis des Buches
Das Dritte Weltgeschehen

von Wolfgang Johannes Bekh